U0932510

至道无餘蕴矣

梁漱溟访谈录

梁漱溟
—口述—
[美]林 琪 伍贻业
—采访整理—

广西师范大学出版社
·桂林·

自　序

一

本书源于二十世纪七十年代末，至今已经三十多年了。当时我在美国威斯康星大学（University of Wisconsin-Madison）历史系攻读中国近代思想史的博士。我的兴趣主要是上半世纪知识分子对乡下的认识，因而选的论文题目是“梁漱溟及民粹主义的选择在中国”（Liang Shuming and the Populist Alternative in China）。对梁漱溟先生的著作研究得越深入，越觉得他的思想有意义，但没想到我能有机会到中国大陆去作研究，更不用说能见到梁先生本人。正好1979年中国和美国建立外交关系，同一年，南京大学和威斯康星大学签订互换交流学者的协议。那年秋天，我作为新中国成立后第一批来中国学习研究的美国学者之一，来到南京。

1979 年与现在不同，学术界对梁漱溟先生思想并不熟悉，不过大部分学者通过两年前出版的《毛泽东选集》第五卷，知道毛泽东批评过梁漱溟先生。我们来南京大学的这批美国研究生都被安排了指导教师，而南大历史系教授当中只有伍贻业教授对我的研究题目感兴趣。伍教授有儒学研究背景，又曾在收藏有民国时期材料的档案馆工作过，兴趣和经验比较广，也愿意帮助我学习。我到了南大以后，还不知道是否能去拜访梁漱溟先生。1980 年 4 月中旬，南京大学外办开始联系梁先生的单位——中国政协，没有结果。5 月底，我直接给梁先生写信。6 月 8 日，梁先生回信，欢迎我到北京去看他。①

二

伍教授和我 1980 年 6 月 18 日到达北京，第二天去向中国政协办公室的李数女士报到。王芸生先生的追悼大会恰好也是 6 月 19 日在政协礼堂前厅举行②，而我们当天临走的时候追悼会正好结束。李数看见梁先生从礼堂出来，介绍我们双方认识。没想到，梁漱溟先生当下很随意地要我们乘坐他的小车随他回家。这样，我们第一次来到梁先生的住地——北京木樨地 22 楼

① 参看《梁漱溟全集》卷八，山东人民出版社，2005 年，第 297 页。

② 参看梁漱溟字条，“缘虑，1980. 6. 28 B”。

5 门 9 层 17 号，进行了两个小时的谈话。第二天上午八点钟我和伍教授再去，之后的两个多星期，几乎每天早上去梁先生家访谈，一共十三次。

第二天谈话快结束时，我们问梁先生可不可以将每次的谈话内容录音记录下来。梁先生前一天随意地请我们随他回家，此刻又欣然同意录音。当时中国刚开放不久，跟其他中国人正式相处时，我经常会感觉他们有一点犹豫。梁先生一点都不是。恰好相反，和梁先生谈话十分自然，似乎没有不可以问的问题。这样子从第三天开始，每天早上去木樨地录音两个小时左右的访谈。

我是新中国成立以后第一个访问梁先生的外国人，但这不是第一次有外国人访问梁先生。例如，1932 年 4 月 4 日哈佛大学哲学系的 William Hocking 教授有一次在北京采访过梁漱溟先生。Hocking 留下的笔记描写梁先生说话的声音非常低，以致茶馆的服务员需踮着脚走路。① 半世纪以后，梁先生仍然低声说话。结果是录音带有的部分听不清。不过正如 Hocking 所说，梁先生说话说得很慢，有时会停顿一下，同时也说得非常清楚，完全是标准的普通话。我当时在中国学习还不到九个月，不过听懂梁先生的话不成问题。

---

① Hocking, William Ernest. "Monday, April 4, 1932. Afternoon. Peiping" [礼拜一，1932 年，四月，四日。下午。北平]。用打字机打印的梁漱溟访问记。1932 年 4 月 4 日。William Ernest Hocking 档案，92m - 71，第 49 盒，Houghton Library, Harvard University, Cambridge, Mass。

Hocking 记录梁先生紧跟着他自己的思路，不跟着 Hocking 转换话题。我们的访问也是这样。我本来告诉梁先生要谈三个大题目：乡村建设的思想、儒家思想和佛教。谈话基本上都在这大范围以内。梁先生说什么经常好像有所准备，说法不异于其他时间讨论同样的题目。他叙述自己过去的思想和事情时喜欢按时间顺序讲。有一个故事给我们讲了两次，第二次的说法与第一次基本上相同。梁先生好像特别愿意讨论佛教。我们也没想到梁先生会主动地要说清楚 1953 年毛泽东批判他的背景和经过。

我们采访梁漱溟先生时，主要是伍教授说话。每天晚上我和伍教授讨论当天的访谈。伍教授帮我解决人名不清楚等小问题，然后我告诉伍教授第二天想提的问题。早上访问梁先生时，大部分是伍教授替我提问题的。同时梁先生说的话如果引起伍教授的兴趣，伍教授就随即提他自己想问的问题。谈话有时停顿，是为了等梁先生找出有关的手稿给我们看。其中有一篇手稿到现在还没有出版，作为本书的附录。还有时谈话停顿，是因为梁先生拿出废纸 —— 一般是打开的、已用过的信封，写字给我们看。我还保留着这些字条，它们的复印件也将在本书中出现。偶尔录音带上听得到保姆孙梅娣在旁边接电话的声音。她有时也会促请我们早一点结束谈话。后来从梁先生的儿子梁培恕先生的信中得知，这是由于她自己认为梁先生劳累，并不是梁先生本人的意图。

每天跟梁先生谈话时，我都感到轻快。梁先生谈什么总是很严肃，不过并不严厉。他给我的感觉是又轻松又深沉。梁先生说话不是戏剧性的，但同时很有趣味儿。虽然梁先生很少微笑，我还是感觉得到他有一定的幽默感。今天再听录音带上的其他声音——或是梁先生说话时用扇子打手掌的声音，或是保姆在厨房切菜的声音，都让我回忆起那时候留下的明快心情。7月5日，访谈的最后一天，像头两天一样，没有录音。这次不是正式的坐下采访，而是梁先生请我们在他家里吃饭。当然是吃素，我还记得其中一个菜是番茄鸡蛋。我们临走时，梁先生送我们每一个人一幅他的书法作品。送给我的是朱熹的一首诗："半亩方塘一鉴开，天光云影共徘徊。问渠那得清如许？为有源头活水来。"送给伍教授的是诸葛亮的话："静以修身，俭以养德。非淡泊无以明志，非宁静无以致远。夫学须静也，才须学也，非学无以广才，非志无以成学。"

除了在他家访谈梁先生以外，我们也访谈了一些别的人，其中有的是通过梁先生介绍的。7月1日，伍教授和我有机会去拜访梁先生的老朋友张申府先生。张先生和梁先生是顺天高等学堂的同学，但是辛亥革命后梁先生在报社工作的时候他们才开始有来往，成为朋友。年底12月6日，我和伍教授去青岛时，见到梁先生介绍的一位信道教的老学徒，薄蓬山先生。梁先生在北大时，薄先生开始跟他学习，二十几年来在梁先生家一直是梁先生的朋友和助手，并曾在邹平当过乡村建设研究院教员。

我们回南大以后，梁先生帮我联系他的学生田慕周先生。我第一次和田先生谈话是1981年4月8日到10日，在南京，9

月10日、11日又有两次长时间的谈话。田先生是燕京大学毕业的。很多燕京大学毕业的学生当时都到晏阳初所在的定县去了,田先生反而去了邹平,然后去了四川,一辈子都把梁先生当成老师。1981年以后,我与田先生一直保持联系,我每次到中国时一般都会到上海去看他。1981年秋天,我已经在南大作研究两年了,准备回国。离开中国时经过香港,9月21日我在香港有机会采访王皎我先生,也是通过梁先生的介绍。梁先生在香港时与王先生有来往。王先生去香港办书店之前,也有一段时间在河南省辉县百泉当过乡村师范教师。

1979—1981年我在南大作研究的时候,有两次和伍教授到外地去作研讨。1980年6月18日至7月6日在北京是第一次。访问梁漱溟先生和张申府先生以外,我们也采访过千家驹先生和何思源先生。第二次是1980年11月18日至12月7日到山东去。在山东,我们到过曲阜、济南、邹平和青岛。在曲阜,采访了曲阜师范学院的颜润生先生。在济南山东大学采访了朱玉湘先生、胡汶本先生、王先进先生和房金堂先生,在济南也采访了孙子愿先生。在邹平参访的地点包括邹平县城、孙镇和冯家大队。最后去青岛看了薄蓬山先生。一共在山东访问了二十五六个人。

1980年认识梁漱溟先生以后,接下来的七年时间中我有多次机会去看望梁先生。在我快结束南大的两年访学临回国之前,1981年夏天再次到北京去,7月19日访问了梁先生。1984年底至1985年,我带了一批美国大学生去北京学习。1985年1

月 1 日去拜访了梁先生，然后一直到暑假数次去梁先生家。1986 年夏天我又去了中国，6 月份、7 月份都去看望了梁先生。1987 年 10 月至 11 月，中国文化学院召开梁漱溟思想国际研讨会，我也参加了此次研讨会。11 月 3 日我到梁先生的家去。这是我最后一次跟梁漱溟先生见面。

三

2013 年秋天我又回到南京三个月，再一次与伍贻业教授合作，开始把三十多年前采访梁漱溟先生的录音整理成文。我来中国之前，已有把录音转成文字的粗略的草稿。在此基础上，伍教授和我仔细地修改文本。伍教授把录音又听了一遍，我把文本与当场写的笔记对照，对草稿提出疑问。每个星期我们几次面对面商讨，又听录音，又改正文字和标点，尽可能解决问题。

有的人名、地名，或书和文章的题目需要另外确定。查不出来的人名，我们就用拼音标出发音。由于录音有时声音很小，声音模糊或有杂音，有的话听不出来在说什么。在此情况下，以［ooo］方式表示不能确定的内容。还有时录音中没有人说话。有时梁先生会短时不说话。长时间没有人说话是因为梁先生在找材料或伍教授在换录音带，以省略号表示说话停顿的时间。每天刚到梁先生家还没有打开录音机之前，或临走录音机已关掉之后继续说话时，也会省略部分的谈话。

梁先生在说话时，有时会多次重复说“这个”“那个”“啊”

"嘛""呢""么"等词语,有时会把一句话或一个短语重复说一遍或两遍。为了方便读者阅读,我们在不影响原意的前提下去除了一些重复的词语、短语或句子。下面举一个例子,予以说明。"不是笑了吗,在他二十年前,这是在他二十年前的事情了么。那么,也说明这个事情,(说明这个事情呢,)就是说他自己的这个家庭情况了,家庭情况就是他父亲在他没有生下来的时候已经死了。那么母亲生他,母亲生他的时候,就在生他之后也死了,所以他生下来呢,他就没有见过父母,不晓得父母什么样,那么,都是靠祖父母把他养大。(靠祖父母把他养大嘛,)"在这段话中,括号中的两句话"说明这个事情呢""靠祖父母把他养大嘛",均为重复之语,都是在重复前一句话的意思,我们在整理中就予以去除。

除了整理原话以外,在需要进一步解释的地方,我们加了注释。为了方便读者,我也附加了一些标题。当然谈话时,不一定束缚在一定的题目内,标题不能与谈话内容完全一致。访谈当中,梁先生谈到了很多人物。八十七岁的梁漱溟先生能记得那么多人名令人佩服。书后我附上一篇索引,主要是为了方便读者找出书中谈到的人物。

在整理本书的过程中,我深刻感觉到把录音转成文字的难度。录音中有的片段音质不清,而此时听录音的人会下意识地以自己的想法来理解听不清楚的录音内容,结果却理解错误。一边听录音,一边看已写下来的错误,就更难正确地听录音内容。结果需要几个人反复地再听录音,文稿才能比较精确。

为了还原历史,我们在整理本书时,尽可能准确地保持现场采访录音中的原话。目的是尽量让读者直接地听梁先生口述的内容,并感受谈话时的气氛,不要让整理者站在读者和梁先生之间。但是尽管书上的语词和说的语词一模一样,写下来时却已有了变化,读者阅读时感受不到说话人的语气语调、面部表情、体态动作和周围的气氛。同时书面语和口语的语法也不一样,完全听得懂的语言写成书面语会变得不容易看懂。因此请读者原谅,耐心地看下去,慢慢地习惯去看懂本来是听的语言。

四

限于篇幅,我在这儿没有系统地分析梁漱溟先生的思想,但我想点出一两个想法。梁漱溟先生是一个现代人物,直面二十世纪中国的难题。从 1921 年《东西文化及其哲学》出版以来,有人一直认为他是保守的儒家,但不是那么简单。如果把梁先生限于当作传统儒家的典型,就等于带上了眼罩,挡住梁先生所想开创的新方向和新的可能性。梁漱溟先生完全靠自学。他对儒学和佛教的理解,是自己直接看原书得出来的,没有先通过他人历史积累的对儒学和佛教的认识。我们想理解梁漱溟先生,要同样对待他,不带假设,直接读他的著作。

阅读本书,会知道梁漱溟先生晚年想讲佛教,认为《人心与人生》是他所写的书中最重要的一本。佛教与人心,这两个题目是梁先生很早就开始注意,一辈子都关心着。同时梁先生也关心人生。他跟我们谈话的内容表明他在政治上很活跃,也认识许多军事人物。梁先生因当时中国社会上民不聊生的现状而心有感触。这种个人对社会的责任感可以算是中国传统态度,不过梁先生在这点上并不能简单地作出传统式的选择。传统思想上个人行为对社会现象有一定的因果关系。到二十世纪中国,个人行为与社会现象之间的关系在思想上变成问题,不再有可靠的联系。梁漱溟先生的难题是怎么把这两者又联系在一起,在现代的情况之下将个人行为怎么联系社会,联系历史。

梁先生认为到了二十世纪中国社会文化结构垮掉,必须重新构造。这是危机,但同时也是难得的机会。梁先生要依靠孔子对人类的明智见解,在现代情况下,培养以前没有过的新文化和社会。出发点是小社团,在经济方面就是合作社。社团的结合性在于人与人、人与社团的彼此重视。社团内彼此交流讨论来解决当下的具体问题,培育出新的活泼的、有主体性的合作社团。很多合作社联合起来,就形成一个新社会和新文化,又避免资本主义道路的残忍,又参与进步的现代性建构。梁先生盼望的这种合作主义,也许在当代的中国还有意义。

作为一个现代人物,梁漱溟先生的焦点放在未来上。他面对着具体的社会性和思想性难题,提出了新式的问题:进步本性是什么?将来的人类社会应该是什么样子?怎么达到它?梁先生在思想和行为上,出发点总是生活、生命,都要同时了解中国,以及人类的未来的可能性。他思考问题时,不管是传统思想的、现代社会的还是人类本性的问题,都要揭开表面下的结构。

在这点上,梁先生经常质疑人们无意识的日常假设。梁先生所认识的事实是有历史性的,且都在变化。在他所了解的过去和不断演变的人性基础上,梁漱溟先生渴望人类社会和文化的创新。

林琪(Catherine Lynch)

2015 年 2 月于康州卓别林村

《至道无餘蕴矣》读后（代序）

梁培恕

国门打开以后，1980 年先后两位美国学者越洋访问先父。碰巧两次都是我去开门。

艾恺先生的访谈录十多年前已面市，而看到林琪女士所作访谈录的定稿，已是今年（2015）。

很自然地，在展读之前心中就想，这两本访谈会有什么不同？

果然不同。对话时便已不同，所记焉得类近。不过，从大的方面看，两位客人所关心、所提问题又几无不同。客人提问的侧重点乃至语气，会触发先父某些回忆。读后的感觉是：颇不同。

艾恺先生汉语便给；《最后的儒者》是其博士论文，于中国近代史有广泛涉猎，所问和所获之答是方方面面的，读者所获益，亦是如此。

先父答林琪女士问，涉及面较前者为窄，为求真，字句上全无润饰。就我的感受而言，对佛家宇宙观，自以为有点滴知道，却又担心其实不对。读答林琪问佛、儒部分，有如读课本，讲故事的口气全没有了。何者为佛法，包括那些佛家自有的用语都得到解释。以前自以为懂得先父搁置佛家生活随同众生走这一段路的思想情感，其实无论从知的一面和情的一面都懂得不够。他热切地从知一面讲，情一面也带出来了。

“在人格上不轻于怀疑人家，在识见上不过于相信自己。”这几乎是先父的格言。原来曾当面送给毛泽东，这个以前不知道。1938 年在延安，是两人最谈得通的时候，正因为不见外，这句意在有所规劝的话才说得出来。

1946 年第二次访延，所受接待，礼节上较上次周全而两人心中所想不同。1950 年在中南海相见，心中距离更大，终至发生所谓“1953 年事件”。

乡村建设运动久被笼统看作是从物质上、文化上改进农村，忽略先父所重是在改变人；是通过教育而绝不通过行政达到实现改变农村的目的然后改变城市。终极目的是改变中国——分两步走救中国。

当年没有求同存异这种说法，认为救国须从农村开始的便是同道、同志。很大一部分同志从邹平分出去，在菏泽成立乡村建设研究院分院；做法是对青年农民施以军事训练。这恰是以命令达成目标。即便这样他们没有闹。

先父在答问中讲了这些情况。整个乡建运动没有结论。外来的日本入侵结束了它。

“我们村的姑爷”！一个青年娶了本村的姑娘,成了这村的姑爷。现在没有人说这种话了。当初——没有接触西方文化之前的中国社会,一百年间,一次、再次、三次地被击碎。先父非常注意社会变迁以至记得别人顺口一说的话。答问中他记起了数十年前听到过这具有标志意义的话。在老中国,总是把人从远往近拉。其实,他回忆的许多往事都具有这种意味。

林琪女士的导师伍贻业先生时有精彩提问。也可以不看作提问,他推进谈话。

序

顾红亮

摆在读者面前的《至道无餘蕴矣》访谈录，像是一份刚刚“解密”的“档案”。阅读这份“档案”，在我们眼前，更为立体、更为丰满的多重梁漱溟先生形象浮现出来：“文本中的梁漱溟”和“生活中的梁漱溟”的交织，“自思的梁漱溟”和“自省的梁漱溟”的交织。

“文本中的梁漱溟”和“生活中的梁漱溟”的交织。梁漱溟先生跟一般的学问家和哲学家不同，他的学问不是从书本上来的，而是从生活中、从实践中来的。他的学问出思想，出智慧。他琢磨生活中的问题，不断质疑，深入思考。对梁漱溟思想的研究自然不能局限于他的理论文章和著作，不能局限于勾勒“文本中的梁漱溟”，有必要深入梁漱溟先生的日常生活世界和情感世界，了解他的生活方式和处事方式，这就需要阅读他的书信、日记、访谈录、口述作品等。《至道无餘蕴矣》这本访谈录便是这样一种非理论的"档案"。透过访谈,可以想象一个"生活中的梁漱溟",进而对于"思想中的梁漱溟""文本中的梁漱溟"有一个新的洞察。

"自思的梁漱溟"和"自省的梁漱溟"的交织。在访谈中,梁漱溟先生一一回答了伍贻业、林琪两位所提的问题。这本访谈录渗透着梁漱溟先生对其所学之知、所行之事、所交之人的反思和反省,既包含着理性的反思,对其言行、观点的重新思考,也包含着情意交杂的反省或觉悟,反省是一种体悟,带有非理性的成分。梁漱溟先生是一个注重自我反思和反省的思想家。在访谈中,他描绘了与毛泽东在颐年堂面谈的经过和感受,畅谈了对佛学要义和儒佛异同的理解,其中均蕴含着反思和反省的成分,包容着他的情感体验和默识体会。这本访谈录为我们认识梁漱溟先生的精神世界打开了一个新的窗口,为我们展示了一个"自思的梁漱溟"和"自省的梁漱溟"。

这是一本值得一读的访谈录。它回顾了梁漱溟先生的一生,讲出了精彩的人生故事,涉及许多重大历史事件和政治人物。它将带领读者悄悄地走进梁漱溟先生的生活世界和精神世界,走近一个生动活泼的"梁漱溟",与他一起细细品味人生智慧。有幸的是,我作为一位读者见证了这本访谈录的诞生过程,部分地参与了林教授主持的编辑整理工作。

我最早知道这个访谈录是在2002—2003年间,当时林教授在华东师范大学作访问学者。我和林教授在此期间相识,在华东师大校园里频繁见面。这时,我开始翻译她的一篇论文《二十年代梁漱溟的思想转折》,该译文发表在《思想与文化》第三辑(华东师范大学出版社,2003 年 12 月)上。正是在这个时期,我了解到林教授与梁漱溟先生的交往故事,了解到林教授在 1980 年采访过梁先生。她在《二十年代梁漱溟的思想转折》一文中,引述过她访谈梁先生的笔记内容,作为论文的注释,我当时就这些注释内容询问过她。通过这段时间的合作,我对梁漱溟新儒学的研究兴趣日增,后来有几年时间,把自己的研究重点转到梁漱溟哲学研究上,写出了《儒家生活世界》一书。

我最早读到这个访谈录是在 2010—2011 年哈佛访学期间。林教授把访谈录初稿的复印件寄给我,请我看看它是否有出版的价值。我一拿到初稿,就饶有兴致地把它读完,当时感觉它是一份珍贵的历史档案。虽然其中较多的内容,在梁漱溟先生的其他著述中也提到过,但是,它仍然为现代中国思想世界提供了新的内容、新的视角、新的细节。

访谈录的整理工作是巨大的。把磁带录音转成数字录音,把数字录音变成文字稿,对文字稿进行多次校对和加工,例如,核对专名和人名、拟定标题、添加注释、编写索引、撰写序言等,都倾注了林教授的大量心血。在整理过程中,林教授坚持一丝不苟的治学态度,令人钦佩。

2014 年 7 月至 8 月间,我到东康州大学(East Connecticut State University)访问,住在林教授家里,协助她整理访谈录书稿。每日上午我先阅读书稿部分内容,做好笔记,有时重听录音，校正书稿中的部分人名和词句，根据《梁漱溟全集》核对书稿中的一些史实和表述，添加脚注。下午与她交流我的修订意见，一起讨论如何对访谈内容进行合理分节，如何准确拟定分节的标题。2015 年 10 月初，林教授病重，已无法继续伏案工作，托她的朋友 Sarah Bullard 转来她修订的书稿电子版，嘱咐我对书稿作最后的审定。博士生赵帅锋和我分别通读书稿，花了四个多月的时间，不负重托，完成林教授生前交代的重任。

在这本访谈录中，我们不仅读到了梁漱溟先生的思想魅力和人格形象，不仅读到了梁漱溟先生所体验的现代中国思想的演化脉络，而且读到了蕴藏在梁漱溟先生身上的中国文化精神，她将以“润物细无声”的方式持续滋养一代又一代的读者。

“鸟啼花落，山峙川流，饥食渴饮，夏葛冬裘，至道无餘蕴矣。”请大家跟随梁漱溟先生、林琪教授一起品鉴“至道无餘蕴矣”的境界。

2016 年 2 月 7 日上海

目　录

第四天：1980.6.23

第五天：1980.6.24

第六天：1980.6.25

第一天

1980.6.19

［此日没有录音，以下是根据两个人的现场记录而写成的。］

去北京大学教书

梁漱溟说［袁世凯称帝］设立政事堂，取消段内阁。段祺瑞这个人很好，他离开了北京城去西山住了。袁失败又恢复段内阁、总理府，要张耀曾做司法总长。倒袁成功是依靠了西南方面的势力，云南、广西……张耀曾就是代表了西南派的力量。张耀曾的父亲是张门的第十二个儿子，梁的外祖父是张门的长子，因此张耀曾算是梁的远房堂舅。但张耀曾最喜欢的还是梁这个外甥。张要梁做他的秘书，因为张要同西南方面联络，梁便掌握起草文书和机要文件，有一本密码。工作很忙，经常要忙到深夜。张有四个秘书，沈钧儒[①]年龄最大，好像是四十二岁，长梁十八岁。后来，张耀曾不做司法总长了，梁才能在推迟一年后，到北大哲学系教书。

梁当讲师，每周讲两个小时，最长不超过三个小时。开始讲印度哲学，后来也讲儒家哲学。朱自清、冯友兰，还有孙本文、顾颉刚，都是梁在北大教哲学时的第一批学生。谭平山（鸣谦）也是，他大梁五岁。系主任是陈百年。1924 年，梁辞去北大教职。

杨怀中（昌济）先生[杨开慧父亲]是哲学系教授。教西洋伦理学史。此人"奇笨"[②]，呆板，"大舌头"，但意志坚强，刚毅。章士钊和杨是好朋友，两人一道去日本，又去英国留学，杨[当时]住地安门豆腐池胡同。还有王昆仑也是北大学生。

为什么不批孔

1974 年政协要求梁参加批孔，梁拒绝了。梁说："批孔也许政治上有他的必要，我不懂，我不会公开反对。但我要保持我的不同的意见。共产党内党章有一条可以保留意见。党外也应该如此。但我不公开地谈反对的话。"每周政协有小组学习，梁参

---

① 沈钧儒（1875—1963），浙江嘉兴人。1917 年 3 月任司法部秘书。

② 第一天和第二天访谈稿凡是有引号的地方，都是两个人一个字一个字记下来的梁漱溟当时说的话。

加的是无党派小组。政协召开五组联会批判梁为什么不批孔。梁说："三军可夺帅也，匹夫不可夺志也。"①

梁至今还保留冯友兰先生留美时写给梁的信件。

① 《论语·子罕第九》。

第二天

1980.6.20

［此日没有录音，以下是根据两个人的现场记录而写成的。］

《中国文化要义》的出版

梁漱溟说［二十世纪四十年代国共冲突时］他在四川，在写《中国文化要义》，上海开明书店要梁书稿，梁把此书十四章中的十三章都交给开明，书中有梁对中国社会有无阶级的分析，当时共产党要成功的局势已经明朗，上海开明不出版。后来，这本书由成都路明书店出版，印了二千到三千册，给梁十分之一的书。

早期政治活动

梁说他是城市人。从曾祖三代起都在清朝做官，从广西到北京，没有乡村生活经验。父亲①和父亲的朋友彭翼仲②是爱国维新分子，梁从小受父亲和彭的影响。彭在北京办了第一家报纸。当时尚没有新式学堂，彭又办了蒙养学堂，性质像西方的小学校（学校的名字来自《易经》里的“蒙以养正”）。家父与彭爱国思想大致相当。美国颁布禁止华工法，彭组织市民上街抵制美货，带学生进商店向老板讲，梁也跟着上街。这在中国是新的一种运动。当时大家的理想是英国式的宪政。清朝晚期搞预备立宪，地方设諮议局，中央有资政院。梁去旁听，那时开会在下面，旁听在上面［楼上］。当时梁十七八岁。上中学的时候，同学当中，梁和甄亮甫最热心支持改革，要开国会，不满意资政院。

汪精卫是革命党人，他同一位四川姓黄的筹划刺杀摄政王（宣统的父亲），夜间在摄政王第二天要抵达的路口埋炸弹，被捕，清政府没有杀他，袁世凯南北议和时放汪出来，要汪和南方谈判。汪出狱便组织了京津同盟会。梁和甄都参加了。还有一位李石曾也参加了。李是国民党四大元老之一（另外是吴稚

---

① 即梁济先生。梁济（1858—1918），字巨川，一字孟匡，祖籍广西桂林。光绪年间举人。曾任京师高等实业学堂斋务提调等职。

② 彭翼仲（1864—1921），名诒孙，字翼仲，祖籍江苏长洲县。清末民初著名报人、社会活动家。

晖、蔡元培、张静江）。还有魏宸祖，此人做过国务院秘书长、驻外大使，也参加了。

革命成功后，梁不再参加革命活动，与甄办了一份《民国报》，在天津（天津还有一份《民意报》，四川人姓赵办的），梁是外勤记者，有证件可以到处去采访。当时最大理想就是英国宪政，政党内阁、责任内阁。

第一任内阁是唐绍仪①，不到十天就倒台了。唐内阁应该是可以稳定的，唐同袁在朝鲜时就有交往，在广东和留美时同孙中山亦有交往。但此时王芝祥②做直隶总督，是个强人，是袁心腹。当时南方的革命党人认为，一切政治事务要交给内阁，由唐批复，总统加盖大章，总理副署。袁听从王芝祥意见，将此事搁下，唐负气跑了，去天津了。梁当记者，这些政治上的事件都看到了。期望新政治，看出变化不能从上层开始。完全清楚看到不能依靠袁改变中国政治。"我觉悟到地方自治是宪政国家的根本。国家的宪政是上层。基础是地方自治。民众能够有组织，懂得大家商量着办事情，公共的事情。从基础，从下层做去，这就是乡村。总结一句：我发愿要使中国成为一个宪政的国家。不走上层的路。要从下层做去。只有这样才能建成宪政国家。"

后来报纸从天津迁到北京。

---

① 唐绍仪（1862—1938），广东人。民国首位内阁总理。

② 王芝祥（1858—1930），北京通州人。唐绍仪曾推王为直隶都督，但被袁世凯拒绝，后任南方军宣慰使。

当时有两个党，一个是梁任公（启超）的进步党，右；另一个是宋教仁的国民党，左。临时约法的起草人是宋教仁，蓝本是英国议会、内阁。宋教仁访问梁启超，谈两党，一在野，一执政，互相监督。梁佩服宋，默契，同意。宋主持议会。袁的心腹是赵秉钧①，赵在唐绍仪辞职不久，就继任内阁总理，宋主动和赵做朋友，就住在赵家（宋妻儿都不在北京）。袁欲收买宋，给银行支票一万元，宋接受了，去上海，用了一到二百元，余钱送回。袁此时觉得非杀宋不可。

洪述祖②是赵秉钧的秘书，住上海，通过买通上海流氓头子应桂馨③，再花钱买一姓武④的凶手，在上海火车站，待宋要乘车赴北京，刺杀了宋教仁。凶手被捕，自杀未成，送医院，被毒死。

营救李大钊

梁漱溟说在国民党中，除了国民党员内部，梁是同蒋介石接触最多的一位；在共产党中，除了共产党员内部，梁是同毛泽东接触最多的一位。1938 年 1 月 5 日，梁去过延安。

梁漱溟说他第一次认识李大钊是在辛亥革命以后不久。陈

---

① 赵秉钧（1859—1914），河南汝州人。民国第三任国务总理。

② 洪述祖（1855—1919），江苏常州人，暗杀宋教仁主凶之一。

③ 应桂馨（？—1914），浙江宁波人。近代上海流氓帮会头子，后加入洪述祖一派，被委任为江苏巡查总长。

④ 武士英（？—1913），本名吴福铭，山西平阳人。暗杀宋教仁的直接凶手。

独秀从上海到北京，募股成立亚东图书馆，每股五十元。梁在李大钊设宴请吃饭的桌席上认识陈独秀，这是第一次。北大校长是蔡元培兼任，尚未准备组成班底，陈到京，蔡请陈任北京大学文科学长[文学院院长]，陈百年任哲学系系主任，李大钊任北大图书馆主任，兼史学系唯物史观课教授。

湖北省孙洪伊①，有小孙之名，气派很大，是立宪头脑，做过段祺瑞的内务总长，对李大钊很好，李是天津北洋法政专门学校学生，孙看李很有才，资送他到日本读书。章士钊②办《甲寅》杂志，李经常投稿，认识章士钊，章李从日本回国，章请李做家庭教师。章有三个孩子：章可、章用、章因。

李住在北京将军巷(俄国兵营)，梁去看李，他很忙，访人太多，拜访者都是年轻人，梁因为没有什么事情，点头就走开了。没几天李大钊被捕，同捕有二十多人。也有漏网，张申府③和妻子刘清扬④。张申府同梁是七十多年的朋友了。张是早期共产党员，第三次党代表大会后便离开了。张也是政协委员。

李被捕，梁去找章士钊，梁说李本人可能没救了，可以将家属，包括一个吃奶的小孩救出。章不认为自己有办法使李和家

---

① 孙洪伊(1870—1936)，天津人。民国时期进步党首领之一。被称为“小孙系”(指孙中山为大孙派)首领。

② 章士钊(1881—1973)，湖南善化人。曾任上海《苏报》主笔。

③ 张申府(1893—1986)，名崧年，河北人。中国共产党主要创始人之一，中国罗素研究第一人。

④ 刘清扬(1894—1977)，女，回族，天津人。中国妇女运动先驱，早期共产党员。

属都放出来。章同张作霖的参谋长杨宇霆[①]相好，章说他会去找杨谈话。结果李大钊仍然没救出，直到李行刑时，才救出家属。当时梁住西郊，去看他们，见到家人，在二龙坑。李"性情激烈，然态度温和"。

梁最近给近代史研究所写了一篇文章，谈梁所知道的李大钊。[②] 这是近代史所周天度同梁联系。还给人民大学党史组录了三次音，谈梁和党的关系。

---

① 杨宇霆（1885—1929），辽宁法库人。北洋军阀时期奉系军阀首领之一。

② 原文已佚，可参见《记李守常（大钊）先生事》，最早发表于1979年，后录于《梁漱溟全集》卷七，山东人民出版社，2005年，第483—485页。另有一篇《回忆李大钊先生》于1985年写成，参见《我生有涯愿无尽》，上海人民出版社，2013年，第301—303页。《梁漱溟全集》下统称《全集》。

第三天

1980.6.22

［梁说有一次学过太极拳，但学得不好。《人心与人生》草稿是一九四九年前完成的，到了五十年代，比较安定的时代，修改了。五六年前写了《今天我们应当如何评价孔子》。参考记录而补充。］

“我所知道的李大钊”

伍：由于梁先生你有好多东西，在现代史上好多东西的史料，上次我们谈的那个李大钊的情况，近代史研究所，你写了一个李大钊的那个文章，这个东西他们告诉你了没有，准备发表在什么地方？

梁：这个时候我[ooo]。这个近代史研究所呀，有一个同志，经常来的一个人，姓周，叫周天度①，天，天下的天，度，度量的度，周天度，[ooo]。

伍：那篇文章的中心思想讲的是什么？关于纪念李大钊的那篇文章。

梁：[ooo]写我跟他的关系，我所知道的李大钊，我对他的印象。他给我的印象啊，我说了一些话。他给我的印象啊，这个人好像很温和，而实际上呢，含有一种激烈。你跟他一接触的时候啊，给你印象很好，很温和，的确很好。而实际上呢，很激烈。所以他领导群众运动的时候啊，你从旁看上去啊，他好像是疯狂一样。他领导群众运动，从前门大街，领导群众去反对段祺瑞的时候，[ooo]，从旁看去呀，他这个人呀，很激烈。平常的时候你跟他，他这个人很温和的，不会是很激烈的，不激烈。

伍：那么你在北大的时候，接触的时候，你跟他[ooo]跟李大钊关系好极了，[ooo]你当时跟他相好的，你对他[ooo]。

梁：这篇文章里头，我开始也不愿意说话，因为我[ooo]。他是担任北京大学图书馆主任，他有个主任办公室，在图书馆三层，[ooo]他有一个图书馆的主任办公室，这个房间也不是太大。那么，我是每一周礼拜二、礼拜五两次去图书馆去讲课，讲课之前呢，我总是到他的那个办公室旁边去坐一下，我进去的时候

---

① 周天度（1928—2009），湖南人。中国社会科学院近代史研究所研究员。

啊，我也不同他打招呼，他也不招呼我，看见人进来嘛，你就进来嘛，走的时候那你就走吧。我也不管他，他也不管我，都是熟啊，关系熟啊。我在他那个图书馆讲课顶多也不过十几、二十周吧，不长。有时候呢，他听到我进来了，知道我进来了，他有一什么书，意思是要我看，他就拿那本书，那么递给我，我就接过来看，有的时候我就看了之后还给他，也不说什么。有的时候呢，我就跟他说一声，带回家去，他就点点头。来去自由。

伍：这也是老朋友的相处了。

梁：那个时候我是正在编辑一个出版物，这个出版物是单张的，是《每周评论》。

伍：噢，《每周评论》。

梁：实际上是评论社会问题啊，论政啊。

伍：他在生活的起居方面，是不是跟梁老师也有相同的地方，比方说穿着很朴素，也不大……

梁：从前的时候还是穿长衫嘛，从前，从前那个社会。他在被捕之前嘛，我还去看他，他被捕嘛，在那个东单东交民巷俄国兵营，捕他的是张作霖。

伍：张作霖，奉系的。

梁：张作霖那时驻北京，那时没有总统，也没有总理，那时张作霖自称大元帅。那么，李先生呢，他在交民巷①，在交民巷使馆界，使馆界一般好像是中国政府的军警呢，不能随便去的。

① 即东交民巷。

伍：好像还有个围墙把它围起来。

梁：哎，有个使馆界，那么他在使馆范围呢，俄国的使馆呢，比较空，俄国公使呢，没有在这里。那么他在那里住，他的家属，女人、孩子，都住在里边。他的同志，党员，也很多人住在里边。住在里边的人很不少，[ooo]上次提到的一个张申府……

伍：张申府。

梁：张申府跟张申府的女人刘清扬。

伍：对，刘清扬。

梁：他们两人也都住在那里。可是，张作霖的军警去捕李先生的时候啊，刚好张申府夫妇不在里头住，本来住在里边，偶然那几天没有在，就没有被捕。

伍：很侥幸地离开了。

梁：不是很侥幸，他不注意，他不知道要被捕，他不知道要去捕人。

伍：完全是无意出去。

梁：偶然地他们两个人出去了，可是就漏网了。那么李先生在那里边住的时候呢，我也去看过他一次，看他的时候啊，看见满屋坐着人，一个一个挨着坐，都坐满了，都是人。这里还是青年多，没有……中年人就不信他。这些找他的，都是等着跟他说话的。他一个个地说，这个人来说，说得差不多了，这个人退回去，那个人再上来说。[ooo]那么我看见他很忙啊，我也没有什么要紧事情要跟他说，望见他一眼，看见我来了，他也不说什么。我看见他太忙了，我就退出去了，我退出去没有几天，他就被捕了。

伍：这是你最后一次看到他？

梁：最后一次。

伍：你们在学术上还有些什么讨论？有些……

梁：我们，他拿什么马克思主义的书给我看。

伍：他介绍给你看。

梁：他给我看，还有其他的书，比如像俄国人克鲁泡特金，克鲁泡特金的书，一个小册子，他也给我看了。

伍：好像李先生也曾经在有些文章中间谈到东西文化，它们的不同的地方，跟你讨论过这一类的问题？

梁：没有讨论过。他是有一篇文章①，我发表《东西文化及其哲学》时也把他的文章附在后边了。

伍：互相有影响的，能不能这样说？

梁：可以说没有作过什么讨论。

伍：专门的讨论。

梁：没有作过什么讨论。很奇怪，就是他是共产党【伍：对】，有些个朋友啊，他介绍入党，但是他从没有向我提过一句。

伍，林：噢，哈。

梁：不晓得他是怎么个意思，他或者是认为我不合格，或者是怎么样，他从没说是你入党吧。他没有，从来不提。私人感情

---

① 李大钊：《东西文明根本之异点》，最早发表于《言治》季刊第三册（1918 年 7 月 1 日）；现录于《李大钊文集》卷二，人民出版社，1999 年，第 202—215 页。

很好，但是从来不提。那么我说一件小事情。我二十九岁那一年，就是民国十年，就是一九二一年，那一年的冬天，年尾我要结婚了，本来我是不想结婚，我是想出家的。

林，伍：对。

梁：那时候么我改变了，就要结婚了，我就去看他，看李先生。我就告诉他，我说我现在要结婚了。他就笑，啊呀，他说，这个在我，在他自己，是二十年前的事了。

伍，林：噢。

伍：他比你大？

梁：他比我大嘛是大，大得很有限的，比如说是大三岁。

伍：那怎么？

梁：所以后来他又想起来又说了一下。不是笑了吗，在他二十年前，这是在他二十年前的事情了么。那么，也说明这个事情，就是说他自己的这个家庭情况了，家庭情况就是他父亲在他没有生下来的时候已经死了。那么母亲生他，母亲生他的时候，就在生他之后也死了，所以他生下来呢，他就没有见过父母，不晓得父母什么样，那么，都是靠祖父母把他养大。祖父母么，当然年老了，是吧，年老了么，就早一点给他结婚么，那么大概订婚的，就是他的妻子姓赵，那么就给他们成婚了，大概成婚的时候不晓得李先生是十一岁么，十二岁。

林，伍：噢。

梁：小得很，跟一般成婚的不大一样。那么后来过了几年么，他祖父、祖母也就死了。祖父、祖母死了么，就他们夫妇，小夫妇两个人，将才说他的妻子姓赵了，大概是比他大七岁么，或者八岁。

伍：比他还大。

梁：比他大么，比他大。将才说他十一二岁啊，那她十八九岁啊。

伍：对，中国有这种情况。

梁：不过他，李先生他这个妻子呢，很好，祖父母都死了。就是他们两个人，两个人在家里。他妻子就告诉他啊，你还应当出去求学，家里事情呢，我在家里头看家，后来这样子呢，他是乐亭县人，河北省，快乐的乐，乐亭县人。他就从乐亭到了永平府。从前呢，这个地方制度啊，它是省之下有府，府之下才是州县，这个府就等于现在的专员区，那么他就到永平府中学堂去读书，后来从永平府中学毕业以后，到天津北洋法政学校读书。所以他跟他的夫人呢感情很好，所以一直到被捕的时候啊，他的家属啊一起都被捕了。他的那个妻子啊，还有怀抱的小孩，我都看到了。那个小孩也许有一周岁，也许一周岁多吧。

伍：那是比李葆华还小的。

梁：当然了。李葆华那时候恐怕有十五岁，李葆华的姐姐叫李新华，他姐姐叫李新华。那个顶小的，那个就我眼睛看见就是了，不知叫什么名字，一直到要把李先生执行绞刑了，才把他的家属放出来，[ooo]，统统处决。

林：你自己准备结婚的时候，就是李先生跟你讲这个问题。

梁：哎，讲他那个小时候啊，结婚为什么太早。因为我告诉他我要结婚他就笑，这在他是二十年前的事情了。我结婚那年二十九岁，二十九岁的冬天，年末尾的时候结婚，那么，他大概大我三岁嘛，比如我是二十九，他也许三十二，也许三十三，差不多三十岁。

伍：你还跟那个陈独秀，陈仲甫①，也在北大同过事？

梁：就是，我们一同进去的，我叙述李先生的事情，题目是"回忆李大钊先生"②，里边提到，我同李先生认识呢，在进入北大之前，就在李大钊[处]请客，请客就是摆酒席啊，吃饭啊，请客的席上我看见陈独秀，他也请陈独秀了，也请了我，那么我就在那里第一次看到陈独秀。

伍：因为梁老师对这两个人你很熟悉了，你看李大钊和陈独秀啊，两人在作风上，在性格上，还有一些……

梁：当然有相同的地方了。有相同的了，他[们]思想相同，都是共产主义。

伍：他们都是早期共产党的，最早的，他们……

梁：发起共产党，他们还有中国共产党，他们发起共产党。

伍：对，对，对。他们还有相异相左的地方，性格上或者？

梁：人跟人的性格都很少相同，好像人的面孔一样，各有不同。但是他们两人友谊很好。

伍：他们两人的私人友谊。

---

① 即陈独秀。陈独秀，字仲甫。

② 参见本书第9页，注2。

梁：不是都传说那个事情吗，李先生掩护陈独秀逃出去北京，逃出去北京啊，李先生掩护着他逃出去，好像是陈先生在北京交通工具啊，有一部骡车。那么陈呢坐在里边，李嘛坐在外边，靠外边，他们走，离开北京出去。

林：你从前说过陈独秀是……怀疑……

梁：这个不清楚。

伍：梁老师有篇文章中这样讲，你开始想搞乡村运动啊，中途也有人不以为然，你的主意提出后，陈独秀好像就认为这种做法好像是一种近乎乌托邦，一种空想的情况。林琪小姐她这次就问，她看陈独秀的文章没有发现这个方面。不知道是跟你私人谈话表示的这种态度，还是怎么回事情。

梁：这个我也不记得了，因为什么不记得了？因为这个时候，我们一同在北京大学的时候，我还没有搞乡村运动。我们一同进入北京大学的时候，这是民国六年，一九一七，五四运动前，那么我在北京大学从民国六年开始，到民国十三年离开。

伍：一九二四年。

梁：一九二四年离开。这个时候陈独秀早已离开了，所以我不大记得，我这个时候还没有做乡村运动，所以那个话就不知道是……

伍：五四运动时期你正在北京，你还有些印象关于这场大的运动？

梁：当然，我正在北大，当时的局面叫作八校，八个学校，八个学校里头北京大学是第一个，其他还有高等师范学校，有法政专门学校，农业专门学校，工业专门学校，一共合起来八校，八校学生的联合运动，五四运动。

“我是不是应当走革命的道路”

林：你写的那个《自述》[1]，写过你有两个学生，从南部回到北京的时候，那是一九二七年，那个时候，你有一次很大的觉悟，觉得西洋的那把戏是在中国实行不了，在你的《自述》上你说中国的共产党是帮助你有这个觉悟。

伍：就是在你那个《自述》中间，一九二七，你开始搞乡村运动，有一个很大的觉悟，就是一九二七年曾经有两个学生到南方去，然后回来。

梁：我这样说一下啊，我在北京大学么，担任讲席了，到民国十三年呢离开，民国十三年离开就自己去办一个高中，办一个高中在山东，没有多久就退出来了。我退出来的原因呢，是受这个时局影响，就是冯玉祥搞这个，那个什么……

伍：军阀战争。

梁：冯玉祥，国民军第一军，胡景翼[2]是第二军，孙岳[3]第三

---

① 《自述》，《全集》卷二，第1—34页。原为梁先生在1934年所作的长篇讲话。

② 胡景翼（1892—1925），陕西富平人。1924年10月第二次直奉战争期间与冯玉祥、孙岳联合倒直，发动北京政变。

③ 孙岳（1878—1928），河北高阳人。民国时期曾任京畿警备副司令等职。

军，受这个影响，我就从山东办高中没有办成功，没有办多久就退出来了，退出来之后，就同几个熟人，一些个朋友、学生，租一个房子啊，大家在一起同住，一同学习吧，一同讲学，这个时候就是什么事都不做，本来可以在大学啊或者教书，统统都谢绝，那么一起人数也不多，就十几个人吧，都住在一起，可是我所熟的朋友，我所熟的比较要好的朋友有三个人，他们都参加了国民革命军。北伐之前，要北伐，还没北伐，北伐之前，国民党改组了，孙先生民国十三年在广州领导开会，改组的。可后来不是孙先生逝世了，这个时候广州这个省港罢工①，这个时候嘛，就是蒋介石啊，武人就是蒋介石啊，那么，李济深②，陈铭枢，陈真如③，那么文人就是谭延闿④呀，汪精卫呀。

伍：胡汉民⑤。

梁：胡汉民。哎，他们矛盾，有时合作，有时分开。那么我不是在北京什么都不做，和朋友在一起嘛，那么广州方面，三个主要的朋友，一个就是李济深，一个叫张难先，艰难的难，先后的

---

① 1925年6月19日在广东和香港爆发的，历时一年零四个月，是世界工运史上时间最长的一次大罢工。

② 李济深（1885—1959），字任潮，广西梧州人。中国国民党革命委员会主要创始人，领导人之一。曾任国民革命军总司令部参谋长、广东省政府主席等职。

③ 即陈铭枢。陈铭枢（1889—1965），字真如，广东合浦曲樟（今属广西）人，从军而信佛。民革创始人之一。曾任国民政府军事委员、广东省政府主席等职。

④ 谭延闿（1880—1930），湖南茶陵人。民国时期曾任两广督军等职。

⑤ 胡汉民（1879—1936），广东番禺人。国民党早期主要领导人之一。

先，他是湖北的一个老先生，湖北的老先生，比我岁数大得很多，大我十九岁。李济深，张难先[1]，陈铭枢，他们三个人嘛，在这个革命高潮里头啊，是相当重要的，这个时候我不是在北京嘛，退出来，从山东退出来，同十几个人在一起嘛，他们就写信，批评我们，你们关起门来讲哲学，讲授修身啊，这个要不得，你们赶快来。

伍：广州。

梁：广州，我们一同搞革命，那么这个时候呢，我在思想上啊，就看不准，不能决定，看不清楚，好像我是不是应当走革命的道路，应当跟着他们一道走，他们要我去，跟他们一道走，不敢确定，不敢确定呢，我就要三个比较年轻的朋友先去。

伍：对，对，对。

梁：三个人嘛，一个叫作王平叔，四川人。一个叫黄艮庸，广东人，还有一个叫徐名鸿，名，人名的名，鸿就是，三点水，一个工，一个鸟。准备请他们三个人呀先去，先去看看它的情况，把那边的情况写信告诉我们。那么他们去了之后呢，后来，他们就随着国民革命军北伐了，都穿上军装了。

伍：你的三个学生。

梁：嗯，三个学生，都参军了，穿军装了。那么从广州么一直北伐了，沿途很顺利，一直到了武汉。到武汉，随着军队到，

---

① 张难先（1873—1968），湖北仙桃人。曾应李济深函约赴粤，任西江善后督办公署参议兼西江讲武堂教官，后任琼崖行政委员、广东省政府委员兼土地厅长等职。

领导军队的是谁呢？就是陈铭枢。那么到了武汉呢，这个时候呢，一个思想上的问题来了，就是本来国民革命军北伐里头有共产党，有共产党参加，实际上是，可说是精神上还是共产党领导的。那么他们也既然都在军队里头，统一穿军装北伐啊。军队里有政治部主任，他们就担任政治部的工作，这三个人呢，随着军队北伐，节节胜利到了武汉，可是这三个人呢，态度就分了。徐名鸿首先就参加共产党。这个王平叔呢，对共产党的思想理论很欣赏，觉得很有道理，很有味道。可是这个黄艮庸呢，好像就不那样地积极。三个人就分了。后来这三个人结果也不一样。徐嘛后来就一直没有回到北方来，徐没有回到北方来。王平叔和黄艮庸呢，他们到了武汉之后，停留了一个短的时间，就回到北方来看我。那么因为这个时候啊，陈铭枢啊，他本来是他的军队保卫这个武昌城啊，他是作为武汉的好像是什么卫戍司令，可是呢他站不住，陈在武汉站不住，就是他不够左倾。

伍：还不够左。

梁：他不够左倾，他不够左倾呢。可是那个张发奎①呀，还有他们的唐生智②的军队，就这个思想不一致。陈在武汉站不住，站不住他就走了，因为整个大局就是分裂的，这个时候，是

---

① 张发奎（1896—1980），广东韶关人。曾任国民革命军第四军军长等职。

② 唐生智（1890—1970），湖南东安人。曾任国民革命军第八军军长兼北伐军前敌总指挥等职。

那个国民政府谭延闿啊，到了武汉，国民政府从广州移到武汉，可是蒋介石呢，是带着兵呢，到江浙，江苏、浙江那边去了。

伍：江西，好像是？

梁：哎，经过江西，经南昌城。那么好像武汉政府要免蒋介石的职，蒋介石就独立了，跟武汉政府分裂。国民党党内变化，陈铭枢在武汉站不住了，上长江下游去了。上长江下游到蒋介石那边去了。这个时候呢，我的朋友王平叔、黄艮庸呢，就到北京来看我，报告我这些个广州啊，以至武汉啊，当时的那个政治空气，思想空气，种种情况。那么嘛，我们在北京环境不同了，环境很平静，没有那种革命的高潮，所以就比较能够很宽松地，大家很仔细地来考虑问题，考虑问题么，就对这个国家的前途也是看不很准。国家前途应该怎样走啊，还是看不很准。那么那时我们决定了，决定就是什么呢？就是我们三个人，我，王平叔，黄艮庸，我们三个人呢，到南方去，到广东，到广东嘛，就是首先还是跟李济深、陈铭枢，跟张难先这些老朋友们见面，见面呢，我是，还是有种观察的态度。……决定不下来。可是这个李济深呢，他看我从北方来了，他以为总是可以经常走一条路了，这个时候的国民政府是在南京，【伍：已经在南京了】在南京，他就打电话给南京，发表我为广东省政府组织委员。他没有得我的同意，为什么没得我的同意呢？刚好这个时候啊，我同那个将才说的黄艮庸回乡下去了，黄艮庸他是就在离广州六十里。我在那个乡下住，黄[ooo]

“我们在农村里头知道广州出事了”

伍：张发奎，黄琪翔[①]。张发奎？

[ooo]

梁：张黄政变呢，汪精卫、陈公博[②]有一个阴谋。阴谋就是他们八个中央委员，以汪精卫、陈公博为首的，包括[ooo]，[ooo]，一共八个人，八个都是国民党的中央委员，他们从武汉经过长江汉口到了广东，他们倚靠的武装力量呢，是张发奎、黄琪翔。

伍：广东派呢？

梁：广东派没有问题啦。在政治上他们是很左的，汪精卫当时在大会上说有名的口号：革命的左边来，啊，你们要革命啊，革命的左边来，很有名的、响亮的口号。[ooo]他们八个党中央委员所依靠的武力呢是张发奎、黄琪翔。要夺取广东政权。广东地方本来在李济深手里，那么就由汪精卫陪着李济深去上海开这个党中央会议。这样子呢，汪跟李在香港上了轮船，[ooo]，这边呢，就叛变了。这边就打出旗子来了，说倒李，因为张发奎、黄琪翔都是李的部下，不好明着赶李。当时呢，[ooo]广

---

① 黄琪翔（1898—1970），广东梅县人。中国农工民主党创始人之一，曾任粤军第四军军长等职。

② 陈公博（1892—1946），福建上杭人。早年参加中国共产党，后脱党加入国民党。曾任国民党第二次全国大会中央执委。

州政治分会，这样呢说明一下，成立广州政治分会，它在国民党当时呢，最高级别的是中央政治会议，中央政治会议是最高的机关，但是还有分会，等于是中央政治会议广州分会，就是说这个分会的权是在上面，省政府上面，广州政治分会它统辖的就是广东跟广西，两个省，所以武汉政治分会，就是统辖的是湖北、湖南几个省，然后呢，还有冯玉祥呢跟阎锡山呢，也都换了国民党的旗帜么，所以冯玉祥在河南有一个开封政治分会，阎锡山在山西有一个太原政治分会。政治分会呀在省政府之上，可以统辖几个省。

伍：讲了广州分会，你讲了黄琪翔他们在把李济深赶跑了以后利用广州分会这个旗号。

梁：趁汪精卫和李济深两人在香港上了轮船，来的这个空隙的时候，他们在广州由陈公博改组了这个广州分会，陈公博么跟汪是一回事。他们不是八个人嘛。

伍：这样广州分会的人就易手了。原来是李济深，现在就变成是陈公博他们自己掌握了。

梁：哎，就是，陈公博他是倚靠这[ooo]的力量，张发奎、黄琪翔的军队，在国民党领袖来说呢，这样做事也是非常恶劣的，他们已经取得了广州省政府的[ooo]，取得了统辖广东、广西更高级的政权。这个时候呢，[ooo]张发奎、黄琪翔在军队里头啊，有个叶挺在里面，叶挺，叶剑英，他们在这里头，他们是共产党。

伍：叶剑英实际是张发奎那个部队的政治部主任啊。叶剑英……

梁：那我们就不管他了，反正是说，叶剑英，叶挺，是掌握的，那叫什么团呢，特务团，什么团的。这是这军队里的最主要的主力，他们来掌握。而他们呢是共产党，他们看不起汪精卫跟陈公博，哈哈，他们就起来了，就是在广州啊，有三天的赤色恐怖，还有一个人叫张太雷①。张太雷就在这次牺牲【伍：死】了。他们就在底下打起红旗来。

伍：广州起义。

梁：广州起义。把监狱打开，把犯人都放出来，把枪支给犯人，把枪支啊分给犯人，把广州市公安局啊缴械，完全是一种革命行动吧，三天。［ooo］

伍：你正在这个时候在广州。

梁：我幸好不在广州。我们是在黄艮庸家呢。

伍：噢，噢，你是在农村。

梁：我们在农村里头知道广州出事了，死人很多，也没有几天我就，那么事情就有三天，事情过后我就到广州城里来了。因为我刚好也有两个朋友啊，他们在广州，我惦记他们啊，他们安全不安全，因为，这个时候啊，我们将才讲过了，有一个老先生，湖北老先生张难先，张难先呢，就是广东省政府土地厅的厅长，那么我一个朋友啊，也是我的内弟，就是我妻子的弟弟，姓黄的，还有一个姓潘的朋友，他们两个人啊都在张难先的土地厅里工作，做职员，我不晓得他们生死如何。我从乡下进广州，这个事

① 张太雷（1898—1927），江苏常州人。中共早期重要领导人之一。

情过去了,共产党失败了。我进省城来看,很多烧了的房子,焚烧房子。还有很多街道上的死尸还没收,等于刚刚过去,那么就看死的人里有没有我的朋友啊。

伍:那么这个时候原来发表你的广东省政府委员这个……

梁:那个早过去了,那个在前,我没有就么,也就……

伍:那这个事件之后广东省实际的统治人是什么人?

梁:这个时候啊,那是变乱一场嘛,陈公博他们也站不住了,张发奎、黄琪翔也站不住了。等于就是他的部下起来造反了,他们本人也站不住了,同时呢,黄绍竑①……

伍:黄绍竑。

梁:黄绍竑是广西人。黄绍竑跟一个李福林②,有福气的那个福,李福林,派着兵收回广州。

伍:等于是黄绍竑掌握广州了。

梁:啊?

伍:等于是我们说的广州起义这个事件之后,等于是……

梁:那边,从西边来了军队,李福林不算是西边,黄绍竑是广西人么,他们带着军队来了,这个时候呢,陈铭枢啊跟陈济棠③也,军队也好像从东江里回来,从东江收回广州,到省城来,

---

① 黄绍竑(1895—1966),广西容县人。民国时期曾任广西省主席等职。

② 李福林(1874—1952),广东广州人。民国时期曾任第五军军长等职。

③ 陈济棠(1890—1954),广西防城港人。民国时期曾任第五军军长等职,长期主政广东。

那么,李任潮[①]呢也从上海呢,就回到,这是民国十七年。

伍:一九二八年。

梁:哎,这是十二月十一月。

伍:那你在广州这段时间后来还做了点什么别的事情?

梁:就是说这个时候不是李济深得到陈铭枢、黄绍竑、李福林军队的掩护,他又回到广州,重握广州的政权了。这个时候我不是还在乡下黄艮庸的家吗?那么他就要我出来。我那个书里头啊记载这个事情。

伍:没有像你现在讲得这么详细。

蒋介石把李济深"扣在汤山"

梁:有几句话啊,从那本书里可以看得到,就是我,我最初啊,从北方,同王平叔、黄艮庸从北方来广州。来广州就是还想得到广州政府[ooo]啊。刚一到广州的时候,我曾经问李济深,因为李济深这个人呢,(笑),是一个很忠实的人啊,有点像那个汉《史记》上说的周勃。

伍:周勃,厚重少文的。

梁:厚重少文。我刚刚来的时候,刚刚从北京出来,因为是老朋友么,就问他,你从国家大局上看,最要紧的是什么,最要紧的事情是什么。他就沉默,沉默了一下,回答,最重要的是忠于

---

① 即李济深。

中央政府,拥护党,拥护中央,这个是最要紧的。并且举例说,广东现在已经有点[ooo],哪一部分是拥护党的,拥护政府的,那么把它团结起来,大家团结军人,一起来拥护中央,求得广东的统一,这样就好了,就可以再进行建设。那么,全国也是这样子。全国呢,军人也都拥护中央政府,那么全国就好办了。那么我就认为这个意思很好,恐怕事实上没有这个事情。好像中国啊,统一很难。军阀割据的局面啊,一时,还没有办法变动。军阀割据,没有办法,很难,很难。这是我对前途的一个看法。那么我希望你呢,洁明自身。这个话是我一到,一见面就跟他说了。可是,当时他[ooo]现在呢,党内左右分裂,对他的期望的打击[ooo],军阀割据的局面一时改变不了。当时他不听,不信,我这个时候开始,我正在他的总司令部,总司令部在广州,总司令到前方去了,总参谋长留守,他是自己住在总司令部。他也让我住在那儿,他办公的时间在那儿,晚上休息的时候[ooo],一看我回来,就想问我对前途的分析。

在这个以后呢,他才要我帮他忙,在政治上帮他忙,他让我做一件事情,我才做,这个事情是什么事情呢?就是在广州政治分会之下,之内,设一个叫作建设委员会。建设委员会呢,名义上呢还是他自己兼这个主席,那么,我呢就是代主席,代他,负责这个建设委员会的事情。这个事,从一开头呢,从实际上,帮他忙吧。

可是也没有多久,底下就是民国十八年了。民国十八年就是这个大局又发生变化。还是由于蒋介石呀,他总是不能够容人，不能够用人。他总是想要消灭旁人。当时他主要的，最先要消灭的几个对象，一共要消灭的是三个，头一，一上来，最先要解决的是两个，一个呢就是桂系，一个呢是冯玉祥这个系。桂系呢，就包含了李宗仁、白崇禧呀，那么也包含了李济深、黄绍竑。这些广西人，他要解决。要解决这三个。那么主要的先解决桂系么，还是解决冯？后来他还是先解决桂系。而桂系呢，刚好啊，做了错事，做了不相宜的事情。怎么不相宜的事情呢？就是，两广么，是他们，就是桂系掌握了。那么湖北的政治分会是谁的政治分会的主席呢？是李宗仁。

伍：噢，李宗仁。

梁：李宗仁的部下有一个叫陶钧夷①，夏威夷的夷。胡宗铎②也就是李宗仁的部将。李宗仁本人就住在上海，没有住在武汉。可是在武汉当家的呢就是将才说的这几个人，胡宗铎呀这几个人。他们呀就免去了湖南主席鲁涤平③的职。那么免去了鲁涤平的职呢，就等于两广啊跟湖北，跟武汉啊都打通了。这中间就没有隔阂了，湖南、湖北不就是打通了么，湖南啊跟广东挨着么。这个是很犯蒋介石的忌。你这样做，你都动手了，那么

---

① 此处有误，应为陶钧。陶钧（1892—1962），湖北黄梅人。桂系早期骨干将领。1929 年初，桂系将领夏威、胡宗铎、陶钧从湖北发兵湖南，驱逐湖南省省主席鲁涤平。夏威（1893—1975），广西梧州（今玉林）人。桂系早期骨干将领。

② 胡宗铎（1892—1962 年），湖北黄梅人。桂系早期骨干将领。

③ 鲁涤平（1887—1935），湖南宁乡人。民国时期曾任第二军军长、湖南省政府主席等职。

我也动手了。所以他先解决桂系。先解决桂系呢，不说多的话了。

就是那个，李济深呢，他在政治上他的态度立场啊，他还是，虽然被人看作是跟蒋啊，南京跟广州不对，他还是想迁就一下。所以他自己呀，除了他的参谋长 Deng Shizen 留守广州之外，可以说是他倾家而出。他一个，李济深一个，陈铭枢一个，黄绍竑一个，还有他的主要的[ooo]，陈济棠。几乎部下的人啊，主要的人啊，统统到上海。表示我，决不反抗中央，人都来了，可是蒋他这个人手段是很辣的，虽然他们表示得好像是决没有二心，维持政府，听话。可是就在李济深呢从上海到南京去见蒋的时候，蒋马上就把他扣了，蒋他这个手段是很辣的。并不因为你是好像对我态度很迁就，究竟你有实力呀，你在广州有实力呀。去见蒋，蒋就把他扣了。扣在汤山，南京城外有个温泉啊，汤山。

伍问林：你去过吗？汤山。

林：我知道。

梁：就把他扣了，扣了两年才回来。

伍：那么这样广州不是要乱了么，李济深不在广州。

梁：他有布置的，蒋有布置的。他扣李济深的时候啊，他就先把两个陈，一个是陈济棠，一个是陈铭枢，就跟他们，不管是当面吧，或者是暗中吧，广东省我交给你们了，军队陈济棠，省政府陈铭枢，那么这两个人本来是在李的下面的重要人物啊，这两个人么都安排，都安置了，所以扣了李嘛，也没有影响，广州没有反叛。

伍：那么这样子呢，你怎么搞建设委员会工作呢？

梁：就是啊，就是将才说的，我主要到广东去啊，我是有我的一个主张。我的一个想法，我的想法呀，就是搞乡村，所以我到广东去，我是想搞一个乡治，乡村的，政治家的治，乡治，乡治这个名辞呀，在中国古书上就有，有这个名辞。我预备在广东啊，先搞一个乡治讲习所，那么预备在广东么试着办乡治，可是因为将才说么，李济深被扣了，所以我也就放弃在广东做这个事情。[ooo]那么刚好这个时候，民国十八年的旧历正月，我从广东出来呀，以考察名义出来的，我的那个文集也有所记录。

考察乡村教育

伍：后来到了？

梁：好几个地方，也有所记录。这是那次出来，那么在北游的时候嘛，李既然被扣了么，我也就不回广州了。刚好呢，北方的朋友，他们搞一种叫作村治运动。我不是名字叫乡治么，他们的是村治，他们就是一方面呢在河南，办一个叫河南村治学院，那么在北京呢，办一个刊物，就是《村治月刊》。但是呢，这个在大体上说在思想上说跟我算是同调。他们开始做的时候，我人还在广东，他们开头了。可是还没有做成，还没有做成功。我由于广东情况变了，我不回广东了，他们说，很好，你就留在那。所以我就在广东啊乡治讲习所没有办成，那么就办了河南的村治学院。

伍：梁老师，当时好像在国内，除了你开始注意乡村问题之外，你在那篇文章中间，还有一些其他的人好像也在搞一些乡村的[ooo]，像黄炎培①，还有陶行知②。你都去看了一下。

梁：对，都去看了一下。那个恐怕，还有一个北游，在北方的，就是那个河北定县。河北定县啊，晏阳初③的。

伍：大体上好像就是这几个，一个是晏阳初他搞的，还有一个是陶行知搞的，他注重教育方面的，晓庄……

梁：乡村师范。

伍：还有黄炎培在江苏搞的那个。

梁：昆山，昆山徐公桥。

伍：除此之外，大概就是这几个了。

梁：哎，大致就是这些。

伍：在规模上，陶行知的是比较小的，就是在南京晓庄。

梁：陶先生的那个是很了不起。

伍：我们在南京的时候还特意去看了一下。

梁：他怎么了不起呢？他本来是留美的，留学美国，留学美国的留学生呢都是西装革履的。他把革履脱了穿草鞋，跟农民

---

① 黄炎培（1878—1965），江苏川沙（今上海市浦东新区）人。曾在上海发起中华职业教育社并创建中华职业学校。中国民主政团同盟主要发起人之一。

② 陶行知（1891—1946），安徽徽州歙县人。曾与蔡元培等发起成立中华教育改进社，并创办晓庄学校。后曾参与发起成立中国民主政团同盟等。

③ 晏阳初（1890—1990），四川巴中人。重视平民教育，曾在河北定县推行乡村教育。

穿草鞋，穿个大褂，同学生搞晓庄的时候，空地呀，没有房子呀，他自己领着学生盖房子，很了不起。

伍：你好像对陶先生的这个做法要比对黄炎培搞的那个徐公桥的要觉得更可贵一些。

梁：哎，陶先生的精神了不起。陶先生非常地感动人。晓庄乡村师范，本来，全国没有乡村师范这个名字，开头他是第一家，后来大家才学，搞乡村师范。我出来考察的时候，也考察了他这一家，那么，北方么，就是将才说的，考察了那个定县，晏阳初。他那个办得很早。考察阎锡山的村政，都去看一看，都去考察了。

伍：那个对你后来搞这个，长期以来搞乡建事业有很大的方便。

梁：这个，作些参考。

伍：你也发现他们有些不足的地方，比方说，徐公桥的那个做法。

林：他们几个是从教育的角度来的，你是不是从教育的角度?

梁：他们呢不一样的。比如黄炎培的那个徐公桥，他的团体叫中华职业教育社。

伍：对，职教社。

梁：职教社。在无锡还有一个叫作江苏教育学院。江苏教育学院创办的时候啊，叫作民众教育院。就是，不是注意社会上未成熟的小孩子的教育，注意成人教育，这是成人教育，就叫作民众教育。成年人呢，民众呢，是在乡村，主要在乡村，所以呢，这个江苏教育学院呢，后来也是办农村实验区，在农村里头摸索一条路，找出成人教育该怎么办。大致就是啊，不能够把农民啊，让他从农村出来受教育，你要到那个地方去啊，改造农村啊，改造这个社会，那样才行。后来不叫民众教育了，就叫江苏教育学院了。江苏教育学院最初创办呢领导的是俞庆棠①先生。俞，底下像个则字的俞，庆，重庆的庆，棠就是中堂的堂，底下是木。她是留学美国。这个人好得很啊，这个乡村民众教育学院是她创办的。民众教育，又叫社会教育。

伍：实际上这好几个人，有三个在江苏，无锡的是江苏，黄炎培的是江苏，陶先生的也是江苏。

梁：俞庆棠先生，她组织一个团体，这个团体叫社会教育社。那么社会教育社有三个，组织起来之后，推三个领导人，这三个领导人啊俞庆棠先生是一个，我是一个……

伍：噢，你也是一个。

梁：哎，还有一个叫赵步霞。姓赵，赵冕，赵步霞。我们三个人组织社会教育社。

伍：你还参加过社会教育社。

梁：算是一个非我搞的乡村工作。认为是一种社会教育。可惜都故去了，年纪还是年轻的，可是这个故去得很早了。一九

---

① 俞庆棠（1897—1949），江苏太仓人。著名教育家，曾创办了一百四十多所民众学校。

五〇年俞庆棠先生就故去了,故在北京。

伍:以后你较长时间就是在搞乡建的工作了。

梁:对。另外说一句话,有一个人啊,一个钱俊瑞①,这个钱俊瑞就是俞庆棠先生的学生。

伍:哦,钱俊瑞是俞庆棠的学生。

[梁说俞庆棠与钱俊瑞都在民众教育学院。参考记录而补充。]

从河南村治学院到山东乡村建设研究院

[ooo]

梁:……没有,没有。

伍:村治学院的教员。

梁:我就是教员,是中学的教员。没有这么久,因为这个……勉强上够一年。就是从民国十八年,一九……一九啦,一九②……暑假,暑假中筹备开学,转过年来嘛,就是民国十九年,民国十九年就是有蒋阎冯中原大战③,就在河南打。那就不行了,还有我们这个河南村治学院呢,是勉勉强强又搞了一年。

---

① 钱俊瑞(1908—1985),江苏无锡人。中国科学院院士。

② 这是1929年。

③ 1930年5月至11月,蒋介石与阎锡山、冯玉祥、李宗仁等在河南、山东、安徽等省发生战争,史称"中原大战"。

伍：村治学院院长是哪一个呀？

梁：院长姓彭，彭禹庭①。

伍：彭禹庭，噢！

梁：副院长姓梁，叫梁仲华。他们问我，他们拉我去做那个教育署，教务……实际上呢，他们拉我参加的时候，他们规模还没有定，章程都还没定。所以嘛，写一个《河南村治学院旨趣书》②，对不对？

伍：对，对。

梁：《旨趣书》是我写的，里面呢怎么样子，规模，哪个办法，还有[ooo]。

伍：实际还是你搞的。

梁：河南这个工作呢，我是呢最主要的。可是我没有办多久，没办多久嘛就是中原大战了，中原大战，办不下去了。

伍：那彭……后来情况怎么样了？就……

梁：彭……他回到他……他是镇平县的人，镇压的镇，河南镇平县。镇平是在河南的铁路西边，铁路西边靠南一点。镇平县，他是那里的人，他回到他本乡去了……由于蒋阎冯中原大战嘛……河南村治学院就算匆匆忙忙的嘛就结束了。有一批学生毕业了。这是河南村治学院。尤其是受这个战时的影响，那么

---

① 彭禹庭(1893—1933)，河南镇平县人。中国近代史上从事乡村建设运动的主要代表人物之一。

② 《河南村治学院旨趣书》，《全集》卷四，第911—919页。最早发表于1929年11月15日。

就结束了。

那么这个时候就是要说到山东……山东的事情怎么样开头的呢？怎么样起来的呢？就是，当时呀，河南村治学院办的是冯玉祥在河南的时代。冯玉祥嘛，在河南的时代，名誉呢，河南省政府的主席呢是韩复榘。名誉的主席是他韩复榘。实际上呢，在冯的手下，什么事情都是听冯的指挥，旁人不能做主。韩复榘是个名誉而已。后来嘛，由于蒋呢要解决冯，要解决冯嘛，冯的军队就自己收缩，向西撤退。向西撤退就是从河南撤入陕西、甘肃。那么，要撤入陕西、甘肃，就是要经过潼关了。潼关，三点水一个儿童的童，潼关。它就冯玉祥领着大军，好多万的军队，可能有二十万军队吧，从山东、河南它都一律撤退，撤退呢，到潼关的西边。

到潼关的西边呢，他就开军事会议，和他自己的将领、参谋长召集开军事会议。开军事会议的时候啊，韩复榘就在会上发言，说话。说话就是表示不应该把军队向西撤。就是陕西、甘肃啊是一个穷苦的地方，不是一个富裕的地方。那么我们这好多万，二十万的大军呢，到穷苦的地方来，地方上受不了，我们也[苦]，军队也苦，不好。表示不应该向西撤。冯玉祥说："你懂什么？你不要乱说，你给我出去！"就从会议上让他出去。比如这一个大的房间，一个长桌子开会啊，让他出去，出去到外边，有一个屋子，就是让"跪下，跪下"。还问旁人："你们谁证明他跪下没有？""跪下了。""好了，让他跪着。"这里面就还开会议。会议完了之后嘛，冯玉祥就散会了，冯玉祥出去了。出去了嘛，韩复桀还在那儿跪着。给他耳刮子，打他。“起来吧！”没起来了。(笑)这个韩呢，这个时候已经是，又是什么军队，又是总指挥，自己带多少兵，又是省政府主席的名义，他就受不了了。但是冯就没有注意他，以为打了他，起来吧！……

伍：老部下了。

梁：老部下。他就，他就没防备韩。韩一怒，脱离了冯。从这个……他不是反对向西撤吗？他就带着自己的一部分部队，他的部队，因为他的部队或者有十万人吧！或者是八万人吧！底下也还有一些，还有许多的中级的将领呢，中级的、下级的将领，那些人也不完全听韩的话，而是更听冯的话，所以他带走的军队脱离冯了，带走的军队带了一部分，人手并不太多。带了一部分人呢，他就出来了，又回到河南。不向西走了，往东回来了。这个时候嘛，蒋听说是这个样子，高兴得很，他愿意冯的部下分裂，就马上发表一个命令，调动韩为山东省主席。

伍：韩是在这种情况下任山东省主席的。

梁：他本来是名誉河南主席，实际不能当家。那么可是将才说明他从……撤出来了，脱离冯了。脱离冯嘛，蒋很高兴，就马上发表他山东主席。当时嘛，他就带着他一部分的军队到山东去了。到山东去了嘛，他上面就没有冯了，所以在山东他自己可以当家了，就可以当家了。

伍：梁老师，你是不是休息一下，我们就到这里，她担心你的身体。[保姆建议梁漱溟要休息。]

梁：底下就可以结束了。他就到山东了，到山东呢，将才不是说我们这个河南村治学院不能不结束，匆匆忙忙结束了，结束嘛，院长是一个彭，他就回到他本县地方上去了。那么那个副院长呢姓梁，叫梁仲华，梁就把村治学院结束完了，他就去山东，到济南去见韩，就报告，说村治学院呢结束了。那么韩就说是你们一班朋友啊，我请你们来山东。到山东来继续办这个乡村的事情，建设乡村的事情。那么刚好么，我们那个村治学院的一班同人啊同事啊也还没有散，那么好了，马上就转到山东来。转到山东来嘛就是考虑到这个新的工作，我们怎么做？才用一个名称叫作山东乡村建设研究院。

那么在这个研究院里头呢，主要分三部分：一部分是研究部，研究乡村的，就是建设的理论方面，最后我写了一部叫作《乡村建设理论》①的书。那么这是一部分。再一部分就是乡村建设服务训练部。就到乡村去服务。为人民服务的训练部。训练一般人到乡村去工作了，这是第二部分。还有第三部分，第三部分就是我们的理想啊，策划啊，办法啊，我们要有一个实验区，来做一做试着看。所以嘛，就由山东省政府嘛就划山东的邹平县，隶属于研究院，做研究院的实验区。那么在这个实验区里头就有县政府，包含县长，县长也由我们提议，提请省政府任令，县政府里面的组织，怎么样的组织，安排组织，我们也都有我们自己的想法。愿意怎么样做，这个叫实验区。这就是三部分，研究

---

① 《乡村建设理论》又名《中国民族之前途》，《全集》卷二，第141—573页。

部，训练部，实验区，另外嘛，还办农场。

伍：林琪小姐她准备下半年呢就准备到邹平去，亲自去一趟，实地去做一些考察。

梁：现在的邹平不是从前的邹平，从前的邹平呢，将才说嘛只有十七八万人口。不大的县，小县，可是全国解放后我又去过邹平，我去看一看。

伍：噢，你还去，你还去看了一看。

梁：那个，它把这个旁的县划进来一点，所以现在的邹平县规模比从前大。

伍：县政府还在邹平县？

梁：县政府还在那个老地方。

伍：她想找一找就是当地的农民，一定他也参加过这些事情，知道这个事情的人，可以写，了解一下……

梁：时间都隔得久了，很久了。

伍：对了，对了。

梁：有没有旧人的[ooo]。

伍：你和那个地方后来就没有保持什么联系了？那个地区？

梁：我在解放后还去了两次。

伍：你还去了两次。

梁：去了两次，它是这个，刚好我自己的那个内人，我的孩子的母亲了，孩子的母亲就死在邹平。死在邹平呢，就埋在邹平了。来不及了。就是要撤退，就是日本人侵略中国，那么我们要撤退呀,那个棺材嘛,埋在地下,埋在一个庙里头。后来嘛,全国解放以后呢,回去安祖坟,那么那个棺材,那个灵柩么运回北京。这原来埋灵[柩]的那个村子还不太久,还看见一些旧人。可是现在就是……

伍:对,对,对,又隔了二十来年。

梁:隔了二三十年了。

伍:对。对。

林:明天我们再谈邹平,邹平这个题目很大,邹平……

伍:她想明天再……

梁:再谈邹平。

伍:谢谢你。每次这么多我们都过意不下。她是说她准备还到邹平,有可能呢,还想到曲阜,这个……

梁:到曲阜?

伍:嗯,因为比较,比较……你看你还可以提供,她还应该到些什么地方去看一看呢,才能把你这个乡间的……

梁:也就是如此了,因为没有这么多时间走很多地方。

伍:好。

梁:那么除了邹平之外,还有一个地方叫作菏泽。

林:嗯。

伍:噢,对,她还准备去菏泽,菏泽她也准备去看看。

梁:还是我们乡村建设研究院呢,设在邹平呢,菏泽呢设了一个分院,菏泽曾经设过分院。

伍:菏泽也是她计划中要准备去的地方。

梁：我们现在都变化很大。

伍：对。

林：[ooo]。

伍：谢谢，谢谢你啊，真是这样。

梁：今天就这样好了。

林：今天这样了。

第四天

1980.6.23

中国缺乏团体组织

梁：[ooo]，如果不抓住要点呢，漫谈呢，不好，那么要点？那我就想，三个要点，三个大的题目。因为你这个[ooo]新中国，我对新中国好像不清楚，过去关于我对新中国的看法，这个算是一个题目。

[ooo]

梁：还有佛家，所以第二个题目嘛，儒家，作为一个题目。第三个是乡村建设为一个题目。一共三个重大的题目。这个……那么其他的就可以随着附带着谈，不要把重要的遗漏了，那么这三个开始先谈哪一个？

林：我们好像以前已经谈，谈了一点乡村建设，我们已经开始，可能最好是继续把这个谈完，然后就谈别的。

梁：先谈乡村建设？

伍：对。

梁：可以。

伍：因为昨天也开始谈到邹平。

梁：昨天开……已经谈到邹平啦？

伍：开始谈到，就是说要准备到邹平，就是……

梁：就是她说啊她去邹平去看看。

伍：昨天梁先生讲到就是由于冯玉祥对韩复榘的那个故事，韩复榘被蒋介石任命是山东省主席，您在河南的那个村治学院呢，结束了，所以全部的人马基本上呢就到山东了，这样就开始山东的工作了。

梁：对，好，我们，我们现在就谈一谈乡村建设，关于那个村治学院说过了。

伍：说过了。

梁：村治学院……

伍：说过村治学院。

林：您在河南的说过了。

梁：还有这个……

伍：你昨天说到就是村治学院的副院长，去到山东找韩复榘汇报工作。那么韩复榘说你们干脆就把人马带到这里来。那么也谈到邹平的这三个部分，研究院……

梁：噢，这也谈到了。

伍：研究院，这个……实验区，这个……

梁：训练部。

伍：噢，对了，就讲到这里。

梁：就算已经开头了【伍：已经开头了】。那个话讲没讲？讲的就是团体组织，科学技术，讲没讲？

林：这两点没有讲，没有。

梁：那我就先讲一下，就是我们到乡村去工作，要建设新的乡村，好像题目很宽泛，其实我们的就是两个要点。就是中国所缺乏的。所谓缺乏呢，就是对照这西洋来看所缺乏的。缺乏的是两件事情，或者有两个点，两个要点。一个要点呢，就是团体组织，再一个要点呢，就是科学技术。中国对照西洋，中国缺少什么呢？就是缺少这两样。因为呢……中国的社会，它长久以来，传统的它是重家族，家庭。家族跟家庭啊，跟团体是两边，我们要明白……团体里头的重要的是两样，是个人跟团体，根据个人跟团体，我这个书上不是有一个表吗。①

伍：有个表，有个图。

梁：哎，就是这样，就是西洋啊很显明的有这两面，一个是个人，一个是团体，至于……家庭呢就好像不重要，所以就用小的字来表示。天下也不重要。它重要的国家是在团体里，这是西洋。中国呢，刚好是……大的就是天下，小的就是家庭，可是

① 见《中国文化要义》，《全集》卷三，第80页。

个人跟团体呀有……

伍：恰恰相反。

林：对。

梁：所以嘛，中国人呢他总是说天下太平，天下太平。他不说国家富强。国家富强这个话也曾经有过，曾经有过。什么时候呢？就是战国七雄的时候，春秋战国。

伍：秦以前，先秦。

梁：秦以前。齐、楚、秦、燕、韩、赵、魏，七雄，七个国家，他们竞争，那个时候他们讲富强，特别是秦朝的商鞅。

伍：对，你举个真例子。

梁：可是那个时期过了之后，汉，从西汉统一了国家，[ooo]局面就变了。局面么就是这个，特别是到了西汉的开初的时候啊，上层，就是国的上层，比如窦太后，比如曹参，萧何，曹参。……曹参呢，有一个老师，盖公①。

伍：曹参老师，盖公。

梁：这个盖公啊是黄老学派，不是儒家，是黄老。黄是黄帝，老是老子，黄老派，黄老派呀，就是……要无为而治，是这样（笑），越做得少，少管人民的事情越好。不是有一个故事啊，大概是汉文帝的时候，皇帝就……曹参做了宰相了，萧何死了。本来曹参还是在山东的这个地方，也是做一个国的首相。他就告诉人，你们赶紧收拾行李。在人问时，他说，我要到中央去做宰

① 盖公，生卒年不详，山东安丘人。西汉著名学者。

相了。可是这个时候他已经是很受教于那个盖公。盖公就是黄老派,黄老派就是无为。那么他到了中央呢,大概还是呢,皇帝,景帝是文帝我记不清了,他总是这个……他做宰相总是不问事情,他这个宰相府里也还有许多的官员啊,他总是要大家喝酒,唱,玩,不管事情。皇帝听见说这个情况,就去找人问他,(笑)说,“听说你总是玩,可是不干事情。”他说:“是这样子。我恐怕我做得很不对呀。不过我,我愿意问哪,皇帝,你比从前那个皇帝,比高祖怎么样?”他说:“那我当然赶不上了。”“那么,我比萧何怎么样呢?”“那你也不如。”“那么好了,你也不如高祖(笑),不如前头那个皇帝,我也不如萧何。那么我们大家就是萧规曹随。”

伍:萧规曹随。萧何做的事情,曹参就跟着他做,不再改变。

梁:不再改变。就是大家这样子玩好了。……它差不多是这样的一个意思。还有一个故事,这是一个关于曹参的故事,再一个故事就是那个汲黯①,那个……

伍:噢。

梁:好像是……[ooo]

伍:一个京,北京的京。

梁:是不是[oo],不是,是不是[oo],像来是[oo],这个字,

---

① 汲黯(?—前112年)西汉官吏,字长孺,濮阳人。性刚直,汉武帝时任东海太守,以清净无为治民,有政绩。

恐怕没有写对。

伍：好像是北京的京。

梁：北京的京，噢，对，对，对。这个京，好像是这样①。皇帝听说他做地方官做得非常好，那么找他来，就是你到某一个地方去做太守，去做地方官，皇帝告诉他，你……

伍：好。

梁：……你在那儿睡觉，（笑）你躺着睡觉好了。

伍：这个就是黄老的，黄老的无为而治。

梁：无为而治。也叫作端拱无为。端拱无为，就是古话了。所以总体来说，中国，老中国，从前老古代传下来的，传统的中国，它是一个消极相安之局，彼此相安。在上面的皇帝啊，宰相啊，或者就是各地方的大官呢，就是上层吧，不要积极地去建设，不要说是我替老百姓谋福利啊，我给你多做些好事啊，不要这个样子。这个样子不是中国的传统的治道，这个治……

伍：治理之道。

梁：传统的治道不是这样，传统的治道啊，不要你替老百姓多做好事，最好是端拱无为，就是将才说的，它就是一个消极相安最好了。那么大体上说啊，所谓治世。

伍：治世？

梁：治世。

伍：治世。

---

① 汲黯的黯当时误写为黥。

梁：治世就是将才我点出来的消极相安之局，那么只有这个，历史上有一个很有名的人，就是王安石。

伍：王安石。

梁：宋朝的王安石，就是他啊，他啊总想把……积极地要做些个好事，那么搞什么青苗法啊。

伍：搞变法。

梁：他要变法维新。

伍：这个时代。

梁：嗯。他不是有一种对农民有一种什么青苗法。

伍：青苗法。

林：青苗法。

梁：青苗法。它好像是怎么样子的？我也说不很清楚。

伍：就是在青黄不接的时候，借一部分钱给农民，【梁：就是好像这样……】然后渡过难关再还。结果搞得农民并不肯要这个钱。

梁：就是，他，是好意地……

伍：噢，对。

梁：好意地想，积极地替老百姓做些好事，其实不对路。跟中国社会，跟传统的治道不相合。

伍：所以老百姓就说他是拗相公，就是专门跟老百姓反过来做的。

梁：我联想起来了……

伍：够了？

梁：联想起来还是申说这个意思。是什么意思呢？就是有一个日本的学者，这个人很有学问……他名字叫长谷川如是闲。

伍：长谷川如是闲。

梁：这个人很有学问。我到日本去，我还去访他。

伍：见过他。

梁：跟他谈过话。他有一本很大的著作。这个著作是什么呢？(笑)就是《老子》，中国的《老子》，他注解《老子》，讲《老子》。这个人很有学问，他说过一句话，长谷川说过一句话，他是在他的论文里头有这样一个话，他说是，英国人呢，近代的英国人曾经说政治，国家里有政治，有政府，这是一个必要之恶。是个不好的事情，但是还需要，还是必要。英国人呢有这样一个观点。但是中国人呢，很早以来，早已把政府政治作为不必要之恶了。(笑)那么我们就是不再多说。

就是说中国啊，中国人的头脑里呀，只知道天下，要天下太平，而没有要国家富强的念头。国家富强这个念头，严格地讲，这将才说过，曾经有过，就是七国那个时代。后来就没有，后来就变了。后来就是想天下太平。所以中国人呢，他缺乏国家的观念。就是到了世界大交通，世界大交通呢，西洋人呢到东方来了，到了印度，到了中国。鸦片战争，人们生活在这样的一个情况下，就不能不强调国家观念了。他本来缺乏国家观念，可是这样一来就不行了。这样一来中国就不行了。好像显得很衰落，没有力量，世界的列强都来侵略中国，中国不会应付。那么不能不赶紧呢，中国人自己要救国。

新团体组织：村学乡学

那么要救国的时候呢，就是在我的看法，就赶紧要补足两样事情。是哪两样事情呢？一个就叫作团体组织，一个叫科学技术。中国所缺乏的就是这两样，再没有第三样。你尽管去想吧，没有第三样，主要的就是这两样，就是缺乏团体组织跟科学技术。把这个补充进来就行了。所以我[ooo]到乡村建设，乡村去。我是注意于，眼睛注意于要搞什么呢，怎么建设乡村呢？就是这两样。就是把乡村能够，把散漫的中国人从各自顾身家，一身一家，不晓得组织起来，由我们来引导他组织起来，那么他不晓得求进步，在生产技术上，是我们要想办法引导他，给他新的知识，新的技术，科学技术。总而言之，你到乡村去，我们搞乡村建设，搞什么呢？就是这两样，没有第三样。这两样统统都有了。提纲挈领就是这两样。

那么，不是我们的乡村建设理论呢也都讲了，我稍微仔细讲一讲，详细讲一讲，就是说呢，就比将才说的进一层讲，怎么进一层讲呢，就是说固然是搞团体组织，科学技术，团体组织是重要的，因为它是主体，科学技术嘛，算是一种工具吧，方法，那么，在团体组织里头，再详细讲一下。那么中国人的团体组织啊，中国人散漫，都是一个家庭，一身一家，不知道组织，那么我们要引导组织。怎么样领导他组织起来呢？那么我提出来的口号，这个口号就是：我们呢要学好，要向上，学好，求进步。七个字：向上，学好，求进步。就是我们到乡村要建设新的乡村，要把散漫的农民组织起来，那么怎么样，抱着个什么目的去组织呢？抱着什么一个意义去组织呢？就是我们大家要向上，学好，求进步。所以我在邹平搞的呀，叫作村学，乡村的村。村学往上一点呢叫乡学，乡嘛包含几个村，多的嘛可以包含十几个村，大一点的乡。那么村呢有村学，乡呢有乡学。那么一村的人，男妇老幼，男的，女的，老的，统而名之曰学众，民众的众，众人。不是学生，因为它包含老头啊，包含老太太啊，不说学生，叫学众，众人。村学嘛，有村学的学众，那么大家同时也是乡学的学众。乡呢，包含几个村，多少村。那么，这个村有村学，乡有乡学。

主持乡学与事务的，得有几个人负责办事了，这个呢，叫学董会。学董会，是要找就本村呢或本乡呀比较壮年的，比较壮年的，就是不是太年轻，也不是太年老。壮年的有能力的人嘛组织学董会。那么特别其中有一个人嘛，就算是常务学董。在学董会上边，学董会是一个，好像是一个干部吧……的上边呢有个学长。学长呢就是在这一个乡村，这个地方呢比较年纪大的，大家都很尊重的，还比较人品呢道德好的，这样的人嘛来做学长。可是主要的事情呢都是在学董会，都是在那个常务学董，它要办事。那么学长嘛好像高高在上，不是把责任呢都放在学长身上，不是这样的。那么学长的作用是什么呢？当然一方面嘛就起一种，好像是在领导的作用吧，在风气上，学风啊，起一种领导作用，他还有一个作用呢就是对于真正工作办事的学董呢，起一种监督作用。那么，我的意思啊就是说，我们不学西洋的呀，让群众跟负责干部啊直接对立。西洋好像是有点直接对立,那么这个不大合中国的社会的道德传统。就是说不要这个方面对立,对抗。那么如果大家对于负责办事的人有什么意见,不满意,啊,你去对学长说,或者不一定等着群众来跟学长说,学长从旁边看了,你这个人呢或者做事情呢有些个什么毛病,不大好,或者是……那么也可以旁边呢规劝他,你要注意。他不自己负责干事情,但是他能够起一种监督作用,一种调和作用。就是群众与负责的办事人之间呢,他高高在上,起一点调和,让大家和睦啊这作用,对于负责办事的人起一点监督作用。

中国缺乏科学技术

那么大家呢,就是在这一个口号之下,就是我们要向上,学好,求进步之下,我们就可以改良农业啦,就是种种的生产方面么,就是科学技术啊,做这种事情。那么我们想象的,推想的就是我们有一分的团体组织,就能够引进一分的科学技术。引进一分的科学技术,就能够密切加强我们的团体组织,有一分的团体组织呀,这个加强啊又可以更引进一分科学技术。团体组织呢,开头嘛,容易范围太大,人太多,不行,组织不好。那么慢慢地,这个组织就强了,有力量了。那慢慢地可以这个大了。再扩大嘛,就是村跟村大家可以联合了,乡跟乡联合了。那么联合起来搞经济,那么就可以搞,就有这个财力,有钱了,办较大一点的事业了。我这个我讲了一下没讲呢?讲我们在邹平呢搞棉花?

伍：对，这点你没讲过。我们在书上看过一次。引进美棉［种］的这个。

梁：它就是改良农业了。改良了农业啊，这个改良，举一个例来说，改良棉种，就是一般的棉种不好，退化掉，它就是绒毛短，粗。……那么……长绒棉可以纺成细纱，粗的细的，纺成细纱。那么所以我们就举一个例来说嘛，就是改良棉种，生产长绒的，细的，长绒的棉花。这样子嘛，我们生产出来的这种棉花么，就从邹平呢可以送到青岛，青岛啊，就是山东的青岛，青岛就有纱厂，送到青岛，青岛的纱厂就欢迎我们好的棉花，就可以卖高价钱。举一个例说嘛，就是我们的在农业的改良上就是这么一桩事情，改良棉种。

伍：改良棉种。

梁：推广好的棉种。生产出来的棉花……有打包，打包厂，棉花打包。那么各乡，各村乡都送到一个地方，在邹平的地方叫孙家镇。

伍：孙家镇。我们把这地名先记一记，以备后来可能忘记。

梁：姓孙的，孙家镇。孙家镇这个地方呢就有一个打包厂，打包厂就是农民呢把你生产出来的好的棉花，可以送到那打包厂去。（电话铃响）那么，我们还有一个规划，就是有个什么规划呢，当然生产的好的棉花啊，打了包，在孙家镇打了包嘛，就可以给青岛纱厂去，给它去……还有一个更进一步的计划么，就想我们好的长绒棉多了，农民的这个［ooo］，我们自己就搞纱厂，我们自己就在孙家镇搞纱厂。这个纱厂呢，就不是资本家的纱厂了。这是合作社的,以农民为主人了,为主体了,不是资本家的纱厂,是农民合作起来的,组织起来的纱厂。发财啊,赚钱呢,让农民大家富起来。这是我们的这种规划了。

伍:设想。

梁:设想。还没做到这一步嘛,局面就变了。后来日本人就来了……现在我们主要就是讲团体。团体组织,科学技术,就是互相推进,有一分它的组织,就能够引进一分新的高的生产技术。生产技术越高,团体组织越大。那么,所谓组织呢,就是合作社。不过,普通呢,像在欧洲开头有的,它就是消费合作社。

伍:消费合作社。

梁:那么我们这个呢,是生产合作社。这个生产合作社啊,它可以同时在消费方面有这个必要,有这个需要,那么也可以兼着搞消费合作,也可以兼着搞购买合作。就是说,我们就如果需要从外边呢要购进大的机器,进步的生产工具,那么你如果分散的农民呢他没有那么多钱来购进工具啦,那么我们已经组织起来了,我们想要购进进步的生产工具了,机器就可以购买进来。总而言之,一句话呢,就是让人呢做主人。让物资,或者是财,钱财,钱财物资是掌握在人手里头,那么就不让它走上西洋的资本主义的这样一个道路。这是我们的一个想法。那么以上都是讲的乡村建设。乡村建设这个搞法呢就是这样搞的。

伍:梁老师,像这一整套很系统的乡村建设的理论啊,主要是你在邹平这段时期开始实际考虑的?

梁:对,对。后来,虽然呢,我们推广到菏泽,可是就没有村学、乡学的组织,将才说的啊,没有完整地推行。

伍:菏泽没有。

林:噢。

梁:就是将才说的,只是在邹平,意思就是说啊,邹平的工作是比较细致的工作。后来到菏泽,后来在全省做,推广到七十个县,七十多个县,那个工作嘛,就是粗犷。内容做法不一样。这个……要求重点不一样。

伍:梁老师,这样的工作不是需要很大的一批干部吗?那就是说,这个就涉及到你对知识分子到农村的这个……

梁:对,对,需要。将才我们不是上一次说过一下研究院吗?研究院有研究部,有训练部,就是培养干部的。研究部嘛就是高级的了,因为要参加研究部,做研究部的研究生呢,是要大学专门学校毕业的,或者跟这个相等的,程度相等的,这是研究部。训练部嘛,就是不需要那么高的,就是普通的……

伍:实际人才。

梁:中学生就可以了。不过年纪呢不要太小,太小他到乡下去工作不相宜。那么本来是培养干部的……在邹平说嘛,这邹平研究院就是这样子。后来么就推广,就在菏泽设分院,乡村建设研究分院,那么这个分院里头也有训练部,也培养人才,那么菏泽嘛,也是有实验区,就拿菏泽县做实验区。这个……除此之外,后来为了应付需要,就是要大规模地培养人。大规模地培养人呢,这个机关呢就叫作训练处了,就叫作山东乡村服务人员训练处。设个训练处,这个训练处呢设在济宁。

伍：济宁。

梁：济宁是一个山东水陆交通的地方。

伍：济宁也是她准备要去的地方。

梁：济宁是很富的地方，它从前呢，老的中国它是要“南粮北运”。南方的粮食运到北方来。那么……有一个运粮河，这通常就叫运河，那么运河经过的一个要紧的地方就是济宁。济宁是个在山东可以说是最大的城市。人口多，商业盛得很。现在不晓得怎么样了，那个老的济宁，城里城外，都不是土，都是大石头，大石子铺的路呀，平得很，它就是因为商业盛，很讲究。

伍：一个重要的贸易的码头，南来北往的一个码头就是。

梁：城里城外都是大石头铺的路。

准备抗日

那么，后来嘛我们就是……可以看这个……这儿有一个地图。我口说就好了。也可以带去看一看……就是这个，我们建议呀，我们建议给韩复榘，他是山东省的当局啦，掌握了政权啦。建议给他呀，为了应付国际上的，特别是日本对中国的侵略，一天一天地加紧。要应付这个局面呢，就是应当做一些工作。就不是那种平常为长久设想的那种工作，是要应付马上要来的日本人的侵略的这个问题呀，要应付这个局面。应付这个局面呢，那么我们要向全省呢，进行一种工作，要向全省去推广，不像在我们讲在邹平那样一个【伍：小范围的】细致的工作。比较精细，用心，那么一个工作。那么我们主要啊，可以说是三层，上中下三层。上、中、下。上是什么呢？上就是全省，全省有一百多个县。山东，一百零几个县，恐怕敌人来了，日本侵略来了，这个由省政府来指挥，这一百零几个县呢，有点不行，不够，要把全省啊，划分几个专员区，就是省以下，县以上【伍：这个关系】划一个专员区。每个区呢，设一个官吏叫行政专员。现在的制度啊，好像是地委，【伍：专区就是】就是专区。可是当初这山东没有这个【伍：没有这一级机构】没有这一级。他们就是省政府直接指挥一百零几个县，那么我们说如果敌人来了之后啊，我们要搞这个设置专区就好了，那么设专区呢，也不是说同时把全省呢都划分几个区，都设起来，要一步一步做，就是做一个榜样，做好一个榜样，然后其他再照这样做。这么，先呢就是搞三个专区，先设三个专区，先设三个专区呢，一个就是在济宁，一个是在临清。

伍：临清？

梁：临清。就是山东的西边，西北，临清，一个专区。鲁南，鲁南呢，沂水有一个专区。沂就是三点水[加]一个一斤两斤的斤。先设三个专区。在三个专区里头呢，改组县政府。改组县政府啊，我们就来不及详细地讲，大致说一下改组县政府的其中的一个要点，要说一下，就是单独从旧的习惯，旧的习惯呢，一个县长到那个县去做县长了，主持了一县的事情了，它是一种包干制。这包干制就是说，（笑），你也可以赔钱，也可以赚钱。是这样子。（电话铃响）就是说你去做县长啊，县里头啊，表面上也有预算。预算吧基本开支，实际上是一个完全是虚假的，就是一个应付上级,应付外边的这么一个,完全虚假的。实际上呢就是有许多开支不在预算里头,而有许多收入呢,也不在那个里头,那个完全是一个表面,不相干的事情。所以你县长呢,你要会做啊,要有本事啊,你就可以赚钱。你不会做嘛,你结果你就要赔钱的。它原来的情况是这个样的一个,实际情况是这个样子的。那么我们改组么,就是说给县长呢规定薪俸。就是到底你一个月拿多少钱。你大县的县长一个月是拿几百块钱。中等县,有小等小县又是如何,那么你县里头应该有哪些组织应该用多少人,都给它规定下来,也都有一定的薪资。那么就是跟那个完全改了……这是一方面嘛,有省与县之间设的专员,一个专员嘛,按照这个地区的情况吧,也许是十多个县,也许八九个县,也不一定。县也有大小,区也有大小,这是说上边有个专区,中间是县,县也改组,专区是新设的,专区完全是以前山东没有,是新设的。底下呢,重要,底下本来按旧的制度啊,县以下分区,大县嘛有十个区,小县嘛有六七个区,八九个区。区么有区长,有区公所,算是县政府的一个派出机关,县政府啊派出机关。那么我们把它改,改就是,除了现在这个县改了之外,这个县以下的各区呀按照原来的区也许调整一下,每一个区呢设一个乡农学校。

伍:乡农学校?

梁:设个乡农学校。乡农学校里作用是什么?两个作用。一个就是用教育的方式、教育的方法来推行政令。政府有什么政令,从前嘛就是一种这政令嘛,就是强制着要农民遵守了,去执行,那么我们要用教育的方式。所以,不叫区长,区公所,每个区呢，就设一个乡农学校。推行政令么，采取教育的方式。这是它的一项职务。再一项职务呢，就是把你本区里头，你这个地方，这个小的地方，将才不是说吗，大县就是十个区了，十个乡农学校了，那么你这个乡农学校所管辖的范围里头的壮丁来训练，训练壮丁啊是乡农学校的一个任务，一个职责，就是把你范围内呀，比如说十八岁吧，十八岁以上到多少岁，就算是壮丁了，集中来作军事训练。当然嘛，军事训练是一个主要的，但是也有一些其他的训练了，也可以给他……他不识字，给帮助他识字啦，也可以改良农业啦，或者什么事情，可以做的事情改良工具啦，也都可以做。补充说一句话呢，就是河南、山东的这些个地方，过去呀就是内战很频繁。军阀打内战很频繁，所以军队溃败的时候，枪支呀，丢掉了，或者卖了，所以农民呢，乡村枪支很不少。那么所以呢，并不需要再发枪支给他们，你们带枪支来好了，当然也有的农民没有枪支了，可是也有乡村的富豪啊，他一家呢有好多枪支啊，是吧，有十几个枪支。那么好了，就是你们这一个村庄一个乡丁、壮丁，集中来训练，带枪支来。那么口号呢表示是乡村自卫，保卫乡村，保卫家乡。实际呢，是准备抗日。就是你日本人来了之后，我们农民呢，不需要临时再集中啊，他已经有了组织了，大家都……所以日本人来之后，我们……要抗日啊，比较有办法。这样子来推行，推广。将才说过嘛，所以……开头是济宁一个区，鲁南沂水一个区，鲁西北【伍：临清】好像是临清吧，就是西北一个区。先设三个区。准备了，我也记不得，记不太清楚了，准备，全省不晓得九个区嘛还是几个区，刚刚嘛第一步嘛设了三个区,第二步嘛又设四个区,刚刚搞了七个区,刚刚搞了七个区嘛,也就是七十多个县……日本敌寇就来了。没有把全省都……没有能推广到全省。可是很起了作用。就是西北的这个区,一个年老的军人,特别用那个人呢,做那个区的专员。这个人呢姓范,[ooo]范筑先①,【伍:范筑先】,后来他居然就起作用了。怎么起作用,就是,他范筑先呢,在山东的西北角,他就领导他这十几个县啊,日本人来他就抗日。日本人当然兵力强了。这城就破了,范筑先是个老先生,跟他的秘书主任都殉难了。都抗日,都死了。后来嘛,他的参谋长,专员呢,他是一个行政区的专员了。专员同时都是有一部分队伍,就这一部分队伍呢叫保安队。所以每一个专员呢他同时是兼任保安司令。兼任保安司令,他有一部分队伍,那么他也有一个参谋长。他死了之后,战死了,那么他的秘书主任跟他的参谋长还是领导抗日的。意思就是说,我们划分专区呀还收到抗日的作用了。

伍:乡农学校就没有区长?有没有,区长有没有?乡农学校是一个区。

梁:就是校长了,没有区长了。

伍:没有区长。

梁:它是将区长、区公所废除,【伍:哦,废除了】每一个区呢,设一个乡农学校,乡农学校的校长么,就是等于原来那个区

---

① 范筑先(1881—1938),河北邯郸人。曾在山东任第三路军参议,沂水、临沂县县长等职。1938 年,日军进攻聊城,范率部抗击,后殉难。

长，它原来呢区公所应当办的事情都是归乡农学校办了，将才说过，就归乡农学校去做，做的时候呢跟从前的老的做法不同，怎么不同呢？老的做法就是一种行政命令。那么我们用一种教民的办法来推行政令，推行政令是乡农学校的一个作用，一个任务。再一个任务呢就是训练壮丁，训练壮丁么就是准备抗日。

伍：这个改变是个很大的改变，原来的行政机构都没有了。

梁：行政机构归……

伍：归新的这种形式了，已经被整个的县，哦，整个的村子，或者是乡、区，变成一所大的学校了。

梁：啊，就是。

林：日本[人]来的时候，是不是他不只是为了离开山东？

梁：没有，没有，那是另外的问题了。

林：这个跟……

韩复榘“有他的头脑”

伍：韩这个人，你跟他接触觉得怎么样？

梁：当然我跟他是关系很深喽，关系很深了。将才这个事情哪，划分专员区了，改组县政府了，如此之类的事情呢，都是我们献策给他，他采纳了，照着我们的办法去办，他可以说是言听计从。

伍：外面传说好像韩复榘很粗鲁，等等，你跟他接触，这个人是不是像外边所说的。

梁：当然粗鲁，还是有他粗鲁的一面了，因为他是从部队里头，那么当兵这样子出来的，是吧。如果就是单纯的粗鲁嘛，他也不能作为一个历史的领袖了，他还是有他的头脑的。并且他这个人呢，很有自知之明。他是常对人说，他说，我不行。我这个人不行。我这个人哪，只能够听人领导，我自己，不是一个领导者。

伍：他还都看到了。

梁：他能，他说，我这个部下，他部下有军队呀，有军长了，有师长了。他说，我这个部下，这个将领了，也不行。但是我的这个文的，我这个秘书长啊，我的这个省政府的厅长了，都不是他的人，只有财政厅长，民政厅长也算是他的……教育厅长不是他的人，还有民政厅长也不是他的人，财政厅长嘛，当然是他的，民政厅长也是个军人，叫李树春①，也算是他的人。他一直，他就说，我是不够量，我只能听人领导，我无能，不行。他公开说的这话，是个很老实的人。

伍：你这样一个大的改革和变动，会不会遇到地方上有一些势力，他的不同意，他的反对，阻扰这种……

梁：你说的地方势力就是指绅士方面的……

伍：绅士的，或者本来的县长，你要把他固定好一定的薪俸，一定的工资，他原来不受这些管制的，那么他会不会有些抵

---

① 李树春（1890—1945），字荫轩，直隶（今河北省）清苑县人。民国时期曾任山东省政府委员兼民政厅长，代理省政府主席等职。

触，跟你捣蛋呀，破坏呀。

梁：[ooo]，县长嘛都是政府，省政府派去的，那么你感觉的不好就撤掉了，撤职了。不碰到一种反对的势力，谈不到反对的势力。

伍：那些绅士们对这个态度怎么样啊，[ooo]？

梁：绅士也就，可以说没有感觉到什么。

伍：基本上还是顺利的。

梁：也要做工作，这样就是说，我们献策给他，他采纳，他做。

伍：就是要跟韩复榘本人的支持也有很大关系。

梁：其实完全是靠他，完全是他。他不支持，我们没有力量去做。我们完全是书生，这个[ooo]。

伍：那你这样这段时间跟韩复榘相处也好几年了。

梁：……好像是……开始是，中原大战是民国十九年，民国十九年，我们到山东了。

伍：三一年。

梁：一九三一年的一月我们就划了邹平县为实验区。那么，就是到了日本人打下平津，往南来的时候，侵入山东的时候，开头都还没有动，还没有撤走，后来不行了，就我们乡村工作嘛，我们就撤退了，第一步呢我们就撤到菏泽，撤到河南那边去。

伍：邹平这个地方是你选择的？

梁：我们选择的。这个县么比较可取的地方呢，它就是县不太大，县不太大嘛比较好办一点。交通呢，也不算不便，也不是太便,也不是正在铁路线上,可是离铁路线也不远,各个方面看呢就是中等的。它全县也没有大地主。有大地主嘛,就有佃户了,佃户这个名辞邹平县的人都不懂。它没有。那么是不是有人呢种这地主的田的呢?有。种的不多。多半的人自己也有一点地。那么地主嘛,有点地给他种。没有大地主。没有佃户跟地主阶级的分化【伍:很明显】,没有。他们都不知道叫佃户,这样子。

伍:所以选择这样的县比较适当。不大不小,不好不坏的这个县做实验。如果不是抗战的话,这个实验可以一直推行下来,韩复榘嘛后来也被蒋介石搞了一下。

梁:关于韩复榘的问题呢,这个上头,这一本里头讲得很详细。①

伍:这个我们好像没听过是吧。

[ooo]

梁:报上登的……

伍:这个也曾经公开发了。

梁:公开发表呢,是不是一种出售。

伍:噢。

梁:不是卖,就是呢,自己印了之后给自己的同人、同学看,同人嘛就是一同工作的人。同学是我们的学生。以我的名义,

---

① 见《告山东乡村工作同人同学书》,《全集》卷六,第3—37页。最早于1938年由武昌乡村书店代印。

就是以我个人的名义，说了许多事情，开头就是说，数月以来呢，行踪是怎么样的呢？“二十六年游蜀经北平，于七月五日回抵济南、邹平。七月十日南行过济宁赴南京……由京回鲁。”①就是时局紧张了，就是“七七”事变。

伍：这段我们能不能复印一份呢？复印，就是可不可以复制一份。

梁：复印可以，外面没有。

伍：找到有没有复印机。

梁：某月某天，都是清楚的，都有日子。底下就讲山东问题，跟我们的工作。就是说韩的态度，坚拒敌人的胁迫，亟亟采定国防政策。

……

伍：梁老师，能不能借我们两天，我们把它，如果不能复制的话，我们把有些主要的东西抄录下来，能够复制的话我们想复制一下。

梁：可以，可以，把重要的要点可以给抄录下来。

伍：因为外边没有。外边没有的话呢……

梁：外边没有，外边没有。我自己也就这一点。

伍，林：对，对。

伍：因为我看那上面有珍藏，我知道是很少很少的。

梁：关于韩的为人，在抗战时期的态度，好的一面，不好的

---

① 梁在读《告山东乡村工作同人同学书》。参看《全集》卷六，第3页。

一面，这上面都有。

伍，林：噢，那好。

梁：好的一面呢，他的抗日，因为日本人引诱他，日本人呢派的关东军的参谋，关东军的参谋么找他，找北京的宋哲元①，山西的阎锡山。要搞一个他们的一个名辞，一个名堂了，叫作“五省三市自治”。五个省，五个省就是山东省了，河北省了，察哈尔，这两个省是在宋哲元手里头。山西省，绥远，这两省呢在阎锡山手里。他要把这三个巨头嘛，要在北京开会了。开会呢，三个人就掌握了五个省，还有三个市，一个北京市，一个天津市，一个青岛市，是五省三市。五省三市呢，他要五省三市自治。自治嘛就是要脱离南京，脱离中国。日本人的打算是这样子，打算这样子嘛，关东军参谋么就来看韩复榘，胁迫他到北京去开会。三巨头就开会。三巨头就是宋哲元，阎锡山，韩复榘了，韩呢就是不去，去了就完了。去了么就是脱离南京，就是合于日本人的计划了。他没有，他始终不去，始终不去么，日本人五省三市自治的策划嘛就落空了。可是另外他又是搞了个什么“冀东政府”，日本人搞“冀东政府”，那么，我们这底下还有一段说什么呀？

伍：就是这个工作呀，当时国民党，就是南京政府它对你乡村建设工作的态度，以及你们搞了几次乡村工作的工作会议，

---

① 宋哲元（1885—1940），山东德州人。曾任热河特别行政区都统，冯玉祥“五虎将”之一。

【梁：工作讨论会】噢，讨论会，出了好几本乡村工作的报道。

梁：乡村建设实验，可是，当时南京政府嘛内政部部长是黄绍竑。

伍：噢，黄绍竑。

梁：广西人，那么他们就搞一个叫“全国第二届内政会议”。在南京开会，第二届内政会议。

[ooo]……

梁：韩的态度啊，时而好，时而不好，好呢，他就是抗日，抗日就好了，站在中国人的立场上抗日就好了。不好的是，他有个人打算。他个人什么打算呢，他公开说，他说啊，中日的战争啊是这个，中国当然打不过日本人，不行，日本人的这个，不论哪一个方面那都是中国抗不了，打仗啊。中国呢，主要的是要从华北、华东向西撤，撤到铁路西。那么等到国际的援助来了，反攻回来，才行。他估量前途是这个样子的。这个看法呢也不错，比如有名的一个军事学家叫蒋方震。

伍：蒋百里①。

梁：蒋百里先生。我把韩的这个话啊对蒋先生说，蒋先生说好啊，他说，所见甚对，甚是呀。那么，他看到这一步了，看到这一步么，他就有一个私心了，私心是什么呢？他说反正啊守山东也守不住，是吧，那么我把我的兵力啊，在山东一打就给打完

---

① 蒋百里(1882—1938)，名方震，浙江海宁人。民国时期著名军事理论家、军事教育家。

了，不划算。那么我不如呀，自己带着队伍啊撤走，【伍：向山西撤呀】并且把山东的财富带走，把山东的好的壮丁我也带走，带到铁路西边呢，等到将来反攻的时候么，那不是有我一份吗？这个结果是不好。

伍：他有考虑自己的打算。

梁：哎，他是私心。

伍：要留个退步的……

梁：还是私心，还是私心。

蒋介石"虚伪得很"

伍：我们就想请你谈一谈，当时国民党内政部长黄绍竑啦，他想召开全国第二次内政会议。

梁：第二次内政会议，那么给他这个策划，替黄绍竑策划一切的有一个人呢，也是我们战时一个朋友吧，叫王先强，先后的先，强盛的强，王先强。王先强呢，帮助黄绍竑开内政会议。就是主张呢设立县政建设实验区，一个县，一个县有县的政，县政了。他就是说，你们不是对我们说啊，你们不是搞乡村建设吗，那么乡村建设当然是一个基础了，如果我们扩大一些，把乡村建设包含在内，搞县政建设，那么我们从中央啊就承认，肯定，这个县给你们搞，你们去搞县政建设。你在山东，你要搞几个县，不但省政府承认，中央都承认，这几个县给你们去搞县政建设。你们在县政建设啊，你们也给我们实验，办法啦，怎么样做，怎么往好里做吧。他在南京,第二次内政会议上去作为专家,聘请我们到南京参加他的内政会议,帮助他规划这个事情,并且叫我们回到本省去做。

林:是不是有一次内政会议,有一次整个是请你到南京去讨论,商定这个事情,一九三二年,就是你,结果你没有去。

梁:就是,关于我跟蒋的这种关系啊,是不是……

伍:准备下一趟再来。

林:对,对。

梁:他是,大致说,他好像整个是住在武昌的时候,武汉,住在武汉的时候啊,他有一个剿匪总司令部。就是武汉剿匪总司令部啦,那么他就要改组湖北①省政府,改组湖北省政府么,他就用了一个朱经农②,经么就是四书五经的经了,农民的农,朱经农。用朱经农啊为湖北教育厅长。那么这个朱先生人呢,他是山东齐鲁大学的校长。齐鲁大学么是教会学校……那么所以嘛,蒋就让他,你放弃齐鲁大学那个学校,来给我作教育厅长。你去回山东呢,把齐鲁大学的事情交代了,你来。他附带是嘱咐他一句话,嘱咐朱经农一句话,就是梁某人不是在山东吗,你们都认识了。他说,我认识的。他说好,你带一个话告诉他,请他来湖北到武昌来见我。那么朱经农他回去就把齐鲁大学的给交代了。看到我的时候,他就传达

① 此处有误,应为湖南。

② 朱经农(1887—1951),浙江浦江人,教育家、学者。民国时期曾任齐鲁大学校长(1931—1935)、湖南省教育厅长(1932—1943)等职。

蒋介石的话,我没去。我说是他这么随便带一句话让我去呀,我不想去。(伍,林笑)这是第一次跟蒋之间的一幕吧。后来嘛是,现在不是说开内政会议嘛。

伍:对,内政会议。

梁:内政会议,我们就住在南京的。人停留在南京。停南京,南京有一个叫中央饭店,中央饭店很大的了。我们就住在中央饭店。他也招待我们住。这个时候,南京市的市长,南京也是个市啦,上海市,南京市,市长呀叫作石瑛,石蘅清①先生。这个人是一个很好的老先生。[ooo]石瑛先生呢刚好担任南京市的市长,而我呢因为内政会议嘛也就到了南京,住在中央饭店。我跟石瑛先生是老朋友,石瑛先生呢,年纪比我长很多,学问很好,年纪也大,他是清朝的举人,又留学英国学化学。回来做北京大学教授,做化学教授,是这样一个人。

伍:他是个学者。

梁:很好,非常好的一个人。这个时候刚好啊,是他做南京市的市长。我不是住在中央饭店吗,他就来看我。说你既然到了南京啦,你不可以不见蒋介石。

伍:他劝你了。

梁:他说,我陪你去,看他。所以我就曾经由石先生拿车接我,他跟我两人呢,到了蒋介石的官邸,他叫官邸。

---

① 石瑛(1879—1943),字蘅清,湖北阳新人。民国时期曾任国立武昌大学校长、南京市市长等职。

伍：官邸知道。

梁：官邸设在他的军校。黄埔军校，他在南京也设一个军校。

伍：把它迁到南京来了。

梁：那么他自己就住在军校里面，那么石先生就陪着我到那里去看他。看他呢……

伍：这是第一次见面。

梁：第一次见面，我这个印象啊，就觉得这个人哪，虚伪得很。

伍：噢，你第一次看到他啊。

梁：虚伪得很，他虚伪啊让人都看出来了，（伍，林笑）怎么样的呢？我们到他那个房间，他接待啦。石先生陪着我，他谈话啦，他自己拿个本子，拿笔，我怎么谈话，他都记，记么，他有意地问，你将才说的某一个人，那个人的名字怎么写呀。有意地让我写给他，他好记。你看得出来，他就是装模作样。装模作样，很谦虚呀。

伍：表示很谦虚的样子。

梁：很谦虚的样子。很注意听你讲话呀，其实他另外有一个人呢，穿军装的，也坐在稍微远一点，旁边，也在那里记。

伍：他完全是一个假的，假的。

梁：假的。第一次跟他见面的印象是这样的。

伍：谈了多少时间，大概，你记不记得？

梁：不长，就是三四十分钟吧。

伍：一般的寒暄，再问问情况。

梁：他就是注意问你事情。

伍：他还问过你，就是那时你正在山东搞乡村建设，他对这些问题……

梁：这次没谈……这次没谈。后来么就是抗日战争要起的时候就在[ooo]，这时候还没有开内政会议。

伍：就是在开第……开乡村工作会议的期间……

梁：不是那次开乡村会议，开这个内政会议。

伍：噢，内政会议。是在无锡开的。

梁：那个时候内政会议呀，主要的是由内政部召集的了。参加的人是各省的民政厅长，跟各省选择几个行政专员。每一个省都有好多行政专员，搞行政的。

伍：那你当时不是，这两方面都不属于。你也不是……

梁：专家嘛。

伍：专家，噢，他还是有专家。

梁：他是作为特聘，作为特聘专家参与他的内政会议。

伍：除了聘了你之外，其他还有哪几个人？

梁：好几个人了。比如，有一个晏阳初。【伍：噢，晏阳初也在。】比如我们在山东工作的梁仲华，有王怡柯，王怡柯。

林：这是山东人？

梁：人是河南人。在……

林：在山东工作。

梁：在山东。那个名字王怡柯，竖心旁一个台字那个怡，柯么就是木字旁一个可以不可以的可，王怡柯。

伍，梁，林：今天就这样子了。

林：有客人。

乡村工作讨论会

伍：当时在定县，在邹平，在无锡开的那个后来不是开了三次会议吗？一次在定县。

梁：乡村讨论会。

伍：噢，对，乡村工作讨论会。

梁：乡村工作讨论会。

伍：乡村工作讨论会。后来写了乡村工作实验报告，《乡村工作实验》①。

梁：讨论会开会的结果噢，把各方面报告汇集在一起，商务出版社出版过。

伍：对，我们看过两册，第三册？……

林：第三册我看过，在国外。

伍：噢，在美国也出三册，我们看了两册。

梁：编辑的人里有个章元善、许仕廉，许仕廉是留美了。他们两个人的英文都很好。

---

① 原书名为《乡村建设实验》。第一、二卷编辑是章元善和许仕廉，分别于1934、1935年出版；第三卷编辑是梁漱溟和江问渔，1937年出版。

伍：梁老师，你的学生中间现在还有在国内的人？我们可以去拜访他们，从他的角度回忆老师的这个……

梁：很多都故去了，哦！还有一个人呐，姓李的，叫李渊庭①，还在，他的名字叫……这个人还在北京。

伍：在北京在哪里？

梁：在北京，在北京。

伍：我们想找这样的同志，不知道是在什么单位。

梁：现在他也是退休了，在家里，住的地方呀，叫作三不老胡同……老了，不老，三不老，在较大的地方叫新街口。如果我们是去西直门呢要经过新街口，新街口里头有一个胡同，叫三不老胡同。三不老胡同有一个大楼，他就住在那个楼上的第四层。

伍：我们很想找一找你的学生，回忆你的当时的工作，也许会从侧面更提供我们一些，补充一些内容。

梁：今天就谈到这儿吧。

林：梁老师，谢谢你呀。

---

① 李渊庭（1906— ），内蒙古托克托县人。民盟成员，梁漱溟的学生和秘书，曾长期追随梁漱溟先生治学，并协助编写《梁漱溟先生年谱》。

第五天

1980.6.24

乡村工作讨论会(续)

伍：她想知道一下，三次的乡村工作的会议呀，一次是在定县召开的。

梁：三个地点。三次，三个地点。

伍：第一次是定县，一次是……

梁：邹平，还有一次是无锡。

伍：有没有第四次会议？

梁：没有。

伍：好像我们看到有……

林：我们看到有的人说，谈到第四次，可是我们没有……

伍：没找到这方面材料。

梁：没有第四次，没有第四次。

伍：没有第四次呀，三次老师都是参加的，而且，有的时候还是主持会议的人。这三次的内容，因为有三本很厚的那个书……

梁：商务出版[社]出的。

伍：上海商务出版[社]的书。除去这个方面的一些材料之外，老师还有别的需要提供我们的吗？需要说明的这个情况。

梁：有两厚本，两厚册，那个东西都是找不到的。就是有三个学生，三个学生噢把它编起来的。它就在河南编的，全国一个乡村建设的会议的汇编的意思，把旁人的成本的书跟小册子都收在一起，印成两大本，两大册①，[ooo]，有的都是很难找的。

伍：大概什么时候印的？

梁：大概在……三个学生呢，三个学生是两个湖北人，一个云南人。名字我还可以说得上来。一个叫许莹涟②，许莹涟，一个叫段继李③，一个叫李竞西。[ooo]他们编的，[ooo]，很难，这三个学生。

伍：段继李。

---

① 《全国乡村建设运动概况》，许莹涟、段继李、李竞西汇编，上海正中书局，1935 年。

② 许莹涟（1905—1960），湖北荆门人。梁漱溟得意弟子，湖北乡村建设首创者。

③ 段继李，湖北人。

梁：段继李，许莹涟，这三个，这两个人是湖北人，李兢西是云南人。[ooo]他们都是我们那个研究部的学生。我们在邹平有研究部。

伍：对，对，对。

梁：他们都是先在大学毕业之后呀到了研究部作研究生，这三个啊，他们编的两大册，不知道图书馆还好找不好找？很厚的两册。

伍：书名字叫什么，现在记不记得？

梁：就是，好像全国乡村工作，乡村建设概况呀。①

伍：那三次会议主要的背景是什么情况，在什么情况下召开的？这样子，每年举行一次这样很大规模的讨论会。

梁：就是，因为彼此都是做一样的，同类的工作么，互相通声气啦，那么大家商量就是轮流在三个地方开。那就在邹平、定县、无锡三个地方开会。开会么，登报么，就是大家都来，愿意来的人随便都来，不限制。因为你没法子通知，没法子去信。登报，大家都晓得了，愿意来都可以来就是了。

伍：那费用，经费这些方面怎么办呢？

梁：经费也都……

伍：自理？

梁：很……用不了多少钱。

伍：在当时那个条件，能开这样的会还是很不错的。能够

---

① 即《全国乡村建设运动概况》。

把四面八方,有志于农村建设的人都集中起来。

梁:大家愿意来就都来呗。就是来了之后呢,住的地方需要安排。好像是饮食还要自己出一点钱。没有什么大的费用。不需要地方上的[ooo]。因为当时嘛,南京政府也很注意这个事情,南京政府也成立了农村复兴委员会,汪精卫时代。

伍:噢,那时还是汪精卫……

梁:他就派人参加。

林:第二次你们开会,有一个,梅思平①,从江苏来的。

伍:梅思平。

梁:噢,梅思平,梅花的梅。

林:梅思平,噢,胡次威。

伍:胡次威②。

梁:胡次威,[ooo]。

林:他们的看法跟你的不一样,是不是?

梁:这些,大家嘛都注意问题就是了,在思想路子上各有各的,五花八门都有,是这样子的。将才说的梅思平呀胡次威呀,都是国民党的官吏啦,梅思平是做地方官的,胡次威呢也是地方官。梅思平呢好像是做县长,胡次威是做省政府厅长。这两个还不重要,比较重要的,我从前说过的就是王先强,先后的先,强

---

① 梅思平(1896—1946),浙江永嘉人。民国时期曾任江宁县(今属南京市)县长。

② 胡次威(1900—1980),四川万县人。中国近现代著名法学家,民国时期曾任四川省政府委员兼民政厅厅长。

盛的强,王先强,我昨天说过这个人吧?

伍:说过了,说过了,说过了。

梁:在开第二次全国,第二次内政会议么,搞一个叫作县政建设实验方案。是他搞的。黄绍竑做内政部长。

伍:他是给黄绍竑下面的一个……

梁:一个司长。

伍:这个人对农村问题是不是也……

梁:他自然是很热心,也很有头脑。

伍:三次的工作会议,都是在黄绍竑担任内政部长时?

梁:内政部长,跟黄绍竑没有关系啊,跟政府没关系。[ooo],都是我们自己搞的。

伍:就是他们可以来就是了。

梁:他们愿意来就来,汪精卫还派了一个叫彭学沛①来。

伍:噢,彭学沛。

梁:彭学沛是汪精卫的什么秘书长。就在无锡开会那次他来了,彭学沛来了。还有,南京政府当时有卫生署,做医药卫生工作,不是叫部,叫卫生署,那个卫生署,署长是那个……署长那个什么……说不出来了。

伍:我们可以去查吧。

梁:署长,还有一个秘书长,比署长地位次一点,叫张维,维

---

① 彭学沛(1896—1949),江西安福人。民国时期曾任国民参政会副秘书长,汪精卫时任议长。

嘛就是维持,【伍:思维的维】思维的维,张维。那个卫生署的署长……叫什么了?他们就都,我们在邹平开,开乡村工作会议,他们都来了。

伍:当时像南京政府,他们想不想干预你们这个工作,或者是控制你们的活动?

梁:没有,没有这个意思。当时,好像是这个……借助我们的力量来推行他们的政策的意思。

伍:老师讲过,“我们乡村建设的两大难处”①,是吧?

梁:噢,在《乡村建设理论》里面讲到了。

伍:噢,讲到了。今天谈到了关于当时国民党好像,国民政府啊,要有一个有时要倚靠政府才能推行有些事情,而你们实际目的呢又不想,不希望政府过多地参与到你们自己的中间去。好像“两个难处”中有一个,一个是谈到这样的一个问题。

梁:这个书里有,《乡村建设理论》都有。

伍:后面有附录,你的那篇文章写得很好。当时遇到的一些困难都提到过了。

梁漱溟“知道一点乡村的事情”

梁:古代有一句话,引起来我想到我在延安跟毛主席谈话。我送他一本《乡村建设……

① 《乡村建设理论》,《全集》卷二,第573—585页。

伍：噢，你送毛主席……

梁：那么，后边谈到两大难处的时候，两大难处有一个难处啊就是我们同农民哪，我们跟农民还不那么十分通。我们要拉着农民往前走，往进步方面走，农民嘛，不那么十分欢迎，不那么十分乐意。【伍：对，对。】这是我们一个难处。他就点出来，毛公他点出来，他说你们没有抓住农民的痛痒。因为我们呢，有些个问题我们解决不了。比如说，没有地的农民他要土地，我们怎么能解决这个问题呢？解决不了，农民所最要求的，我们往往不能满足他，就是像他说的，他说就是农民的痛痒啊，我们没有能抓住农民的痛痒。

伍：老师是不是有时候也不完全是没抓住。有时候你们也没有办法去解决，就是知道他有这个痛痒，你也没有办法去解决，去处理这个问题。

梁：就是，就是，因为没有这么大的力量，权力的。我们，我们站的立场啊不是一个革命的立场。实在是一种改良的立场。我们当然是很热心去帮农民了。不过他的真正的痛痒所在，没有能够在那个地方帮他解决。

伍：梁老师，我想问你，就是在当时你是不是也感觉到这个问题是一个问题，就是刚才毛主席讲的你的这个问题。

梁：当时，他一点出来我就承认了。

伍：你在邹平搞的时候是不是感觉好像有些个问题要想解决，当时你解决不了。有没有这种感觉？比方农民要土地的问题。

梁：不大感觉，所谓不大感觉啊，他刚好是，我昨天说过一下吧，邹平这个地方啊没有地主跟佃农……

伍：贫富的悬殊不是很大。

梁：没有大地主。农民呢几乎都有一点地，至于有地的多一点的，少一点的，有这么一个问题。所以我们就注意那两件，一个就是团体组织，一个是科学技术。中国地方太大，咱这个，问题不一样。有的地方地主跟佃农的问题很严重。

林：你以前在，是不是在黄艮庸的家，在广东。

梁：在黄艮庸家。

林：那个时候你是不是看到地主跟佃农？

梁：他们那个地方啊，这个问题也不重要。

伍：林琪小姐她想问你就是，在没有到邹平去搞乡村建设之前，你在北平教书的这段时间，你还有一些哪，有没有一些乡村生活的经验？比方短暂的。

梁：没有，没有。

伍：算是在黄艮庸，黄艮庸的家住过一下，稍微接触一下农村。

梁：算在广东那个农村算是住过，日期也很短。它那个时候他们的问题呀，又不同的问题了。什么不同的问题呢，我可以说一下。他那个三个姓，有姓黄的，姓刘的，还有一个姓什么的。三个姓啊，就是三个宗族。三个宗族啊有仇怨。【伍：有矛盾。】他这个问题就把跟旁的问题都掩盖了。

伍：这还是中国，旧中国农村一个很大的问题。

梁：就是啊。广东呢，福建呢，往往有这个问题。

伍：邹平这个问题比较少？

梁：北方就少。北方啊它是过去的……北方的一个村庄啊，虽有很多姓，有姓张的，姓李的，姓王的，很多姓，可是他们关系都很好。不像广东。[ooo]有许多，还是[ooo]偶然想起来了。就是说北方的农村啊，在农村生活我们以前没有过了。农村的风俗习惯我们也比较隔膜。举一个小例子，小例子就是我们去农村讲啊，我们到北方的这个，就是河北省定县的一个村庄，村庄也不太大，比如像是一百几十户人家吧。我就看见一个农民对于另外一个村来的一个青年呢招呼："啊，你来啦，好啊。"就这样子。我就说："你同他相熟吗？"他说："他是我们村的姑爷。"这个话很妙。我们村庄的有一个女孩子嫁到那边去，他是那里的……来我们，算我们这个村的姑爷。不是他家里头的姑爷。

伍对林：你懂这意思吗？

林：嗯，对，对。

梁：他这个村，单位，很亲密。他虽然是姓李，那一家姓张，姓张的闺女嫁给那个人，跟他其实不是亲戚，可是他说，他说我们村的姑爷。

伍：而不是我们村里某一家的姑爷，这个很重要。

梁：就是，他就把这个村呀，这个很亲切的单位里。

伍：实际上也就是你《东西文化》《中国文化要义》讲的家庭的这个概念，有时候这个家庭概念再扩大一下呢，一个村子也是一个家庭。这个村子他不作为一个像你讲的是一个团体或者是一个组织来看，他是作为一个扩大了的家庭，是不是这意思？

梁：可以附带说一下，北方嘛，它是一个村庄啊，姓张，姓李，姓王，很杂的。像是江西这些个地方，毛主席不是在江西井冈山嘛，他们那个地方情况就又不同了。常常一个村子就是一个姓，就是像毛主席井冈山那篇文章里说到，一个村子一个姓。不但一个村一个姓，东一个村，西一个村，几个村连着都是一个姓，都是一个宗族。

伍：比较凝固一些。

梁：都是一个宗族，常常有一个祠堂，祭祖先的。这个东西在北方的地方就不行了，没有，找不着。它是，北方的破坏大，战争多。

伍：你在北京的时候还有一段简单的乡村生活的经历？

梁：没有的，可是没有这个，如果说有的时候也就等于算没有。怎么算等于没有呢？就是我因为自己是广西人了，那么祖父嘛是从广西出来的了，可是当时交通不便了，祖父故去了之后，没有能够回家去安葬了。所以就在附近的，离北京不远的，出了五十里、六十里的地方，就买了地就埋葬了。那么就是，就说到那个坟地去看，这坟地呢属于叫作良乡县，良是良好的良。

伍：良乡，噢，靠近天津的那个……

梁：哪里靠近天津，天津在这边，它是靠西边，西南。

伍：就是出栗子出名的那个县，良乡栗子。

梁：哎，就是。实际上在日本，它们也就叫作良乡栗子，其实这个栗子都还不一定是良乡的，与良乡没关系。

伍：你祖父的坟地就在那里。

梁：在良乡，现在良乡，现在这个县废了，没有这个县了。归并房山县了。

伍：要是南方的话，这种方式还比较亲切了。我们南方，不知道北方怎么样，南方叫作坟亲家。就是，也是亲戚，有亲戚走动的。

梁：我们那里也还是买了坟地以后嘛，请一个人来看坟地，那么跟相邻近的坟地的，也还是有关系，有来往的。

伍：偶尔你也回到那里去。

梁：如果说有一点知道，知道一点乡村的事情，去过乡村就是这样子。那是肤浅得很。

伍：我们总想知道一下梁老师搞农村运动之前，跟农村究竟有些什么样关系。

梁：可以说没有什么关系。

伍：你完全，梁老师家里基本上完全是一个读书人，而且是住在城市的读书人家。

梁：关键就是说我自己说的，我完全是站在这个建设新中国，从政治上建设新中国。那么要从地方自治来搞好宪政，立宪，国家宪政。国家宪政我认为是要从地方自治入手，地方自治入手。地方自治的基层嘛在乡村，那么我就到乡村去，把乡村自治搞好。我的意思就是这样来的。

“何以我终于落归改良主义”

伍：我们这次在这个问题[ooo]。

林：是不是有一个解决不了的矛盾。如果在一方面是要一个比较大的势力，才可以抓住农民的痛苦，是在另外一方面，按照你的理论，那个时候的中国的社会的结构是很乱的。不过你用一个大的势力就让这个社会的结构更乱了，这个是不是矛盾呢？

伍：你的意思，再讲一遍。

林：意思是在一方面你如果要解决中国社会的问题，是要用一个比较大的势力……

梁：它不是要用一个大的势力，如果要真正解决农民的问题，就是要走革命的道路，不能走改良的道路。我的工作啊实际还是一个改良性的，改良……

林：这个革命的道路意思是不是，是要用势力然后……

梁：革命的势力，就用毛主席他这个搞法啊，他就是井冈山那个搞法呀。

伍：老师，就这一点觉悟，需要一个好像就是从走革命的路这样，开始什么时候你有这种想法？

梁：不，我是啊，自己在自己头脑里头有一个自圆其说，怎么叫自圆其说？我的这个……道路呀就是革命的道路。

伍：对，因为你好多书中间都是……

梁：……就是革命的道路。这样自己自圆其说，实际上啊还是改良。实际上还是乐于改良。

伍：因为老师的著作中好多你认为自己这种做法本身就是革命。

林：革命有好多意思，革命在一方面就是把社会的结构改变，在这个意思上，这就是你的意思？改变社会的结构？

梁：这革命是……真正的革命是离不开政权的。

伍：就是你们欧洲人理解的革命，跟我们今天通常，我们解放后所用的革命这个词汇意思不完全相同了。我们，梁老师讲的这个革命就是说，要有一个强大的力量，要有很大的一个势力把它，才能解决农村问题。如果仅仅是在农村做一些小的变动，那么最后还是不能归结到，把整个中国的社会改变过来。是不是这个意思？

梁：就是那个，就是两大难处。

伍：对，对，对。

梁：……你将才讲到政权问题。政权问题就是说，我们对军阀的政权呢，是否定的，可是我们又在那儿依靠他，依靠韩复榘，依靠省政府。依靠省政府给我们这个，拿邹平县给我们，交给我们去做实验。

伍：就是老师也感觉到这是个问题。当时你在“两大难处”中间……

梁：没有办法。我们如果是彻底否定这个现局面，那就像毛主席井冈山搞的，那就是全部推翻。

林：可是那个时候，你是不是以为如果要全部推翻，就是中国的社会是不会稳定下来？

梁：唉，它就是这个……我以为是辛亥革命后推翻了皇帝了，就陷于一种社会的持续，陷于一种凌乱破碎，在这个凌乱破碎里头啊如果还用武装革命啊，就加重这个凌乱破碎，那么没有好处。我们是亲眼看到从我们的小[ooo]，从调整之中建设，从建设中来调整。将才说嘛，我自以为革命，自以为中国革命只能如此，不晓得自己还是乐于改良的。所以我找毛主席的，在北京建国。那么，关于我跟毛主席的来往，另外再谈。我到北京，从四川到北京，我写了一个六万字，大概有五六万字，长的，题目就是"何以我终于落于改良主义"①，有这么一篇东西。

伍：就是在建国开始的时候写的。

梁：[ooo]可以停一下。……（梁在找材料）毛主席在北京建国之后，我到了北京，跟他见面谈话。那么我写了这篇东西，写了这篇东西嘛给他看，给毛主席看。就是这篇东西嘛可以，特别是《试作自我检讨之一》②，一九五二年五月五日。

伍：你到北京来是已经是五〇年还是四九年？

梁：五〇年，五〇年。因为五〇年呢，因为四九年本来是百万雄师过大江了，蒋介石逃走了。可是四川还没有完全解放，四

---

① 原题目为"何以我终于落归改良主义"，1952年5月5日写成。1987年6月首次发表时，题目改为"我的努力与反省"，《全集》卷六，第966—1030页。

② 即《何以我终于落归改良主义》，详见上。

川解放在最后。北京,四九年北京十月一建国。四川还没有,那么现在邓小平呢他刚刚入川,所以等到建国以后了,四九年建国以后了,五〇年我才到北京。一九五〇年。

伍:第二年。

梁:五〇年才到北京,等四川才解放,从四川才出来。

伍:梁老师,这份东西一直没有印过吧?

梁:用不着印。这个用不着印。给谁看呢?就是给领导上看。

伍:对研究先生的思想,这个东西倒是很重要。

梁:没有什么,谁来研究我的思想。(笑)

伍:现在国内外有很多人都在。

梁:根本没有。谈不到复印的问题。

伍:这个要是能够把它复印,只有这一份。

梁:以后嘛,特别我故去以后嘛,那都要印的了。在……

伍:我们也很想把它复制一份,因为这种材料很珍贵,很难得有呀。

梁:这个就是太长啊。

伍:太长对我们来讲没有啊,现在就是因为你的材料比较少。我们有一个想法,想把你的所有的文字都能把它收齐。

梁:将来是一定会有那个事情的。

伍:就是说现在不大可能有这种,国内好像图书馆跑了几个,现在比较大型的图书馆,有的书都不齐,还更不要说小型的了。

梁：也许它还没发表。

伍：也许邹平是不是要好一点？

梁：没有，没有。邹平，由于邹平我们这个，日寇一来，我们就离开邹平了。离开邹平已经四十年了。

伍：这份东西主席他还看一下。

梁：我是写了之后准备跟他看，他答复我，他说你写得太长，他说，我就请林老看。林老就是林伯渠①，林祖涵。请林老看。那么要林老看了之后啊，把哪些个段落是重要的，划出来给我，我再看，这样答复我。

伍：你这份材料很宝贵，八十八页。

“我要去延安”

梁：可是现在我们，今天我们主要谈什么？

伍：今天是想我们就是……

林：现在可以开始第二个问题。

伍：就是“我与新中国”这个题目。

梁：可以。

伍：这个问题我们在家里想一想，就是梁老师是不是就是要从，从抗战以后的这一段时期，从抗战开始谈起到新中国的建

---

① 林伯渠(1886—1960)，原名林祖涵，字邃园，号伯渠，湖南临澧县人。1921 年加入中国共产党，“延安五老”之一。

设前。

梁：还是给我谈吧。这个题目啊就是要谈到我跟毛主席的关系。谈到我跟毛主席的关系，是不是那个小册子[①]，昨天拿去了？那个小册子里就是我去延安去访问毛主席……

伍：就是一九三八年年初。

梁：就是卢沟桥事变后转过年来嘛。

伍：对，一九三八年。

梁：卢沟桥事变，是所谓七月七，上海跟日本打起来是“八一三”，这个时候嘛，南京政府啊不能不抗日，那么不能不抗日嘛，他就是政府啊高高在上嘛，抗日不够，一定要跟广大的社会啊，要广大的社会来支持它抗战。所以嘛，它就成立那个在国防最高会议里头的参议会。我没讲过吧？

林，伍：没有。

梁：国防最高会议，国防最高会议么就是抗战的一个领导机关了，在国防最高会议里边嘛成立一个参议会……成立一个参议会。可是这个时候么由于共产党方面嘛，毛主席在这个之前呢就是号召不要打内战，号召要共同抗日。那么抗日起来了。抗日起来了嘛，就是可以说是国共合作，这个时候国共合作，那么国共合作嘛，采取怎么样一个形式呢？它就是发表连毛主席在内，共产党七个人嘛，是几个人？连其他的在野的党派，包含

① 即《告山东乡村工作同人同学书》。

中国青年党,就是曾琦[①],左舜生[②],李璜[③],包含那个先叫国社党,后来叫民社党的张君劢,那么包含算是救国会一派的沈钧儒,【伍:王造时[④]他们】没有请王造时。他就是沈钧儒,没有别的人。等到他们那个“七君子”啊,就是沈参加,没有别的人参加。那么就是请了我们,请我们搞乡村建设的,请了我,请了晏阳初,黄炎培,国防最高会议里头的参议会,“八一三”是上海打起来,八月十五,我们收到了一种邀请的通知,好像八月十七在夜晚在明园开会。

伍:南京明园[⑤]。

梁:南京明园,开会。那个时候已经,日本的飞机已经在轰炸了。所以在夜间开会。我也就是在那次会上才第一次同周总理碰头。那个是共方,国共两方接头的一个地方。那么,这个时候么,代表共产党方面嘛就是周总理了。毛主席虽然名字摆在里头,他本人没来了。就是在这样的一个前提下,就是我也算是被当时国民党政府邀请的一个人,所以呢,上海作战失利么退南京,南京失守么又退武汉。这个时候,我就同蒋介石说,我要去延安,去看一看。得他的同意,得他的同意去延安。那个时候么

---

① 曾琦(1892—1951),四川隆昌人。中国青年党领导人和主要创始人。

② 左舜生(1893—1969),湖南长沙人。中国青年党骨干人物。

③ 李璜(1895—1991),四川成都人。中国青年党创始人之一。

④ 王造时(1903—1971),江西安福人。曾与马相伯、沈钧儒等共同组织上海文化界救国会,是救国会“七君子”之一。

⑤ 明园,在南京太平南路附近,抗战前是一重要饭店和开会地点,今不存。

是董必武，董老，董老住武汉。政府退到武汉了，董老作为共方的代表，设一个代表处。在武汉，董老做那个职务。那么我就去看董老，我说我想去延安，去访问延安。那么请董老呢发电报给延安，电报回电呢就是关于我去，那么所以就在，就是一月一日新年的那一天，一月一日我就坐飞机到了西安。西安呢有一个八路军办事处，地点嘛在七贤庄。就是林老在的那个地方。在武汉的是董老，在西安的是林伯渠，林祖涵，林老。那么我就去看林老，他已经知道了，已经知道我跟延安有联系了，已经得到延安的同意关于我去了，那么所以呢，林老呢就在西安，就帮我安排去【伍：延安】延安，去延安。

毛泽东的谈话“让我心胸开朗”

我去到延安啊，我停留了嘛十六天，停了十六天呢，跟毛主席见面有八次，在见毛主席之前，见到的是张闻天。好像是张闻天哪，是政治局的总书记。我去访问延安的时候呢，他先接见我，我就没有……就很不客气，很不客气呀，很直截了当地问一个尖锐的问题问他，就问张闻天。

伍：什么尖锐的问题呀？

梁：你们跟国民党呢现在合作，是一时的还是长久的？他说呢，那当然是长久的。我说，你们要是长久合作，那你们怎么样子能够建设共产主义呢？你不拿到全国的政权，不搞无产专政，你怎么能够建设共产主义呢？他就很难回答了。他就有点支吾,啊,有点支吾。那么底下嘛,我就看毛主席。跟毛,跟张闻天,那么大略儿谈一下。毛主席,我也又提出这个问题问他,他就笑,他就笑,他说你看我们现在不是也有中国一部分的政权吗?我们也有政权,这么大的规模。

伍:并没有直接回答这个问题。

梁:是他不能够直接回答,就说我们要取得全国的政权,这样的一个说法,太暴露了。可你看,我们不是现在也有政权吗?也有部分政权吗?这句话嘛已经就很够了。所以嘛,我是最早到延安的,在我去延安之前呢,没有共产党以外的人去延安。并且,就种下一个底子,一个底子啊,就是从这以后嘛我就是跟毛主席,跟共产党,有来往。那么这个时候呢,可以说这么两句话,就是跟蒋介石,国民党的最高领袖,国民党以外的人,跟国民党的最高领袖来往,啊,见面、谈话,往还,最多的是我。就是说,他这个党内的人跟蒋来往的恐怕多了,如果不是国民党的人而跟蒋接触最多的是我。共产党也是这样。如果是他们党内的人嘛,跟毛主席接头嘛,见面嘛当然容易了,至于不是共产党的人,而是共产党以外的人跟毛主席接头,谈话来往,最多的呀,也就我一个人了。旁人不能像我这样多。

底下呢,我就说一下,我当时对毛主席的印象。他给我的印象啊,让我非常之叹息。叹息什么呢?就是我没碰到过这样的人。他是怎么样的呢?他就是超过一切,他简直是超过一切。同他呀,开头嘛在谈当时的抗战问题。当时我是很悲观。我是觉得全国那时候是在一种崩溃之象。大家都跟那儿逃反,逃难,各自互不相顾。那么，大家也对南京政府失去信仰，南京政府本来也就不行。在南京政府的全国政权，还是经常割据，不过嘛，抗战起来之后，大家都还拥护中央，不过也还是前途茫茫。大家对国民党的领导很失望，不寄希望。也就是因为不寄希望，我才到延安来看，那么看了之后，印象很好。

第一个就是我悲观，他告诉你不要悲观。用不着悲观，前途乐观得很。他的这个话谈得很多的啦。主要就是后来发表的《论持久战》[1]……他发表的这篇长文章，【伍：对，对】《论持久战》，他就把《论持久战》……《论持久战》那个时候还没发表。他就谈给我听。大意就是说，日本人呢它一时的很得意。但是它这个国家太小，中国太大。并且嘛，中国古话就是失道寡助，得道多助。它这样的搞法呀，就国际上没有人同情它，并且妒忌它。你怎么样？想吞中国？不能让你吞中国。那么中国又太大，不要有，许多国际上会有许多帮助。现在尽管它得意，它的前途是，我是替它悲观的。他是这样说。他讲的像《论持久战》中的许多观点。啊，让我这个心里呀，很开朗。好，这个是对，用不着悲观。

那么底下呢，既然是对抗战呢不悲观了，底下就是怎么样子，战后建设新中国的问题了。也谈这个问题，谈这个问题呀，彼此就谈不拢。因为谈建设新中国的问题呀，就是跟对老中国

---

① 《论持久战》是毛泽东于1938年5月26日至6月3日在延安抗日战争研究会上的演讲。

的认识来讲起。对老中国你自己怎么认识,你才有你对新中国的一个看法。可是他对老中国的认识,看法跟我的不一样。这个话很多了,我可以说一下。就是谈了两个通宵。就是因为他是白天睡觉,晚上六点钟他才起床,下午六点钟起床,才起来吃早点。(众笑)然后这个时候他见客,才办事,看文件。整个一夜,他都是,要见他,有事情跟他商量啊,看公文了,都是整个在夜里。天明了才睡觉。

伍:跟你的生活习惯要相……

梁:跟旁人都不,他惯例如此,所以我去跟他见面嘛,将才也说过了,他的谈话让我心胸开朗,就对抗战就不悲观了。可是就要谈到战后的建国问题了,谈到建国问题呢,那么就将才说嘛,对老中国的认识不一样。那么,他总强调的呢是阶级斗争。那么,我就是不同意。我就说,在中国啊,当然是也有贫富贵贱等等的不同,但是,中国老社会尽管有贫富贵贱不同,可是它没有固定成形,成一个形体。阶级也没有固定成形,它倒是上下流转相通,所以中国社会呀,散漫,散散漫漫。缺乏两个阶级的对立呀,对抗。那么我们不能说,没有阶级斗争。阶级斗争在中国没有像外国那个样子,不像外国的中世纪,封建的地主啊跟农民、农奴是那样两个阶级,也不像近代的西洋啊资本家跟工人,那样的两个阶级的对立,对抗。这是一方面掌握了生产工具,生产条件……工厂,它那个掌握土地,这种情况,没有这样子两个阶级对立,对抗。而是一个,将才我说的……

伍:上下流转。

梁：上下流转相通。贫富贵贱，很散漫。那么彼此就辩论，彼此辩论了，辩论很久了嘛，大概有两个通宵。本来如果谈话，没有那么两个通宵，没有那么话多。因为辩论嘛，争辩，那就，你要说你的道理，我要说我的道理，各人还要引证据，所以话就多了。末后就，就争了两个通宵嘛，谈了两个通宵嘛，也就不再争了。谈了很久了，他就说，你呀，太强调中国社会的特殊性，但是中国社会，它还有跟其他的社会的一般性，你忽略它的一般性。那我说对，完全对，我正是要说你呀，你是过分地强调它的一般性，（林笑）忽略它的特殊性，但是，比如我们论一个人，这个人呢，我说这个人是一个人，或者这个人是中年人，就没有点出来这个人的特殊性，那你对这个人等于没有认识。你要能点出来他的特殊性，你把他的特殊性，你才对这个人，才算认识。所以你强调一般性，你对中国等于没有认识。（伍笑）说到这个地方，当然也就没法子再辩论了。大致嘛就是，曾经有两个通宵啊都在辩。好的就是，了不起，真是了不起，他尽管辩论，不动气。

林，伍：噢，哈。

梁：争论很容易动气。人呢，都不免有好胜的心，是吧，我胜过你，我打败你，都好胜心，但是哪，胜心，一动气，就不愉快。他这个人没有，他这个人从容得很，从不动气。尽管争论，不动气，从容自在。从容自在嘛，他也引不起来我生气。他不像我们这样子坐着谈话，他不，我这是倒是坐着了。他不，他在一边，就在他自己的一个房间，房间还没有这个大了。来回走路，一边谈话，一边走路，一边谈话，一边走路。谈谈话呀，走着走着，他一下呀，他一下歪倒在床铺上了。随便得很，自然得很，从容得很。所以，不动气，不动气，不但不动气，好像舒服得很。分手呀，已经到天快明了。今天不能谈了。啊，分手的时候，我从他的房间出来，觉得好像还很舒服。啊，了不起。没有碰到过这样的人。哪里碰到过这样的人呢？确乎是了不起。后来，我在香港的时候办报，《光明报》，我就记述我在延安跟毛主席见面的事情。我文章里头就这样说，我说从前哪，诸葛亮，诸葛公叹息，说关云长，逸群绝伦，超过，群，群众的群，逸群绝伦，就是，真是这样，这个话啊，是要遗赠毛，逸群绝伦。那么，不多说了。在延安第一次去住了十六天，见面八次，谈得很好，谈得很好。那么，后来嘛，后来嘛又第二次去。

伍：延安还听到没有其他的人，除了张闻天。

梁：没有谈话，可是见到过，康生。

伍：噢，康生。

梁：当时就康生啊，刚刚从苏联回来，从苏联从西北疆回来，那么苏联啊，赠送给延安两部还是四部大卡车，没有旁的送给它。

伍：四部大卡车？

梁：我们不清楚了，只看见四辆装货的大卡车的事，是苏联送给延安的，康生是从苏联来的，穿着苏联的衣装，皮鞋。（众笑）他身体也高。其他的人呢没有谈，就是当时，先谈的是张闻天。他们来的两个人呢，看过我，我住在招待处，所以来客登记，有两个人呢来访问我，看看我。两个人是谁呢？一个叫艾思奇，一个就是现在的周扬。

伍，林：噢。

梁：周扬，艾思奇两个人嘛，我作为一个客人嘛，住在招待所，他们两个来看我，第一次，没有看到。

伍：朱德总司令有没有见到过？

梁：啊？

伍：朱德？

梁：啊，好像第一次没有见到过，第一次没有看到周公，没有看到刘少奇，好像是这样子。

伍：你把你的著作送给毛。

梁：我就送了一本，就是《乡村建设理论》，就是乡村理论，送给他看。一见面我就送给他看，第二次见面呀，他用中国的墨笔，而且用得很秃了，不是很尖的，甚至墨也不很好，但是他习惯横着写，他写了好几张纸，反正纸也很粗，横着写。他就告诉我，他说你看，你某一句话某一个地方说得好，我已经给你抄下来了。说得对。可是那么他不抄的，他就指出来这个不行。不行，就是我说的，他说，你没有抓住农民的痛痒，我的谈话里头怪农民不跟着我们走，当年没有反对我们，我们就给他们做好事嘛，好像我们在邹平嘛，我们留在邹平呢，他们也不讨厌，可是我们要走呢，他们又不挽留，我说这个话。他说是你没抓住问题的痛痒。我觉得这句话呀，很贴心。这是说第一次。

伍：他有没有赠送他的著作，他的作品？他有没有赠送给你呀？

梁：我曾经也一两句话说，公开地说，我有两句话赠送给他，赠送给他。

保姆：今天早一点结束啊，我们争取理发啊，太累了。

伍：对不起呀，而且听说呀，很可能我估计呀，由于中国跟国外关系比较好，不断地会有一些客人来访问。

保姆：你们以后再来吧，今天不行了。

梁：在延安啊，第一次在延安时，我还是有两句话，我还是赠送给他，是这样两句话，在人格上不轻于怀疑人家。

伍：在人格上不轻于怀疑人家。

梁：在识见上不过于相信自己。

伍：噢，在识见上不过于相信自己。

梁：其实不要把旁人当坏人。共产党好像容易把旁人看成是敌人。我们说这个不好。在人格上不要轻易怀疑人家，看不起人家，把旁人当坏人，这样不好。在知识见识上，不要过分相信自己，我的对。

伍：你亲自跟毛主席讲的这两句话？

梁：肯定。

林：这个很棒的。

梁：(笑)对。

伍：他们还邀请你到各地看看，或者到哪个学校里去讲讲话？

梁：当时有两个他们的学校，一个叫抗大，抗日军政大学。

好像还有一个鲁迅艺术学院，我都去过。

伍：有没有像一般情况下，请你再讲讲话，给他们。

梁：抗日军政大学呢，校长是林彪，可是没看到林彪，林彪不在。是那个罗瑞卿，罗瑞卿啊，教育长，代理校长，跟罗瑞卿见面，谈话。

伍：今天由于你还要理发，我们是不是今天暂时到这儿，你看，明天我们再来，能不能就把第二次见到毛主席的情况……

梁漱溟第二次要去延安

梁：第二次……

伍：按照你那顺序说下去。

梁：第二次呀不重要，是什么时候去的呢，就是在重庆呀，开政协，政协会议嘛，政协有五大问题，五个问题，每个问题都取得了协议，签字，好像是成功了。完了。在这个之后我去延安，第二次去延安。

伍：抗战胜利以后？

梁：重庆政协后，当然是抗战结束了，日本投降了。

伍：你是在两个很重要关键时刻，一个是在抗战初期，一个是在抗战最后胜利以后，解放战争要打而未打的时期。

梁：就是，马歇尔嘛【伍：军调处】代表美国政府来中国，促进中国两党和谈，促进和谈。旧政协，重庆的政协，五项问题嘛都取得协议,都签字。[①]

伍:我们叫它《双十协定》嘛。

梁:《双十协定》在前。[②]

伍:对,对,不是这个。

梁:双十嘛,它是两个十月十,这是一月间,一九四六年一月。

伍:四六年,是国共和谈初步的互相让步以后达成的协议。

梁:五项问题的协议,五项协议以后,那么,我们看到以为是没有问题了,成功了。可是我个人有一个,有一个在我的思想,在我的认识上,认为这个是不会成功的,大家以为是成功了,大家都签字了嘛。这是国共两党签字,其他的民主党派也都签字了,以为可以成功。这个成功的政治路线吧,或者说所采用的制度嘛,就是模仿英国的宪政,我认为这是不会行的,不合中国需要的,也行不通的。我所以要第二次去延安,第二次去跟毛主席,跟共产党方面谈我个人怀抱的意见,特别是我不参加联合政府,因为毛主席他不同意,不同意我不参加这个新的政府。两党已经不是敌对的了,搞一个联合政府,不但两党,两党以外的嘛,我们组织一个政府。虽然这个政府,这个联合政府是过渡性,不

---

① 1946 年 1 月 10 日至 31 日,政治协商会议在重庆举行。经过二十二天的协商,最终签订了《关于政府组织问题的协议》《和平建国纲领》《关于国民大会的协议》《关于宪章问题的协议》《关于军事问题的协议》等五项协议。

② 1945 年 8 月 29 日至 10 月 10 日,以毛泽东为首的中国共产党代表团与国民党政府代表在重庆举行谈判,经过四十三天的谈判,于 10 月 10 日签署《政府与中共代表会谈纪要》,又称《双十协定》。

是正式性，正式性就要开国民大会通过正式宪法，才是产生一个正式政府。虽然不是一个正式政府，是个联合政府，可是各方面参加，我不参加这个联合政府，关于我不参加联合政府这件事情呢，共方不同意。那么我就需要到延安去说明，去说明这个[ooo]。

第六天

1980.6.25

日本之行

［ooo］

梁：……安定的时候，比较就有规律。时局还没有安定，我自己在各处跑，跑延安，跑南京，跑上海呀，那就不能够有定。

［ooo］

梁：那就不能够有定，时局安定了，都住在北京，最近的二三十年，那当然就生活比较有秩序了。

伍：我们好像读老师的著作知道老师有过一次日本之行。

梁：去过一次日本。

伍：你到国外，这是哪一年的事情？

梁：就是去过日本一次，旁的地方没去。

伍：我们好像找不到时间，这是哪一年的事情。

梁：在日本哪，在日本好像是去，四十，四十一二天的样子。

伍：这是哪一年的事情？

梁：一九三六年吧，大概，民国二十五年嘛。

伍：那还是在邹平的时候。

梁：嗯，还是邹平。

伍：去日本主要是考察？

梁：就看它的农村。

伍：噢。

梁：他们日本人呢，有个日本人叫长野郎，长短的长，野外的野，长野郎。长野郎的弟弟叫长野贺。长野郎是一个什么政治上活动的人。长野贺嘛，他的一个兄弟，长野贺到邹平来访我。那么，他谈他们日本的乡村情况。日本也有一种或者叫作日本农村的工作吧。跟着我就想去看一看。这样去的。

伍：那你们去几个人呢？

梁：去三个人。一位姓朱的同志，他的日语很熟练的，很好，所以请他去，姓朱。另外还有一位姓秦，另外还有一位姓黎。黎元洪的黎。

伍：包括你，是四个人？

梁：哎，就是这样。

伍：到过日本的一些什么地方？

梁：没有上太远的地方去，就是东京呀，那个什么福冈，福冈。

伍：那也到农村去了。

梁：啊？

伍：也到农村去了，到日本农村去看了一下。

梁：主要是去看农村，不过，白天嘛农村里头走走，还是回到东京的旅馆里来住。

伍：那回来有什么著作，像这一次。

梁：大概就是随便给同学说了说。

伍：对，我们也是看了看，我们也刚谈到这一次。

梁：没有什么文章。

伍：我们也是看了，没有什么文章，一共有三四十天的样子。

梁：嗯？

伍：一共有三四十天的时间。

梁：四十天。

伍：四十天。

梁：四十一二天。

伍：这个对你搞乡建有没有什么影响，或者是？

梁：那么大致说就是，一方面，感觉他们做得好，做得好也是因为社会呀，广大的社会，日本政府支持他们，支持农村的改进工作，比如从银行的贷款哪，很方便，那么关于这个农业技术方面哪，当然他们都有，有些个学术机关哪，改善改进农业。这许多方面他们比我们强。我们没有这个，不过，我当时看到，帮助他们的，帮助农村的这种工作呢，有它的限度。这个跟我们不同，跟我想象的中国农村的工作不同。中国的农村工作，我是认为从农村建国。而他们的呢，所得到政府呀，银行呀，学术机关的帮助呀，这帮助他们的也就是挡住他们的，盖住他们的。可是他们不能建一个新的日本呀。（众笑）我的，实际上还是一个空想。我就想，就是从基层建设一个新的中国。比如我认为这个时局呀，中国的局面是纷乱的，军阀呀。这个是一个变态，不是一个常态。这是在老的中国的一种体系吧。文化、政治的一个体系，那个体系呀，破坏了之后，皇帝也倒了。社会陷于无秩序。军阀在那儿内战，这是一个短时期的一个变乱。不是一个常态，不是经常的常态。在这个不是经常的常态上，我们倒有办法。它那个是局面已经定了。

伍：固定下来了。

梁：哎，它那个是，在它那个国家的体制之下的一个做法。他们那个没有前途，没有远大的前途。尽管做得好，也不过就是那样子就是了。

伍：就说他们无所谓改造社会不改造社会。

梁：哎，它改变不了它那个整个国家的面貌啊，整个国家的体制它不可能改变。

伍：对，这就是你考察中你感到的一个很大的不同的地方。

梁：我去看了。

伍：那是到东京附近的农村去，看。

梁漱溟同意复制小册子

梁：啊。……今天我们是主要谈什么呢？

伍：那么昨天因为你谈到了关于“我与新中国”，谈到抗战开始的时期，就在抗战爆发的第二年的一月一号，你就到延安去，为了促成国民党、共产党的合作，这个已经谈了。一直谈到你最后回来，那么？

梁：噢，那个小册子①怎么样子了？

伍：噢，对。

林：这儿呢。

伍：只需要这个啊……

梁：印刷很棒。

林：对，这是很清楚。

伍：我们就想……

梁：很好，这很好，基本上这[ooo]，不错。

伍：那样子的话，我们就想如果外界不大容易得到的一些书，你这里有的话，借给我们，我们这种复制的方法，暂时把它复制一下。

梁：啊。

伍：就是北大有好多条件，每次复制，啊，按道理讲，它只能

---

① 即《告山东乡村工作同人同学书》。

复制三十页,是吧?

林:嗯。

伍:我们这次那,跟他们协商以后,……

梁:三十份?

伍:不。

林:三十。

伍:三十张。

梁:三十?

伍:哎,他[ooo]和我们协商了以后,三十张,同意我们稍微多印了一点,我们想借这个机会能给你复制的话,最好复制一下。不仅林琪小姐她需要,就是像我们学校的图书馆,现在也没有你的书,那么也没办法弄到你的书。那么有这个机会嘛,当然是更好了,就是您老手头上如果有这样的书,复制一下。

梁:嗯,有的那个是还没发表。

林:这是[ooo]。

梁:没有发表,并且部头太大,好几十万字。

伍:大倒不怕。就是我们别的不怕,就是,北大呀,向它申请,因为我们不是北大的人,不像我们在南大方便得很,我们打个报告就批下来了,就是它可能会要批呀,要一个什么手续,像这个就是搞了好几天。还要外办批一下。

梁:对。

伍:大部头倒是没关系。正是由于是大部头,更是重要,更是需要,那,这个书我们已经还了啊。

梁：哦，好，好。

敌后游击区"出生入死"

伍：啊，这次到延安以后，回来以后，梁老师大体上做了一些什么？

梁：啊，这个问题我没听清楚。

伍：你有一篇东西叫作［"八年努力"］①，就是说，有书的东西林琪研究了，我们可以借书来了，材料来了。就是希望，能够见到梁老师，就是说，能够趁这个机会能够知道一些，这个外界不大容易知道的一些材料和消息。

梁：当然外面都不知道，知道得很少。

伍：对呀，就是说，从延安第一次回来以后，就是进入抗战了，那你就到了重庆了？

梁：嗯，而且第一次去延安的时候啊，抗战已经起来了。

伍：已经起来了。

梁：已经起来了。我就是像上一次谈过的，我正是因为对这个国家的前途悲观，才去看毛主席的。他讲得很对，不必悲观。一切都可以乐观的，这样子谈过。

伍：对，这次已经，整个的访问你都跟我们谈了，并且你在

---

① 录音不清楚，推测指的是《八年努力宣告结束》。原录于《梁漱溟先生近年言论集》，成都龙山书局，1949 年 11 月。现录于《全集》卷六，第 630—633 页。

当时主持的香港的《光明报》上还谈了这一次访问的情况。就是回来以后，你要回到武汉。

梁：回来之后嘛，经过河南的开封，江北的徐州。

伍：噢，你还到江苏的徐州了。

梁：为什么还到徐州呢？那个时候啊，全国分几个战区。

伍：对。

梁：徐州是第五战区。第五战区司令长官是李宗仁。

伍：哦，李宗仁。

梁：李宗仁呢请我到他那里去，请不是请我一个人，也请了黄炎培。算是作为战地党政委员会……抗战的战。

林，伍：哦。战地。

梁：战地党政委员会，那么请几个人好像是一个顾问的性质。那么这样子嘛，我跟黄炎培就是被他请去了，请去了嘛，他住在徐州，第五战区司令长官住徐州。我们到徐州去了，到徐州我停了一个月。

伍：作为顾问形式，就是替他想想办法，出出主意。

梁：哎。

伍：你有的文章讲，抗战初期以后，你在华东、华南，好多地方进行视察，是不是指这个？

梁：不是这个。

伍：不是指这个。

梁：它还是我们国家的军队驻的地方，我是到敌后，敌人后边。

伍：噢。

梁：敌人后边已经沦陷了，日本人，敌之后。

伍：噢，对，我知道。

梁：敌后啊，我去看。

伍：噢，你还有，噢，对，那是敌后，对。

梁：[ooo]，就是敌后啊，敌后。

伍：就是在沦陷区。

梁：游击区，我们就叫游击区。游击区，我们跟敌人打嘛，没有法子正规军打了，就是游击队跟它打。

伍：噢，这些方面你有些什么感想，感受，在这个……

梁：这个全部我都有东西，有一篇叫作《敌后游击区行程日志》①，今天我到了什么地方，明天到了什么地方，今天碰到什么人，明天碰到什么人都有，但是很简略，可是一天天挨着的，一天天挨着的日记。走过多少地方，碰到什么人，都有。

伍：你跟匡亚明②校长就是在这个时间认识的？

梁：这是在游击区里头，敌后我们碰到的，敌后碰到的。本来敌后这个地方嘛，还是打仗的地方，像我这样的人很少去的。

伍：还有一定的危险性呢。

梁：就是危险得很哪，出生入死呀。

---

① 参看《敌后游击区域行程日志》，《全集》卷八，第401—417页。

② 匡亚明（1906—1996），江苏丹阳人。抗日时期，曾在中共中央山东分局主办《大众日报》。1963年起任南京大学党委书记兼校长。"文革"中备受迫害，1978年重新担任南京大学党委书记兼校长。

伍：你是一个人吗？不是，还有？

梁：嗯，一个人不可能。

伍：对，那还有一个组织什么？

梁：因为我从来是有一班学生的。

伍：噢。

梁：我从来不是孤身一个人，我从来都是有一班学生呀，朋友呀，跟随着我。有个小集团。那么我去那个，也是带着几个人，人不多，连我在内六个人。

伍：噢，你只有六个人。

梁：太多了嘛……

伍：更不方便。

梁：啊。

伍：就是什么时候开始又回到这个，用多少时间，又回到后方。那时我们叫后方。

梁：就是，时间不太多，八九个月。

伍：噢，八九个月，大半年的时间。

梁：哎，从大后方出去的，大后方嘛就是四川重庆，从四川重庆出去，那个时候嘛，陕西的西安跟河南的洛阳，都还在我们手里头，还在中国人手里头，没有沦陷。那么在洛阳，就是属于第一战区司令长官。

伍：洛阳。

梁：哎，第一战区，第一战区司令长官是卫立煌。那么在他那儿停留一下，之后嘛，本来想向北去过黄河，没有一种方便。

现在不详细说了，没有一种方便，没有一种方便嘛，为了方便起见呢，就是从洛阳往东南走，往东南走嘛，到了安徽的北部，皖北，到了皖北，因为当时，我提到了一下吧，国民政府任命一个游击总司令叫于学忠①。我说没说？

伍：这个没说。

梁：没说啊，他就叫苏鲁游击区总司令。

伍：于学忠？

梁：于学忠啊，很有名的一个大将啊。

伍：就是干钩于。

梁：当时国民政府嘛，任命于学忠为苏，苏是江苏啦，鲁是山东啦，苏鲁游击区总司令，带着好几万军队，进入江苏跟山东的这个地方，也都是在敌后啦，也是为打游击呀，那么我起初嘛，是将才说的跟卫立煌见面以后呢，就向着东南走，跟那个游击，跟于学忠的部队会合。于学忠的部队呀，他也是向那边去呀，进山东啊，我预备同他汇合，就是同他在一起，他有大队的人马，是方便一些，那么到了皖北，那就是县，一县一县的，龙城郭阳那一带，那一带地方呀，本来同他一道走，不是于学忠本人了，是于学忠的部队，他的参谋长，于学忠的参谋长叫王进宣的队伍一道走，一道走嘛，想越过铁路……进入宿州，现在叫宿县，老名字叫宿州，现在叫宿县。

---

① 于学忠（1890—1964），山东蓬莱人。抗日时期曾任国民革命军第三集团军总司令、鲁苏游击战区总司令等职。

在宿县这个地方啊，部队呀，被敌人发现了，跟敌人打了，被敌人打了，损失了。我们中国军队受损失了，受损失嘛所以他就对我说，领导军队的姓王的参谋长就对我说，你跟我们一道走呀，我们掩护你，帮忙，是吧。对你也是一种方便。可是呢，你同我们一道走，目标太大，敌人看得见，目标太大。所以于你也并不方便。另一方面并不方便。你如果是少数，三五个人，五六个人的那么单独的走呀，敌人不注意呀，也有你的方便。你自己考虑，你愿意同我们一道走，我们当然啊。你愿意另外走，那就走，这是因为遭遇敌人呀，他们遭到损失，才提出来这个方案。

伍：对，这也是实事求是。

梁：那么我说好，我另外走，我就另外走了，我同行的有一个是军事人员。是黄埔军校出身的，叫王靖波，那么我就要王靖波呀，你去探路，往前边呀去探路。去探路啊，他就知道呀，不远的地方啊，有新四军。不是有八路军，新四军嘛。

林：嗯。

梁：有新四军的一支部队，驻在河南、安徽边界上，从县城的地名说呢，它叫永城县，永久的永，那个地方嘛，当然不是在城里头了，地名是属于永城县，地方是属于永城县。那个地方驻着有新四军的一支部队。这个新四军的参谋长，姓彭叫彭雪枫①。

伍：彭雪枫。

① 彭雪枫(1907—1944)，河南镇平人。曾任豫皖苏边区党政军委员会主任等职，抗日战争中新四军殉难的最高将领之一。

梁：彭雪枫，天上下雪……

伍：我知道，知道。

梁：枫，是枫树的枫。

伍：我知道。

梁：啊，这个人很好，他是这个时候啊，他领着这部队伍啊，他算是司令，彭是司令。他对新四军说啊，他是参谋长，可就是他对他带的队伍说啊，他就是司令。那么他的副司令呢，姓王，我就不多说他了。那么我因为跟彭雪枫的叔叔，就是昨天我说过没说过，有彭禹庭。

伍：没说过。

梁：就是河南村治学院。

伍：对，对。

梁：河南村治学院的院长啊，姓彭。

伍：讲过。

梁：这个彭雪枫啊就是那个彭的侄子。他们是叔侄关系。

林：啊哈。

梁：嗯，所以呀，我正是路过河南永城县，就去看到彭雪枫，那么彭雪枫就留我住两天。大概是，首尾算是三天，住了两夜。并且在那个地方碰见一个人，碰见一个朋友，这个朋友啊，现在还在北京，并且还是很有地位的，叫作韦国清①。

---

① 韦国清（1913—1989），广西东兰人。参加过1929年由邓小平等领导的“百色起义”，新中国成立后曾任中国人民解放军总政治部主任，中共广西壮族自治区区委第一书记等职。

伍：韦国清，噢，当时韦国清在彭雪枫的这个……

梁：韦国清现在是军委会政治部主任。

伍：韦国清知道。

梁：是全国政协的副主席。

伍：副主席。

梁：他人是广西人。

伍：对，广西人。

梁：广西并且是壮族。

伍：壮族。

梁：这个时候，我就在彭雪枫这个地方嘛……

伍：住了两夜。

梁：啊，住了两夜。那么韦国清呀，就是在彭司令部下做旅长。

伍：噢，他是彭雪枫的部下。

梁：啊，旅长，做旅长。并且他跟邓小平是伙计。（众笑）邓小平。

林：嗯。

梁：邓小平是在我们广西搞，搞“百色起义”。哎，那个就是跟他在一起，那么在这个地方啊，停留一下，他并且送我一匹马。

林，伍：嗯。

梁：反正我们都是步行，步行嘛，这个彭司令嘛，送我一匹白马，白颜色的，后来我就是骑着这白马走。就是从苏北嘛慢慢进入山东。详细的问题是，可以看这个，看这个所谓《敌后游击区行程日志》啦，都有。哪一天到哪里，哪一天到哪里。

伍：那大概是哪一天，什么时候又回到后方呢？

梁：它是到了那个主要的是，从鲁西南进去。

伍：鲁西南，嗯。

梁：鲁西南的入山东境，从苏北入鲁西南，入山东境，然后转入鲁南。

伍：转鲁南。

梁：啊，转到鲁南，转到鲁南呢，就是没有能够多停留啊，就是敌人呢就来了，本来那个地方呀，地名叫作东里店，东西南北的东，一里路二里路的里。东里店，那个地方嘛有一个地下的山东省政府，地下，就是不是明开，地下的山东省政府，我们正是到达那个地方的时候呢，日本人就包围了。包围了嘛，就是因为我们不是来作战的嘛，所以我们就是跟敌人好像是捉迷藏一样的，敌人来，我们就躲开。你这边来，我往那边去。你那边来，我往这边。绕圈子。这样子，绕了很多天，看见呢，情况不好。情况不好是什么呢，就是，国民党的军队，共产党的军队，彼此火并。

伍：噢。

梁：彼此打，彼此打嘛，我说，这个不好了。不能够共同对敌，反而自己打，那么我就在山东呢就不多停留了，所以从山东呢回后方。回后方嘛，从各方面嘛，是报告这个情形。一定要牵制两大党，不要打内战。所以我就慢慢地往回走，往回走嘛是，路线跟去的时候不一样，就是从鲁南到鲁西，从鲁西呢就进入河北省的南部。河北省的南部啊，地名叫濮阳，三点水一个……

念濮。

伍：再从濮阳……

梁：再从濮阳嘛就是向西走。这个时候河北省的南首，那么再往西走嘛就是河南省了，河南省的黄河北岸，黄河北岸就是汤阴。

伍：汤阴。

梁：汤阴，汤阴是从前岳飞的家乡。宋朝一个大将，岳飞。

林：啊哈。

梁：啊，经过汤阴这个地方，往西走，往西走么，入太行山。入太行山呢，到了晋东南，山西的东南。从晋东南又转出来，这个时候呢就是想回四川，到了晋东南呢，跟国民党的一个军长，叫朱怀冰①碰到了。国民党军队，叫朱怀冰，冬天冻冰那个冰，朱怀冰帮助我嘛，这个道往南走嘛，就是过黄河到洛阳。到洛阳的这一天刚好是九一八。后来就从洛阳回四川。

统一建国同志会

伍：啊，就到，那就在河南……是你较长时间在重庆住下来了。

梁：先嘛，就是还是到成都。

---

① 朱怀冰（1892—1968），湖北黄冈人。抗日时期曾任第九十七军军长、豫北自卫军总指挥等职。

伍：到成都。

梁：啊，先到成都。刚好这个时候蒋介石在成都。那么我就去看他。我没弄清将才说过没说过。我到了山东啊，就及时呢到敌后啊，这是事先取得蒋介石的同意的，并且蒋介石送我一万块钱作路费。

伍：噢。

梁：啊，送我一万块钱。一方面得蒋的同意才走的，才出发，同时也是取得延安的同意。因为取得蒋的同意，蒋打电报通知他的部队。

伍：对。

梁：说他的部队呀，如果梁先生来，你们要给他方便，帮助他。那么，我取得延安的同意，延安打电话给他们部队，遇事嘛都要帮忙，这样才行。

伍：对，刚才我想问你这个，哈。

梁：因为有这些个方便，所以才成。

伍：那你在成都后来会见蒋介石了？

梁：啊，在回来的时候嘛，刚好蒋介石在成都，结果就跟他见面。告诉他，我去走的情况，告诉他，把我所见所闻说给他。我也还是主要的提到两党的军队呀，彼此……

伍：不要火并。

梁：彼此冲突不大好。

伍：他当时表示些什么意见。

梁：他也当然没有什么另外新鲜的表示。他也承认这个也不好了，我在成都见他之外，主要就是看到一些个社会上的人。

林：嗯。

梁：社会上的什么人呢？比如说是黄炎培、晏阳初，还有青年党的李璜。

伍：李璜，名字？这个璜字是？……噢，是这个璜。

梁：他这个青年党有曾、左、李之说。

伍：曾、左嘛，我们比较知道，李不大知道，左，左舜生也知道，曾琦也知道。

梁：曾、左、李三个人，是他们的头子，青年党的三个领导，青年党的领导人，这三个人中李最好，李最好。

伍：噢，这三个人。

梁：李现在还在香港。

伍：因为曾琦和左舜生嘛好像比较出名一点。

梁：其实这三个人比呢，李人好。

伍，林：嗯。

梁：那么我在成都嘛，都会见黄炎培、晏阳初、李璜。总而言之，社会上的有名的看到一些，我就把见闻对大家说了，我就说，我们要我们大家组织起来，我们非国民党，非共产党，在社会上都比较出头的人，我们每一个人呢，单个人呢都没有力量。可是我们如果组织起来，那么我们拿广大的社会为后盾，我们代表广大的社会来说话，那么就有力量。在两大党之外，就可以形成一个，否则我们就是零零散散的了。一个人哪，不行，所以嘛，我就这个时候就发起统一建国同志会。后来嘛，从成都就回重庆了。回重庆嘛，我就开始跟大家，有关的朋友谈这个统一建国同志会，有很多人就参加了，同意这样做。所以这样就把统一建国同志会组织起来了。

伍：这就是后来的那个民主政党同盟①，就是民主同盟的前身了是吗？

梁：对，前身，民主政团同盟前身，而且这个统一建国同志会呢算是公开的。并且我们组织这个统一建国同志会呀，告诉蒋介石。我去面见蒋介石，说明这个思想。

伍：蒋介石表示……

梁：他也表示赞成了，不过他就说到，因为我要说，参加的人呢，是吧。

伍：对。

梁：那就是参加哪些人呢？这个告诉他。他听到我们谈到沈钧儒啊，张申府啦，也提到邹韬奋②呢，比较偏左一点的人，他就说，他说他们恐怕跟你们不是一回事吧，不是一回事。

伍：啊哈。

梁：我就说，虽然比较，有的亲左，有的亲右，不大一样的，不过还是大家拉拢来好一些，与其让他们在外边，我谈的就是统

① 中国民主政团同盟于1941年3月19日在重庆成立。1944年9月，名称改为中国民主同盟。简称"民盟"。

② 邹韬奋(1895—1944)，江西省余江人。曾主办《生活》周刊，救国会"七君子"之一。1939年与梁漱溟、章伯钧、章乃器等人在重庆发起成立统一建国同志会。

一建国同志会啦，如果把他们摆在外边，不如把他们拉进来。蒋介石说，那也好吧。

伍：那像后来，像民主同盟的章伯钧①呀，那些人在当时不是主要的负责人了？

梁：哎，统一建国同志会大概，现在记不得了，参加的人也可能有章伯钧，有章乃器②。

伍：当时就是以个人的名义参加？

梁：当然，这个时候啊，统一建国同志会，那是同志呀，一个两个同志呀。

伍：他们自己的那个小组织不？

梁：他们如果自己有组织，他们也是一个人参加，不是以组织参加，跟后来的民主同盟不相同，对吧。后来的民主同盟呢，它是原来叫民主政团同盟。

伍：对，对，称为民主政团。

梁：哎，那个不同。这个就是个人，纯粹一个个人嘛。所以叫作同志会，统一建国同志会。

伍：这个组织是后来怎样过渡到中国民主同盟这样的组织？

梁：这事儿底下再说了。这个统一建国同志会嘛就是这样

---

① 章伯钧(1895—1969)，安徽桐城人。中国民主同盟和中国农工民主党的创始人和领导人之一。

② 章乃器(1897—1977)，浙江青田人。民国时期曾发起成立统一建国同志会、民主建国会和全国救国联合会等，救国会“七君子”之一。

子组织起来的。那么要说一点呢，就是张君劢不参加。好像当时跟张君劢很接近的有两个罗，有两个罗呀。

伍：知道。

梁：一个是罗隆基①，还有一个叫罗文干②。

伍：噢，罗文干。

梁：罗文干也是很出名的。

伍：罗隆基是他参加没有？

梁：啊？

伍：罗隆基参加没有？

梁：将才说的就是两个罗参加了。

伍：噢，两个罗参加，张君劢不参加。

梁：这两个罗呀，跟张君劢很接近，他们有一个组织的。那个组织嘛就是叫作，原来叫国社党，后来改名叫民社党。我的意思就是说，两个罗参加而张君劢不肯参加。这个统一建国同志会，张君劢不肯参加。为什么不肯参加呢？他就说，你们是在蒋介石的许可下，成立这种组织呀，没有价值。

伍：哈，张君劢还表示很左的，这种看法。

梁：他说，你在蒋介石的同意之下，你在重庆这个地方，他的势力范围之内，成立这个东西呀，你不能够挺起身来说话。我

---

① 罗隆基(1896—1965)，江西安福人。曾与张东荪、张君劢等人于1931年发起成立国社党，也是中国民主政团同盟创始人之一。

② 罗文干(1888—1941)，广东番禺人。民国外交官，曾任国社党总务委员。

就想，想说自己要说的话，您说的话都是他许可你说的，没有意义，我不参加。可是后来嘛，我们搞民盟的时候，他参加。搞民盟的时候啊，他就是说，我们不能先跟蒋的同意。不给他知道，我们已经组织好之后，我们出去重庆，不在国内，到香港我们成立起来，脱离他的控制。那么我们就能说我们自己要说的话了。我们真能够在两党之外成一个力量。那么后来就是讲，就是在重庆秘密，不给人知道。因为不给人知道，所以，原来参加统一建国同志会的人，比如沈钧儒啊，张申府啊【伍：邹韬奋】，都不给他们知道。

伍：也不给他们知道。

梁：也不给他们知道。为什么不给他们知道呢？他们这一派叫作救国会派，救国会，上海发起成立，那么呢，现在是两种不同的救国会了。不给他们知道，他们知道了之后啊，也给他们说，我们将来一定要联合在一起的。现在要等一等。你们要靠后一步。现在不忙，不要急。为什么？因为在国民党方面呢，看救国会就是共产党的外围。他们就是用这个话，说救国会是共产党的外围，这是听命于共产党的。救国会呀，受国民党，不，共产党的指挥，帮助共产党的。所以嘛，如果我们一上来就把你们救国会拉在一起呀，国民党会要看成是共产党外围的扩大。那么我们不甘心做这个，被人这样看。所以你们不要先进来。我们将来会拉在一起的。所以民盟跟那个统一建国同志会不一样。这一方面可以说统一建国同志会呀是民主政团同盟的前身。一方面呢又是有分别。

中国民主政团同盟会

伍：中国民主政团同盟会大致是哪些人发起的?

梁：就有那么,有那个记载呀,它是这个,主要发起的是四个人。

伍：不要着急。……[梁先生在找材料。]

梁：资料丛稿,增刊第六辑。中国社会科学院近代史研究所,中华民国史研究室编,这是有好几篇东西了。头一个是《我和救国会》,这是章乃器写的。《回忆南京救国会》,是孙晓村①写的。这个是我写的,《民主政团发起成立》《我参加国共和谈的经过》②。

林,伍：啊哈。

梁：《罗隆基一九四六年日记摘抄》,这个里头呢,它就是有这个,仅有这篇。

伍：我把书名字记下来。

梁：你记吗?

伍：现在一共是第六辑呀?

---

① 孙晓村(1906—1991),浙江余杭人。曾为南京救国会负责人之一。

② 《中国民主政团同盟发起成立之经过略记》《我参加国共和谈之经过》,原录于《中华民国史资料丛稿》增刊第六辑,中国社会科学院近代史研究所,中华民国史研究室编,中华书局,1980 年 1 月。现以《记中国民主政团同盟》《我参加国共和谈的经过》为题,收录于《全集》卷六,第 369—381 页,第 906—962 页。

梁：啊？

伍：这个材料出了六辑？

梁：啊，旁的嘛我没看到。

伍：噢，就因为这有你的文章，他寄来给你。

梁：啊，一、二、三、四、五我不晓得，没看到。

伍：就我们跟现代史所联系就可以了。

梁：噢。

伍：这有你的两个文章？

梁：嗯。

伍：我们有这两个文章，我们有些情况就会，就可以用这两篇文章的材料。

梁：这是我写的呢，《民主政团发起成立之经过略记》，同盟之前身，同盟之发起，同盟之定义。更重要的，开头也在这个时候嘛，就是这个同盟的发起，在二十九年，就在十二月二十四日，是晨，这天早晨，重庆报纸呀，揭出国民参政会第二届人选名单，经名额一再扩充，得加多人哪，而上届就再选，上届再选党外人士，或敢言之士呀，摒除不少，殊失人望。

国民参政会并没有起什么作用，并不是一个什么立法机关，是吧。那么，你多请一个社会上头有资望的人参加嘛，你多听听大家的议论嘛，也好嘛。你现在扩充了名额，可是把本来已经请来参加的党外人士呀，或敢言之士呀，摒除不少。其中把陶行知先生摒除了，陶行知呀。好像是沈钧儒好像也摒除了，章伯钧好像也摒除了。还有一个四川的军人哪，胡什么，胡景伊[1]也摒除了。党外人士，敢言之士全都不要，这个是笑话的。怎么笑话的？你多听听党外人的话嘛，是好的。你跟党外、社会上有名望的，多有一点联系什么的，你大局也好弄。你把这些个都排除去了，可是你又扩充了名额，扩充了名额进来的人都什么人呢，都是他们自己国民党的内部的人，国民党内部的人呢，它旁处没处儿安插了，要吃饭。多安几个人吃饭。这是没有出息的。这个将来是不行的，所以甚失人望嘛。

伍：对。

梁：那么我跟黄任之[2]说，说是任公，不期而相会于重庆新村四号张君劢家，彼此感慨同深，十分感慨。遂发同盟之意，同盟之意是这个时候。

伍：噢，这个时候。

梁：嗯，四个人，我们四个人呢，自成之[ooo]。讨论[oo]，多所决定，次日嘛，二十五日嘛，黄公有[ooo]。那么我把头一天的谈话记录嘛，供大家看，就是认为都对，并决定命名中国民主政团同盟。经过是这样的，底下就是，将才说过的了。君劢说，我们不要给蒋介石知道，我们要到海外啊，到香港啦，建立我们的言论机关，说我们的话，说我们要说的话。大家公推我出去，办《光明报》。那么到了香港出版《光明报》，才在中国民主政团同盟会发起，才出来。

---

① 胡景伊(1878—1950)，重庆巴县人。民国时期曾任四川都督。

② 即黄炎培。

伍：《光明报》也就是后来五七年以前《光明日报》的最早的形式，应该说。

梁：啊，北京有一个《光明日报》啦。

伍：哈，现在说是有关系。

梁：啊，三十年。发表的文章……[ooo]啊，会议的一些，头一篇就是中国民主政团同盟成立宣言。十大纲领。中国民主政团同盟成立宣言。就是说，民主政团同盟嘛，是在我手里头，我[illegible]手把它成立起来。不过我现在嘛，是不在民盟了，退出了。

林：啊哈。

梁：[ooo]好多篇是重要文章，那么将才提到《八年努力宣[illegible]束》，[ooo]。

伍：这本书①是在哪里？

梁：四川有。

伍：这书也不多，数量。

梁：很少，很少。三十八年十一月初。

伍：噢，那更难，更难找了。因为是在四九年，我们南京解放，[illegible]个地方没解放。

[illegible]那这个印刷是在成都印的。

[illegible]本书估计在四川恐怕会有一些。

[illegible]很难找了，应当有，在四川印的。

林：嗯，对。

---

① [illegible]是指《梁漱溟先生近年言论集》，成都龙山书局，1949 年 11 月。

梁：在四川印的嘛，在四川应当有，可是……

伍：这本书在江南一带恐怕很少有。因为当时两方面没有沟通。

梁：哎，这里头，每一篇文章啊，都有连载[ooo]，就是说，不是，里面没有[ooo]，都是连载。很多是，在那个储安平①的《观察》杂志上。

伍：储安平现在在哪儿？活着？

梁：人大概是还活着吧，不清楚在哪里，不清楚。

伍：一直也还没出来？

梁：啊？

伍：他一直，在“四人帮”以后，他一直也没出来过？

梁：他是遭到打击。

伍：对，他是一直也没出来过。按道理讲，他现在也应该……这本书？

梁：有的是《观察》，有的……重庆《大公报》，连载，某年某月某日的重庆《大公报》。没有不是不发表过的东西，所有的都是发表过的。

伍：大多数文章。

梁：连载，啊，三十五年二月二日重庆《大公报》。都注明那是哪里的。

---

① 储安平（1909—1966），江苏宜兴人。民国时期著名评论家。曾创办《观察》，并任社长和主编。反右运动中被打为右派。“文革”中遭受残酷迫害，后下落不明。

林：嗯。

梁：所以版本已经连载于三十四年《民宪》东南版第一期。都是出版过的东西才把它们又搁在一起。[ooo]

“奔走于两党之间”

伍：对，这就是为什么我问[ooo]。

[ooo]

伍：对，应该是这样。看样子，他们讲的已经发表在这上头。那你参加的国共，抗战胜利后的国共和谈，跟马歇尔①、司徒雷登②他们都有接触。

梁：对，是。但是外国人参加两党和谈的主要是马歇尔。

伍：对。

梁：中国，国内的人参加这两党和谈的，在中间的，主要是民盟。而我是代表民盟，民盟的主席是张澜③，张澜在四川没有出来。在上海、南京之间，就是我，我以秘书长的名义代表民盟。

伍：作为民盟的秘书长的名义。

梁：民盟的人，我始终是属民盟的。

---

① 马歇尔（1880—1959），美国政治家、军事家、外交家、陆军五星上将。1945—1946年，出任美国驻华特使，负责“调处”国共关系。

② 司徒雷登（1876—1962），美国基督教长老会传教士、外交官、教育家。1946—1949年，出任美国驻华大使。

③ 张澜（1872—1955），字表方，四川南充人。曾参加发起中国民主政团同盟，被选为中央执行委员，后被推选为民盟中央主席。

伍：就是，民盟搞文字工作的主要还是你，搞文字宣传，这个……

梁：出面应付各方面就是我呀。

伍：那时候罗隆基好像有时候也作为代表。

梁：也在一块儿。

伍：他是不是比你晚一辈的人？

梁：不是，也算是同辈人。

伍：啊，同辈。

梁：岁数可能小一点，黄炎培是正式在一起的，沈钧儒，我们住在南京，地名叫蓝家庄①啊。

伍：蓝家庄，啊哈，就是南京工学院②，现在，以前是中央大学附近的一个，那地方现在还在是吧，哈，你就住在……

梁：蓝家庄。蓝家庄是我们的民盟总部。[ooo]

伍：那地方现在呢扩建成马路，但是蓝家庄还没有变化，在蓝家庄跟过去中央大学之间这一些民房呀，现在都扩建成一条很大很宽的马路，啊。蓝家庄的，那些房子现在好多呢是南京工学院宿舍。就是过去中央大学，现在南京工学院已经中央大学前身的校址，所以老师住的那些地方，可能还会都在那儿。

梁：那时候我们，你像是黄炎培呀，他带着家属孩子，也住在里头，罗隆基也住在里头，张申府也住在里头，啊。

---

① 蓝家庄在南京旧中央大学附近。明初蓝玉大将军府邸，一九四九年后改为蓝家庄。

② 现东南大学。

伍：我记得好像有一些重要的学者，住在那一带，像侯外庐①啊。

梁：那跟我们不是一起。

伍：抗战胜利以后你主要的工作就是，抗战这段时间就是负责调停两方面的国共的和谈。

梁：啊，我就是奔走两党之间嘛。

伍：到延安也是讲这一次，指抗战胜利以后？

梁：三十四以后。

伍：第二次到延安你大概住了多少时间？

梁：十天。

伍：十天。

梁：嗯，第一次住十六天，第二次只住十天。

伍：也见到毛主席？

梁：主要的就是看他了。不看他就用不着去了。

林：对。

梁：是吧，不是为了看毛，就用不着去延安呀。

伍：这一次你还有些什么，啊？

梁：还是有必要才去呀，不必要用不着闲逛去。

伍：啊哈，对。

梁：它就是说了么，就是《八年努力宣告结束》。“八年努

① 侯外庐（1903—1987），山西平遥人。中国当代著名马克思主义思想家、史学家和教育家。

力宣告结束”啊是，那个意思就是要退出现实政治。奔走于两党之间呢，就是现实政治，我呢，是要从现实政治里边呢退出来嘛，退出来干什么呢，那么有一天，我今后努力，致力之所在，在什么呢，在言论，毛主席嘛就回答我一封信，他说你参加政治啊，并不妨，不妨碍你说话么，言论嘛。他没明白，我要发表的这个言论啊，除了我一个人之外，旁人没有一个人同意的话，就我一个人的话，我一个人呢闷在肚里头好几年不能说的话。这话是什么呢，这个话就是，中国不能够行英国式的宪政。可是周恩来，马歇尔，以至于所有的人吧，民主党派、社会贤达、国民党都同意要模仿英国的宪政。只有我一个人不同意。我不能讲，我这个话一个人孤掌难鸣。我不能说。我说了没用，没有人听哪，大家都相信那个东西。国民党要那个东西，共产党要那个东西，马歇尔要那个东西，其他的参加的政军学，统统要那个东西，就只有我一个人，认为不对，那么这种，我的这种独特的意见，我是闷在肚子里头没法说。大家都是那样主张的，我，没法说。

那么所以我要不参加政府而说话。说我心里头，闷在肚里头想说而没有说的话说。这话就是说，中国不能行英国式的宪政。英国式的宪政是什么呢，是你在野，我上来，上来下去的那个，这个政治是不合中国需要的。

中国需要的是，有一贯的方针、政策，进行大规模的经济建设。这样子才能把落后的中国呀，才能慢慢地在世界上才能行呀，才能立国啊。你还是那个，顶落后的农牧业不行啊。可这个事情，有方针，有计划地进行，大规模地进行经济建设，政府不能是两党你上来、我下去的那个政治,你上台有一个方针,他上台有一个方针,调来调去,那怎么能行呢?是吧,一切的精神才干都用在党的竞争上头了,是不是?那不行。那不合中国需要。所以我这个话没法说。当时没有人同意,也没有人同情,同意。那么所以我要退出现实政治,来慢慢地讲我的话。把我的话讲出来。

伍:那么你当时主张的那个政体的形式应该是怎样呢?

梁:当时我是有一个主张,全套的主张。因为我还不敢,也想不到,想不到共产党整个能够统一中国呀,所以我就设想的一个体制,一个制度,叫作党派综合体。不同的党派啊,综合起来,党派综合体,把不同的党派综合起来,综合起来嘛,是这个,在基层,在下面,是很多不同的党派,意思说是不止于国民党、共产党,还可以有很多的党派,不过你总也得有一定的党员数字吧,一定的够一个格儿,够一个标准,你才能算一个党派,包含两大党,不同党派呢,要形成一个党派的综合体。下面是多党,可是越到上边呢,越是一个,要综合起来。综合起来成一个,比如三个人。底下多,中间嘛或者是,十几个人或者几个人,那么最后是三个人,三四个人。这个叫作党派综合体。

党派综合体的,可能性在什么地方?就是啊,大家把各自的哲学理论、理想放开。因为那样一做呢,每一个人都可以不一样。那就没法子成功了。这就是当前的问题。找出来确定的国是国策,是非的是,[ooo]。确定国是国策啊,就是当前的问题,就包含在国内怎么样,在国际对外怎么样,大家有几条相同的地方，就是，后来周总理常说的，求同存异，存异，[ooo]眼前可以存的地方就共存，就是能够有一个，在上层，在顶端，就有一个党派综合体，一个领导。原来我设想的是这样，没想到后来是蒋介石完全失败，蒋介石完全失败，他们退出大陆，没想到。

伍：这个设想是在国共和谈已经破裂了以后你想到的，还是？

梁：早就有了，早这么想。

伍：那在国共和谈中间你已经开始有这种思想在了？

第二次到延安

梁：啊，那么后来我第二次到延安去，就是向毛主席，向共产党，为了两件事。一件事情，说明我不参加现实政治，当时要组织联合政府嘛，我没参加。这件事情需要得到他们的同意和他们的许可。这是一方面。再一方面就是我所想要的，我所设想的中国的前途是怎么样子，我这样说明它。第二次到延安就是为了这个。

伍：毛主席一共，在这第二次见过你几次呢？

梁：第二次去嘛，是就住十天嘛，十天。就住十天嘛，就是我就想再要求，我希望，你们同意我不参加，现在的联合政府。这时候我说话，发表我的思想、意见。那么所以我就说明这个意见，同时就是啊，让他们谅解，同意我不参加。他们不肯，断然不肯，断然不肯我不参加政府。特别周总理，说，你这个，周总理很严肃地跟我说,你这个不行。我们哪,所谓我们就是包含共产党跟我们这个民主党派同盟。我们大家啊,我们是来敲国民党的门。国民党啊,本来关着门。它自己呀,专政,独占政权。我们敲这个门啊,让它开开门,我们大家进去。那么,它门开了,我们到了门口了,你一个人往回走,不进去了,这个不行。它很严厉地跟我说,这个不行,不许可。因为它这样子使我非去延安,自己去。跟共产党方面大家说明我的所以然,为什么要这样做,求得他们的谅解。

伍:那主席见到你了他表示……

梁:那当然他见到了,我就跟他说,我希望啊,也邀请你们党内的,连你在内,一共十个人,主要的、要紧的人物,十个人,那么我来说我要说的话。十个人来听,他说好。那么他就邀请了十个人,那么我讲了很长时间。

伍:大概有十个人。

梁:十个人么,十个,许多的人我也许啊,以前没有见过,现在不记得了。那么当然是没有周总理,周总理在重庆。

林:嗯。

梁:我记得有一个很注意的人,就是任弼时。

伍:噢,任弼时。

梁:那么旁人呢,让我讲的,旁人不发言,没有人发言。我的讲话呢有一些话呢,没有说得太敞亮,哪个话没说得敞亮呢?就是我没有说蒋介石下台或者蒋介石死,就是如果蒋介石还在,蒋介石还掌握着国民党的政权,那么我所有的设想都不行,那没有用,拿不出来。这一点呢,我口里没有明说,那么只有任弼时他听出来了。

伍:噢,哈。

梁:旁人没有人发言。任弼时说,噢,你是说蒋介石下台或者是蒋介石死了之后吗?我点头。对,我所设想的,有所设想,有所策划,这样的一个体制吧,那是蒋介石在就没办法了。是这样子的。他这个人是……

伍:哦,不能容人的。

梁:嗯。

伍:毛主席讲一些什么,对这个事情?

梁:毛主席也不讲话,就是任弼时嘛中间插了这么一句话。毛主席呢,他总是从来不喜欢这么呆坐着。我说么,他就在后面来回走路,低头听,你讲啊,(众笑)就那么来回走,停一停。朱总司令,朱德说了一句话,任弼时说了这么一句话,就是,啊呀,你这个设想呀,恐怕在三十年之后再说吧,三十年后再说。

伍:除了这个之外,你私人,单独会见毛主席,单独见过毛主席了吗,就是除了这个十人的会议?

梁:当然,我那次,第二次去嘛,是住十天。

伍:啊,住十天。

梁:这十天除了同他谈话啊,他说了一个[ooo],我有时到乡下去看。

伍:噢,你还到乡下去。

梁：看看。如何组织农民哪，他们组织……农民的组织呀，他们搞的，我去考察，去看。

伍：这等于是你第二次去。

梁：哎，第二次去。

伍：这个事情在毛主席已经到了重庆以后的。

梁：毛主席到重庆那时，完全不重要，已经结论的，什么双十呀，其实那东西等于一个废物。没关系，是吧，那个东西因为没有关系嘛，所以才开政协，重庆政协。

伍：那毛主席到重庆的时候，你还在重庆？

梁：嗯。

伍：噢，你没在重庆。

梁：我还在……从香港进来，在广西。广西么，先在桂林，后来在八部，地名呀，八部。八部属于贺县，恭贺新禧。

伍：对。毛主席到重庆的时候，好像没有接触过你。那会儿你不在了，你不在重庆，当时有好多的党外的人士都在重庆。

梁：嗯。

伍：你也没有到重庆去？

梁：我没有。

伍：这是第二次到延安，第二次到延安是你第二次见到毛主席。

梁：嗯。

伍：再以后就是建国以后的。

梁：哎。

“我是想要退出现实政治”

伍：那就建国以后了。后来你在成都、重庆想办一个学校，办一个学校。这个是在谈判，就是内战期间，解放战争期间。

梁：就是这个时候，就是还没有还都的时候，还没有回到南京的时候，大概就在四川的时候，我在四川的时候去了一趟昆明。

林，伍：嗯。

梁：好像是四月十八嘛，就去昆明，去昆明我就是想筹划一个，我自己办一个学院啊，学会机构，还是我的那个心思打算。就是我的思想，我对中国的前途的看法，旁人不了解，所以要搞一个我的讲学机关。可是从昆明回来嘛，就是又不行了，从昆明回到重庆，时局又紧张，不容我们办，大局安定以后的事情。办学术机关呢，办学术是要安定以后的事情。大家说你现在还是要解决当前的政治问题呀，又回来才担任这个秘书长。

伍：那在南京这个阶段是指哪，什么时候呀？

梁：在这个之后呀，那是四月尾嘛，回到南京，还都，都就是都城。

伍：还都的时候你并没有跟着他们来，你还是住在？

梁：没有，他们还都，我们就跟着还都了。我不能够，因为我已经置身政治旋涡里头了。他们正在还都的时候，我也跟着来了。人到南京了。在蓝家庄了。

伍：大概在蓝家庄一共待了有多少时间的样子？

梁：就是到末了那篇文章[①]。

伍：这些东西外边没有。

梁：那一篇就是讲我末后么，我就是退出来了，退出和谈，我不久就是我自己把我应当做的工作啊，自己毁坏了，自己把这事情搞错了。搞糟了。

伍：为什么你要这样说呢？

梁：事情是我搞糟的嘛，当然我就是只能这样是吧，我最负疚，我这一生，我心里头，很担心。

伍：梁老师，这本书[②]能不能我们也借一两天，把主要东西我们把它自抄一下？

梁：可以，可以。

伍：这里有好多文章呢，外面都没有，因为没有办法搞到。

梁：最重要的是末尾一点。

伍：如果要是北大能够同意我们复制，我们能不能复制一下？

梁：可以呀，可以。就把末后一篇复制一下。

伍：为什么呢？因为有些东西你已经在文章中就说过了，我们就不再想请老师再花不少时间来。我想问一问，就是后来你住在四川的时候，就是解放战争后期了，就内战后期的时候，

---

① 即《过去和谈中我负疚之一事》。原录于《梁漱溟先生近年言论集》，现录于《全集》卷六，第832—846页。

② 即《梁漱溟先生近年言论集》。

那有没有一定程度的危险性，因为蒋介石他们正在撤退，会不会把你也席裹走了？

梁：蒋方倒没有什么。就是偏左的方面或者是包含共产党跟当时的民盟，他们正在香港。就是和谈破裂，和谈破裂大家都去香港，就我一个人没去，没去他们就派人来接我，接我去香港，我没去，他们接的人呢，也跟我只见一面。

伍：噢，当时，你走[ooo]之后，走的，他们也希望你到香港去。

梁：是呀，他们都去，沈老呀，章伯钧呀，都去。

伍：你当时不愿意去的原因是，是什么呢？

梁：啊？

伍：你当时没去的……

梁：哎，咳，他们这，就是算是跟共方嘛是合作，我是想要退出现实政治，不搞，当时的现实的政治旋涡里头。我要跳出来，不问政治。因为大家都不了解我的思想，我要紧的是说我的话，写我的文章。

伍：还办那个学校。

梁：哎。

伍：那，在这几年中间，你基本上是在重庆和成都之间度过。

梁：不是，我就在重庆不远的北碚。

伍：北碚。

梁：因为那个地方我有一班朋友跟学生啊，我的两个孩子

都在那里，回到那个地方。讲给我的朋友听，写，讲和写。[ooo]

伍：主要就是著书立说。

林：胡应汉在你的年谱里头说，就这个时候，你跟他说，你不再想搞什么乡建这个事了。

梁：谁，谁说的？

伍：胡应汉。

林：胡应汉。

梁：噢，胡应汉，哦，这个胡应汉嘛，我这儿，我常常有信来，信很多。我没有说过不搞这个。

伍：胡应汉是你在重庆的时候就认识的，还是在？

梁：我在山东的时候他也去过。我在四川北碚的时候他也去过，不过，时间都不太长。不过在香港呢，他同我通信一些时候，很多很多。

林：嗯。

梁：我现在存着他的通信有很多，现在桌上还有他的信。

伍：基本上他一直是给你写信，跟你这儿。在香港他也还在，作……

梁：我在香港的时候他没在香港。……回来不容易，出去也不容易，回来也不容易。

伍：你说他这个年谱呢？

梁：嗯？

伍：跟他的年谱不知道你看了没有？他给先生写了一个年谱。

梁：我问他了，因为朋友告诉我，他是搞我的年谱，我就问他，我说你搞我的年谱，我没看到啊。他就给我寄来一份。

伍：我们复印了一套，林琪她复印了一套，那还是比较简单一点儿了。

梁：当然，他是，你离开我，不从我在一起，你搞年谱，搞不好。

伍：对，因为你刚才叙述了有些事情呢，他就没有记下来。

梁：他已经同我不见面，好久，不见面，好几十年了，还在国内的时候，到过山东的邹平，也到过四川的北碚，那离现在都是几十年前的事情了。

林：嗯。

梁：三四十年了。

从重庆回到北京

伍：那一直到重庆解放，国民党撤退，你等于才从重庆到北京来。

梁：可是，全国的解放啊，四川在最后。

伍：对，四川恐怕到了五〇年初大概才……

梁：哎，这就是，北京是四九年哪，毛主席在北京建国啊，四九年。当时百万雄师过大江，还是春天。

伍：四月份。

梁：啊，那么那个时候长江三峡又不通。就是那一年的，四九年的十一月尾，十一月尾，有三路大军入川。一路就是刘伯承、邓小平。这个叫作四野。噢，这个叫二野。

伍：二野，二野。

梁：这个叫二野。林彪那个叫四野。彭德怀、习仲勋那个叫一野。是从陕西、四川北部进四川。林彪、邓小平是从长江进四川的。他们进川之后，我才出川。他们进川，十一月尾，他们掌握了重庆。我在那个之后，用电报跟毛主席、周总理联系。他们说，好，请你来吧。我才出川。出川的时候是，好像是十二月一号。出川还是坐轮船出来到武汉。到武汉有停留。停顿之后，然后再坐火车到北京。到北京的时候，已经是一月，五〇年一月，五〇年一月大概十号，这个样子，一九五〇年一月，好像是十号。

伍：胡应汉先生的年谱上好像是讲，好像四川解放以后，你也曾表示过，不再想参加到政治上的工作去，不想就任像政协这样一类的工作。后来好像中央不同意这样做，才去。是不是？基本情况是不是这样？当时到了重庆呢，那是刘伯承的部队先到重庆，在重庆。

梁：入川，从长江入川。

伍：他们有没有跟你接触过？刘伯承这个？

梁：他上面，他们也有一个搞统战工作，搞统战工作有一个姓程的，宋朝大程和二程……有个姓程的搞统战工作，跟我联系，出川，也得到他的帮助。

伍：那时是全家到北京来的？

梁：哎。

伍：梁老师，今天就耽误你这么多时间，我们想要是明天的话，能不能就是谈建国以后的这段时间？

梁：都可以，【伍：关于新中国】都可以。

第七天

1980.6.26

毛泽东批评梁漱溟："我看你是伪君子"

梁：这个需要说的，就是我同毛主席呀，有一次语言冲突。

林：嗯。

梁：至于这一次的语言冲突啊，就把我同毛主席的感情啊，他对我的感情啊就伤了，伤了他的感情。在伤了感情之后啊，他就不再主动地派车接我到他住的地方去谈话了。他是住在中南海了，中南海的北岸。

林：嗯。

梁：中南海的北岸啊，有一所房子。它叫作颐年殿。颐就是颐和园那个颐，年嘛就是老年人的那个年，颐年殿。这是过去呀皇帝休息的地方，颐年殿紧隔壁，挨着就是叫作勤政殿，勤嘛就是勤劳的勤呀，政就是政治，勤政殿。颐年堂跟勤政殿啊是挨着的。每次呀就是从这个什么，从五〇年开始，从五〇年，五一年，五二年，五三年，这个四年，这个四年啊，他常常有时候派车，到我家里头来接我，那么进中南海了，他住的颐年堂呀去谈话。

可是呀，就从这个，一九五三年九月，这个语言冲突呀，伤了他的感情，那么他就不再派车接我去谈话了。所以一九五三年九月的这件事情呢，是一个不小的事情。我跟毛主席的感情关系就从这个一下就变了。他不再找我谈话了。以前他高兴派车子接我去谈话。在一九五三年九月以后，他就没有。所以这一次的伤感情的事情呢，今天要说一下。它这个事情呢，是很长的，很长呢，所以，如果我们要仔细讲呢，占很多的时间。所以这里有一篇文章呢，……这个是，就是这篇文章。

伍：这篇文章也没有印过。

梁：统统都没印。我的许多东西，都没有印。成本的著作统统没有。那个好多好几十万字都没有印。都没有印。这个题目上写着“一九五三年九月我犯错误的始末”①，这个写着“一九七六年补述”，但是根据自己的日记，好像贯穿起来写的，贯穿起来写的。这个回头可以拿去看，是吧。

我们为了节省时间呢，就是我大概说明一下就行了。说明

---

① 《一九五三年九月我犯错误的始末：一九七六年补述》，本书附录。

是怎么一回事。说明呀，就是一九五三年哪，一九五三年的时候，还是周总理呀，他是算是政务院的总理，不叫国务院。政务院之上呢，就叫作人民政府。人民政府呢有六十个委员，六十个。名称就叫中央人民政府，中央人民政府委员会。那么这个委员会的主席嘛是毛主席了。那么还有几个副主席，比如刘少奇了，周总理了，朱德了，还有当时的一个高岗，什么李济深，张澜，都是中央人民政府副主席。

这正是写明的了那个九月八日。主要都是九月的事情了。从九月八日开始，八，九，十，十一，一直到十九，十八了，十天。所以这个事情连续有十天，连续有十天，所以很长了。大略说呀，他就是在五三年九月，九月八日开头的时候，周总理邀集大家，请大家开一个小组会，那么他这个报告，向大家报告。报告什么呢？那么题目是《过渡时期总路线》。那么九月八日开始这个报告。那么他报告完了之后呢，他就嘱咐大家，根据他的报告，明天，就是九月九了，分组讨论他的报告，分组讨论。

那么分组嘛，就是分好几个小组了。那么我参加的那个小组呢，是有章伯钧，有曾昭抡①，有史良②，有什么等等。大约也有二十个人的样子。在那个组上呢，我就发言了。我就是说，这

---

① 曾昭抡(1899—1967)，湖南湘乡人。曾任民盟中央常委、全国政协委员等职。

② 史良(1900—1985)，江苏常州人。曾任民盟副主席、全国政协委员等职。

个过渡时期总路线哪，是根据过去的，已经有的文件写的。过去的这个文件都是大家已经通过的，在政协会上都通过的，所以我们没有意见。通过嘛，早已通过，可是这个时候在小组会上我是这样说了。那么在小组会上当然还有别人，还要发言的。那么第二天，还是周总理主持继续开昨天的会，周总理就问大家，大家讨论过渡时期总路线，讨论得怎么样啊？他眼睛呢，就看着我。因为我坐在离他很近。那么我就站起来说，我说是，大家都讨论了，是否不必呀每一个人都把昨天说过的话再说一遍了，就请我们那个，比如我参加的那个小组，那个组长呀，替组里头的人呢做一个综合的报告就好了嘛，不必每一个人再说了。周总理点头说好。那么这个时候，不是章伯钧是我们这个组的组长嘛，他就站起来说了。他说的时候呢，当然把我的那个曾经在小组的发言，说话的意思也都包括进去了，那么我以为这个事情就过去了。

可是，散会的时候呀，将才不是说我坐得离总理很近嘛，散会的时候，总理就从台上下来，经过我那个座位，他说，明天呐，还是请你再说一说吧，再发言吧，再说吧，那么我就答应，我说好。这样子嘛，我就回家就准备一下。准备第二天准备发言。

可是第二天呢，刚好，到会的人呢，是北京以外的，包含那个什么上海呀，天津呀，乃至东北呀，武汉呀，那个工商会议的代表参加，他们参加之后呢，都要发言。因为一个天津的发言了，工商代表发言了，那么上海也要发言了，那么东北也要发言了，武汉也发言。那么这样子嘛，就必须把会议的时间都占了。

都占了,我就递一个条子,给主席台上,给周总理。我说呀,应当尽量的呀让外地来的同志,让他们说话,让他们发言。我的这个,我写个书面的,回头我交给您嘛就好了。给他们时间,给他们用。我写下,你问我的意见嘛,我写一下,我交给你好了。哪晓得,散会之后呀,他还是嘱咐我,哎,他说你明天还是说一说,我说好。

伍:他这是第二次嘱咐你。

梁:啊?

伍:这是第二次又重复地嘱咐你。

梁:啊,嗯。他硬要我说嘛,我就说。可是第二次一说呀,就惹出祸来了。(笑)惹出祸,惹出问题来了。第二次大致上这个话呀,就是我就提出来呀,这个问题,话很多了。

伍,林:嗯。

梁:其中提到一个问题,什么问题呢,我说是呀,北京这个地方,有些个动工的,啊,建筑呀。

林:嗯。

梁:这个动工的,除了有技术的工人嘛,之外呢,有一种补充的就是和和泥呀,什么搬搬砖呀,这样就叫小工。这种小工是什么人都会做的。

伍:我们就叫作技术工人和非技术工人。

梁:啊,这种小工呢,待遇也很不错,好像一天呢有一块二毛钱。可是在北京城外头的农民呢,他的生活苦,他哪里一天能够有一块多的好处呢。(电话铃响)就是农民啊,就纷纷地往城里走,因为城里一个普通的小工嘛工资那么高哪,农民哪里有那个的。都跑来做小工,纷纷地跑城里来,这个城里头,北京市的市政府呢,这么多人跑进来不行啦。他们又送他们出去。就有这么一个问题。

林:嗯哈。

梁:就是谈到的这个,这样说出来嘛,就说出来农民跟工人的待遇呀,相差很大。我意思就是指出来呀,这个现象啊,这个事情不好了,不妥当。可是我这个时候用了一句话呀,是很不好听的话。其实这个话不是我说的,那是旁人说的,(笑)我也拿来说就是。什么话呢,就是工人农民呢,生活呀九天九地之差。当时呀,周总理也没有注意这个话不好。他忽略了,他忽略。

可是后来呀,就散会了,散会嘛,周总理每一次他总要向毛主席报告,就是这一天的事情。他就把这个话呀报告了。他没有注意这个话不妥当。毛主席听了大怒。怎么大怒呢,他就说呀,我们的政权,就是共产党现在的政权呀,是以工农联盟为基础。这个见诸于文章的。他这个话呀,破坏工农联盟,严重问题。我不晓得,啊,我不晓得。可是,人民政府会议还没开完,还没有开完呢,那么就是这个,我请求发言。因为,我知道毛主席有误会的,误会我的话。

伍:你也知道。

梁:我听说了。啊,那么哪里晓得啊,那个话就是在小组会上啊当着周总理说的话,是不好了。有破坏工农联盟的嫌疑啦,说工农生活九天九地之差不好了。周总理没注意,是吧。那么向毛主席一报告，毛主席注意了。要我在这个会议上，这个会议是正式会议，不是周总理主持，是毛主席主持的。我认为，我应当是这个，昨天是怎样说的么，今天还是怎样说，我才算是，算是老实了。你不要自己，含糊嘛。

伍：掩饰。

梁：那么我又在这个会上又说一句，又说了这个(笑)，农民工人的九天九地之差。

伍：对，这是最……

林：嗯，嗯。

梁：那么，在这一天的会上啊，这本不是第二天会上，可以按这个，看这个文件上的，这个文件是一天一天地写，连续写下去了。啊，就是次日怎么样，又次日怎么样的，从九月八日起，九日，十日。那么一直下去，一直到十八嘛。这个是十七，十七日我还去开大会。十八日午后又开会。这个时候呢，我犯一个错误了。一个重大的错误。(笑)前头不说了。打这个说起，十七，从九日起到十七的。十七日间呢，由章伯钧发言先批判我，接着么又周总理追述旧事，说我一贯反动。长篇大论，内容不免牵强。就是把我过去的言论行动呢说得很重。

林：嗯哼。

梁：说我反对国民党，反对共产党。那么我就起立请求发言。主席台上宣布，许我明日发言。会期延长一日。就是，本来这个会呀，定在那一天就结束了。那么现在出了问题，我请求发言。因为周总理说我的话，我认为我不是那样。

林：嗯。

梁：那么我请求发言的，会期延长一日。那么会后回家呢，我自觉我没有反对总路线的事实具在，何能加我以反对总路线的罪名。用高压手段对付我，岂能甘服？我必须嘛顶回去。我闭门谢客嘛，起草明日发言的底稿备用。

十八日午后开会，我就登台发言。（笑）闯乱子就是这一天了。十八日呀，我登台发言啦，我就说，我从来没有反对总路线，说我反对总路线啊，是诬赖我，我要看看。但是毛主席说了一句，我反对总路线，还是起先说的，所以我要看一看，毛主席有无雅量，收回他的话。哈哈（笑）它是主席台了。主席呀，副主席呀，那个发言台呀在前边，发言台站着，在前边。毛主席在这儿一拍桌子，哈哈哈，（笑）"我告诉你，我没有雅量。"我说我要看毛主席有无雅量，"我告诉你，我没有雅量。"

伍：噢，哈，哈哈。

梁：就这样一下嘛，我本来预备得很长的发言的，辩辩我并不反对总路线啦，是吧，底下就哄起来了。底下参加会议的，就是参加人民政府会议的人，还有后边的后座，后座是这个……

伍：列席的。

梁：列席的。列席的政协委员算列席的。中央人民政府委员坐在前头的，大家都站起来了。站起来，揪他下来，不能让他说话，那么，他们不让我说话，我就下来了。下来了嘛就是好几个人，每一个人上台发言呢，都是批判我，大概是，先发言的好像是，我不管他了吧。好几个人上台，发言批判我。

伍：梁老师是不是能提供在后来继续发言的有哪些人？

梁：这个上都有，可以看。咳。

伍：那么会议就延长了一天？

梁：十八日嘛，十八日我登台发言首先说，我自视没有反对当前的路线，那毛主席嘛，却诬说我反对，我今天要看看他毛主席有无雅量，把他的话收回去。啊，当然毛主席厉声说，告诉你，我没有雅量。会场众人就振动了。

伍：哈，哈。

梁：我，我还想发言呢就不行了。群众哄然起立了，阻止我再说下去，气势汹汹。那么我只好下台了，终止发言啊。回座后嘛，自己忽然清醒，平静从容。心里头，没有跟谁对抗的意思了。

林：嗯。

梁：于是有陈铭枢、史良、荣毅仁①、李维汉②等六人相继发言，对我批评。毛主席席间呢，别有插言。就是旁人说话时候，【伍：插话】。有几次，别有……不止一次。一次说，"人家说你是好人，我看你是伪君子。"一次说，你虽不是以刀杀人啊，然而你是以笔杀人，说你从来呀，你写文章啊，你主张言论都不对，你虽然不是像蒋介石以刀杀人（笑着说）。

伍：哈，把你说成是像刀笔吏式的人物。

---

① 荣毅仁（1916—2005），江苏无锡人。民建成员。新中国成立后曾任中华人民共和国副主席、全国政协副主席等职。

② 李维汉（1896—1984），湖南长沙人。新中国成立后曾任统战部部长、全国政协常务秘书长等职。

梁：你，你算是这个啊，你的言论可以杀人。末一次说，对你呀，非只不开除你这次的政协委员，而且下届政协委员仍然要有你。为什么？因为你能迷惑一部分人，还有少数群众蒙信你。就是说我还有群众。所以嘛，不但现在不能开除你，下一次政协还要有你。底下就没什么重要的了。

在这个之后呢，主席台上就是提出来表决。对我的问题举行群众举手表决。就是把我的问题交付政协全国委员会讨论处理，怎么样给我处分。它由主席台上提出来了。说是某人啊，这个应当交给政协开会讨论加以处分。那么大家如果同意就举手通过，大家都举手，那么就是通过了。通过了把我的问题呢交给政协（笑）去讨论处分了。

照这么说，那么我就回家了。回家嘛我就（笑）写个信给政协。主持政协的，实际上办事情的是陈叔通①，啊。陈叔通是副主席，政协副主席。还有一个嘛是秘书长，是李维汉。

伍：李维汉，那是中央统战部那时是部长。

梁：哎，统战部部长也是政协的秘书长。政协也是，他算也是副主席，副主席兼秘书长。政协呢也就是这样，他们两个人呢主持。

伍：陈叔通嘛也是民主人士。

梁：啊，当然是。

---

① 陈叔通（1876—1966），浙江杭州人。新中国成立后曾任全国政协副主席等职。

伍：全国工商联的人士。

梁：那么我就写信给他们。我说已经大会上表决了，要给我处分了。那么我就在家静候处分。（笑）一些个会议啊，我不出席了。我请假了。我在家住，静候处罚啦。可是这个信去了之后啊，还陆续有通知给我，开会的通知。那么我就又补一封信去。我说通知嘛我都收到了。因为我现在不是在家里头反省嘛，等候处分啦，我不出席哎。可是李维汉就回一封信，通知我们照发。开会的通知都照发。有些个请客，就是请帖也照发。来不来由你自己。那么我是自己觉得我是请假呢，我就不想去。

旁的朋友，过了些日子，旁的朋友说是，你看他这个请帖呀，这个通知呀，老是来。你老是置之不理呀，这个不好。请帖来了就是还是让你去开会呀，是不是。还是让你到，你就去好了。后来我想想，就是这样我就去吧。（笑）于是去了。去了我一方面去，一方面写信给李维汉，给陈叔通，我说是这个，我现在嘛收到请帖我都还要出席。不过嘛，我是犯了错误了，犯错误我请求啊，召集个会，我自己呀，当众检讨。也没有消息。没有答复我。后来我又再去问，还是问他。李维汉就派一个秘书长，你呢告诉他——副秘书长——告诉他，不忙。可是就没下文。也没有给我处分。（笑）。就这样没有下文下去。

伍：那现在公开发表的毛主席的那篇文章①是不是这次的

---

① 《批判梁漱溟的反动思想》，《毛泽东选集》卷五，人民出版社，1977 年，第 107—115 页。

插话，好像另外一种会议一样。

梁：就是这个，那么《毛选》五卷里头那一个，那个其实没有把将才当场毛主席说的话……其实没说，五卷里全没说。毛主席不是说了三次话吗？人家说你是好人，我看你是伪君子。你虽然不以刀杀人，（笑）但是你以笔杀人，这又一次话。最后一次话就是，不但这一次我们开会不开除你，并且下一次我们政协还要你。嘿。（笑）为什么，因为你还能够迷惑一班群众，一部分群众。

伍：现在发表的这个文章啊，比较长。那就是说他的插话啊，也还是比较长的，不是三言两语的。

梁：现在这个五卷里头跟那个不同，跟当时在场的情况不同。

伍：不同。

梁：这个是后来的东西。后来编辑五卷的时候不知怎么样子，那我们不清楚了。没有将才我当场听到的那个三次的发言，那个三次的讲话。

伍：后来也就没有结果。

梁：就没有结果嘛，我等候处分（笑）渺无下文，渺无下文。

伍：毛主席本来后来有没有跟你打个招呼，这个事情究竟怎么样？

梁：就是从这以后嘛，就不拿车接我去见面了。（笑）

伍：那你就没有见过……

梁：以后还虽然见面，没有派车接我去，到他家里坐下来，从容谈话，这个没有，这个没有。

伍：海外周鲸文的文章。

林：对，在香港有一个周鲸文先生。

梁：周鲸文，他是东北人。

林：他提出了这个事情。

梁：噢，他怎么说的呀？

伍：对，就是，我想，你看，你同[ooo]谈话，海外有些文章，就是周鲸文，这个委员，大概也是政协委员，恐怕过去。

梁：的确。

伍：啊，他讲这一次会议，有些就是跟你讲的完全一样啊。就是主席拍了桌子，很生气，他好像说中途还发生过这样的事情：就是陈铭枢委[员]，陈真如委[员]，他好像还问毛主席，他说那么梁先生这个问题是政治问题呢，还是思想问题？

梁：哎，对，有这个话，有这个话。

林：嗯。

伍：毛主席【梁：是思想问题啊还是政治问题】，他说毛主席好像还沉默了比较久的时间，不是马上就回答了。好像想了一会儿，然后就说，啊，思想问题。

梁：啊，有这个事，这个事有。

伍：啊，周鲸文的那个文章里的意见好像是说，陈铭枢这样做呢，对你的一个好像帮忙。（笑）因为不然会把事情领入到另外一个方面去，更麻烦。

梁：作为政治问题嘛，就是严重了。（众笑）思想问题嘛也就是个轻一点，是有这事情，陈铭枢是问了。所以才跟没下文有关系啊。应当表决了嘛，交给政协去讨论加以处分，可是没有处分。

伍：那这次会议等于，它的后半截就不是在开正常的中央人民政府委员会了，而是对你的问题。

梁：还是属于中央政府委员会，延长一天，多开一天。专为我的事多开一天。

林：嗯。

伍：那你的发言以后，会议仍然按照他们原来的议程在进行。

梁：没有，没有，我发言之后嘛就是这上都记得了，一个人一个人都是批判我，看这个记录就是啊。

林：嗯。

梁：于是有陈铭枢、史良、荣毅仁、李维汉等六人相继发言嘛，对我批判。

伍：我是说，在你讲话之前不是还有七号还是八号还是九号啊，你不是作了第二次对[ooo]讲话吗？就是讲话中间有九天九地之说嘛，这以后基本上还是按照原来的议程在开会，并没有……

梁：不是，跟这个，那个会就是，已经就是，问题还是。

伍：对于这个文章。

梁：就，还是带回去的好，看这个东西好了。（笑）

林：嗯。

梁：它一共有六页，一了，六了。它把某一天，某一天，一天一天地写过了，有些是我，我愿意。（笑）

伍：解释。

林：嗯。

梁：所以好像都有文字记载的，很清楚。

林：啊哈。

梁：今天嘛我就是想起来把这件事情说一下。

伍：好像不久，尽管没有开会怎么处理你的什么问题，啊，（笑）但是到五四年就开始搞一个批判老先生思想的运动，好多人写文章就是。

梁：那个是……

伍：跟这件事情有没有什么关系呢？

梁：怎么没有关系了？

林：啊哼。

梁：当然有关系了，那是，还是北京啊，是各种的刊物、报纸都批判。

伍：对。

梁：外地也是，有那么一年差不多。除了文字之外，还召集会来着。

林：嗯。

梁：召集会。

伍：噢，还召集会。这些会还邀请你去参加的？

梁：哎，召集会是在那个。

伍，林：科学院。

梁：科学院。科学院，郭沫若嘛是院长。他，第一次会到了。主持会的是潘梓年①。

伍：潘梓年，搞哲学的。

梁：啊，那个晓得吗？

伍：我知道。

梁：好像两个礼拜开一次吧。被召集来的人大致有八十，八十多个人的样子。我第一次嘛，第一次我发言的，说话的，后来嘛，潘梓年告诉我，你不必发言，就听大家说好了。

伍：好像我们读的材料中间，郭沫若当时讲了一些话，好像你还对郭的讲话有一些自己的看法，有没有这么一回事情？

梁：噢。

伍：就是具体说，就是郭说你这个思想，解放前后一直没有变动过。你说，是的。我这个，如果说没变动，也有这种，是吗？

梁：差不多，差不多。

伍：你有没有跟郭本人再就这事情谈？

梁：没有，这是因为，倒是，在这个会外，我去找了一次潘梓年。我去看一次潘梓年，因为我提一个问题问他，潘梓年翻译过一本柏格森的书。

---

① 潘梓年(1893—1972)，江苏宜兴人。曾任中国科学院哲学社会科学部副主任、哲学研究所所长等职。

伍：噢，柏格森，[ooo]，法国的一个。

梁：啊，他有一篇序，按翻译那个书。并且在那个书出版的时候他有些很长的序，称赞柏格森。

林：嗯。

梁：翻译这本书，我有一次去找他，我是去问你现在怎么样子，对柏格森的思想怎么样认识，因为我是很喜欢柏格森的。

伍：对，对。你，柏格森生命派哲学。

梁：他就，不大好回答我。

伍：这个事情就是发生在这科学院举行批判你会议的期间？

梁：同天，同天。

伍：他有没有办法就这个问题，你问他现在对柏格森的生命派哲学……

梁：有一个小辞典，那里头有柏格森这一条，这个问题，完全不是一个介绍他的思想的话，而，嘿，全面的都是一个骂他。

伍：批判了，哈哈。

梁：批判都说不上。（众笑）完全就是臭骂。（众笑）我问潘的意思，潘也不好回答。（众笑）有这么一回事。

伍：对，后来还留下来两本，就是说批判先生的思想的论文集子，一册，两册。好多的文章就是这个时候开始写的。这个啊，也没有什么结束的什么，就是开开会而已。

梁：就是没有下文。

林：啊哈。

梁：应当说是给我加以处分嘛，没有下文。后来就不提了，我还问，我说，给我一个机会，我自己当众检讨。他[李维汉]派一个副秘书长告诉我，不忙。

林：嗯。

梁：他们也总不提，就这样子，就这样过去了。

伍：以后你就没有，私人过，就是毛主席用车子接你去晤谈？但有时候在大会上也会见到，见到面你也没提这件事情，他也没提你这件事？

梁：嗯，当然，不提这个事情了。他不会提这个事了。我也不提呀。但是有一次，好像是，开会嘛，毛主席，大家都聚齐了，毛主席来了。来了之后嘛，他一个个地握手，那个时候正在批判胡适。

伍：对，对。

梁：那么，到我这儿嘛，他还也握手了，握手嘛，我[ooo]。他就说一句话，批判胡适你看到了吧？他问我。我说是，我跟胡适不同啊。（众笑）毛主席说，那我晓得，那我晓得。（众笑）没有多谈。

伍：对，后来有一个批判，从俞平伯①的红楼梦开始，然后转入到批判胡适的思想。这样一个，这件事情呢。

梁：这个问题就是这样，是吧，可以拿回去看一看。

---

① 俞平伯（1900—1990），原名俞铭衡，字平伯，浙江湖州人。与胡适并称"新红学派"的创始人。

伍：好。

梁：那么今天我们谈些什么？关于“我与新中国”还有什么谈的？将才这个算是，算是“我与新中国”……（笑）

伍：对，就是一桩公案了，这个事情好多外面情况不是很熟悉的，比如说，不少人以为，毛主席有个专门的发言，其实毛主席并没有专门的发言，只不过是，在跟人讲话中间他不断地有一些插话、插言。

梁：三次，跟《毛选》五卷啊不相同，《毛选》五卷的里边嘛就是，提到我们相熟这一点。看到这个吧？【伍：对对，看到这个。】他同我相熟。有这么一句话。

伍：也提到他过去跟你的交往，也提到过这样的话，他对你还比较熟悉，好像他过去没有赞成过你的主张。

梁：啊，对，也算是批判我，是说我的思想错误了，在那篇文章里，那一篇完全就是，题目就是我。

伍：对。

梁：提到我的名，还有他那一本其他文章提到我的啊。

伍：也有，好几次。但是都跟这件事情有一些直接的和间接的关系。也是提到这件事情。这些事情现在已经过去二十多年了。而且，问题的那一面也已经故去了，毛主席也不在了。这个时候应该说，如果说哪，当时大家，比方说，毛主席还动了一些气呀。或者你不免还有一些激动啊。你现在来看这件事情，你觉得双方怎么样？就是这个问题在处理上？

梁：可以说是，在党方面呀，政府呀，对我没有什么【伍：处分】了，就我自己说呀，毛主席他算是一个全国的领导人，元首呀，我这个态度，不好。态度不应当那样一个态度。因为他是过去呀，他对我十分优容，结果到他这儿谈话嘛，结果就跟一个…… 忘其所以。跟他好像是平等的。其实不应当这样。应当对他有礼貌，应当尊重他。

伍：对事情的本身比如他讲话的一些内容，你现在还有一些什么想法？

梁：内容就我当时听到的，就是那个三点。第一句话，人家都说你是好人，我看你是伪君子。主要的就是头一次呀。第二次话就是，你虽不以刀杀人，但是你是以笔杀人。这第二点。第三点就是说，不但这一次政协不开除你，并且下一次政协还要有你，为什么？因为……

伍：这三点在那一篇文章中间呢，都有这样的观点，都有。就是毛主席的那篇文章啊，都有。但是他有好多的，不仅是论点，而且好像好多他的材料说明他自己的这个观点，反映这个观点，当时在讲话时候，毛主席没有讲。

梁：没有这种讲话，当时倒是周总理的话说得多。

伍：对，海外的人当中也讲了，周总理在这之前有一个很长的对你的讲话，你现在还能记得大体上的精神是什么？

梁：他就是，可以说是就是四个字，就是说某人一贯反动。

林：嗯。

梁：就是一贯反对我们的，这个话不够事实。

“我负疚之一事”

伍：你过去跟周总理私人的接触机会还多呢？

梁：那，就是，不能再多了。另外，除了他们党内的人跟周总理接触多之外，党外人跟周总理接触多，不能再有第二个人了。

林：嗯。

伍：梁老师是不是可以在继续接触中间你还能提到有些比较，印象比较深的，或者他对你的意见、看法，或者你向他提供的一些、贡献的一些意见？

梁：那就那一本东西①，不是昨天拿去了？

伍：噢，拿去了。拿去了。

梁：没带来？

伍：没带来。因为我们还想把它看看，摘一些主要的东西记下来。

梁：那里边有一篇。

伍：《八年来》②？

梁：我最后一篇《我负疚之一事》③。那一次是一个啊，比较重大的一个事情。有一次，那我说，我负疚嘛，我就是，我

---

① 即《梁漱溟先生近年言论集》。

② 即《八年努力宣告结束》。

③ 即《过去和谈中我负疚之一事》。

错了。

伍：你觉得问心惭愧的这个思想啊。

梁：那一次呀，是对他刺激很大，对周总理刺激很大……还记得。咳，每一部本子我都，就自己记得的说一下啊，就是要确定一个，解决国共之间的问题争论的一个条件嘛，方案吧，我一个，莫德惠[1]一个……

伍：莫德惠，对。

梁：啊，青年党的李璜一个，【伍：李璜】啊。我们三个人。就拿着最后的解决问题的方案啊，去到梅园新村去见周。同样的这个方案，去，另外三个人，另外，我们将才不是三个人吗？

伍：三个人。

梁：另外三个代表送到孙科[2]那里去。【伍：国民党。】

孙科算是国民党的首席代表。那么，还有一份呀，是送给马歇尔的。内容呢是相同的。就是算是我们一个最后的解决两党纠纷争论的一个中间的，我们中间人的一个决定，就算一个方案。我不是跟莫德惠、李璜三个人嘛，到梅园新村来看周总理。我就根据这个方案啊，一条一条地，说给他听。文字也写好了，交给他了。好像还说明一下，我刚说了头一条啊，他就急了。

林：嗯。

---

① 莫德惠（1883—1986），吉林双城人（今属黑龙江）。民国时期曾任“制宪国民大会”代表等职。

② 孙科（1891—1973），广东中山人。民国时期曾任国民政府副主席、立法院长等职。

梁：他就急了。他就从这个房间，开会的房间，周坐在这儿，我坐在这儿，挨着我，李璜、莫德惠坐在那儿。他就站起身来呀，出去了。还用力地甩开那个门。

林：嗯。

梁：拿来一个文件，他说，我是怎么样子相信你们。啊，你看，我给延安毛主席的这个见闻，我是怎么说的。可是你们，想来，现在这样对我。那我们这就，不是朋友了。在这个时候啊，几乎声泪俱下。他着急得很，着急得很，这个时候他们这个梅园新村，住着上百人呢，上百个人呢，大家都跑出来啦，跑出来呀，在那个院子里头从窗户看。

那么我一看这个情况，我也慌了。（众笑）这个时候，就是那个李璜啊，我慌了，我就不知所措了，莫德惠就哭了，流泪了。李璜就说，不要紧，不要紧，就是这个，我们收回，我们收回，就是那个文件。他就说收回。那么，他就跑出去，回到民盟总部蓝家庄。把什么黄炎培呀，罗隆基，找来，他说就是中共方面不接受这个条件，这个什么得很，愤慨得很，赶紧要收回，这个不算。

那么，他就去，坐着汽车就跑到孙科家，跑到孙科家呀。孙科那儿方面，已经收到了这个文件了。那么，孙科也召集了他们党内的人在那儿研究了。客厅里头，地下摆一大的地图。客厅里头啊，地下一张大的地图。陈诚①呢拿一个棍子在那儿指。

---

① 陈诚（1898—1965），浙江青田人。民国时期曾任国防部参谋总长等职。

那么黄炎培呀，罗隆基呀，大概有李璜嘛，进去呀。陈诚拿着棍子在那儿指地图，就说，你们这样子呀，你们太帮共产党忙了，把那个好的地方呀都划给他们了。（众笑）黄炎培据说是，不要紧，我们还可以再商量，再研究。刚好，送他一份的那个文件呢，也放在案上啊，在那儿摆着。黄炎培就拣起来，递给罗隆基，嘿，我们回去，我们回去再商量，就这样。就把它收回来了，赶紧从那里就看，到了梅园新村告诉周总，这个不算，你不是生气吗，认为这个不能要，现在已经收回来了。我负疚的事就是说这个事情。

伍：那马歇尔呢？

梁：马歇尔那个也去取了。他还没拆开来看。

伍：噢，哈，哈。

梁：也是去了。

伍：是不是实际上就有一点南北分治的味道在里面？

梁：不是，它是一些条文。你看那篇文章《我负疚之一事》，当时周总理十分愤慨的，究竟是哪一条，哪一点呢，我在那个文章里头还是我推想的，因为他没说出来。

林：嗯。

梁：啊，那个文章的末了，我推想，可能是在这个地方啊，他不同意。他认为不行，要不得。认为于他们很不利大概是，啊，还是看这个文章。

伍：我们昨天因为整理，没有，还没来得及看那篇文章。那解放后，你也多次见到过周总理，就是建国以后。

梁：建国以后嘛，就差了。因为他太忙了。没有再必要的交涉的事情了，是吧。没有必要交涉的事情。我们去占他的时间是不相宜了。没有要跟他解决的问题了。

伍：他还来过，看看你？后来是在……

梁：还是，他就是我五〇年初到京的时候，还容易见面。那时候他这个政协还没有人大代表。政协啊，比较……

伍：作为一个立法机关。

梁：政协还比较重要了。那么这个政协人也少了，现在是已经超过两千了。现在政协委员超过两千，那时就一百五十个人，那时候容易见面。有许多公开的会呀，政协的会，公开的会。也还有什么国庆节，五一节什么的都有。我们那时候重要的解决的问题，没有……

毛泽东“想拉我进政府”（一）

伍：先生这样子的跟毛主席冲突的事情，在整个“文化大革命”中间啊，有没有对你有一些影响，或者是怎么的事情发生过？

梁：好像倒没有什么。不就是，关于那个“批林批孔”……（电话铃响）

伍：粉碎“四人帮”以后，啊。

保姆：电话错了。

梁：批孔那事，我说过了。

伍：说过了。那个事已说过了。就是粉碎“四人帮”以后，华主席粉碎了“四人帮”，在各个方面啊，气象换了，比较对那个新的情况，思想也获得了一些思想解放了。你就当前我们搞四个现代化呀，在这一方面呀，你还有一些什么想法和意见？

梁：我没有什么。[ooo][梁说对四个现代化没有意见。参考记录而补充。]这个《追记在延安北京迭次与毛主席的谈话》①，毛主席谈话不已，迭次谈话，不是一次了。那么除了这个，在那个小册子上发表的之外，现在嘛，这篇文章，主要嘛是追记一九四六年三月，我又访问延安的谈话，以及一九五〇年到一九五二年之间，我在北京的几次晋谒时的谈话。哎，五三年，对，那么一次次地记了。一九四六年三月访问延安的谈话，就是那个旧政协开会后我说了一些。英美式的宪政不能合于中国国情。

伍：不合中国国情。

梁：不适合于中国国情。就是提出来一个党派综合体，就是那种算是甲或者乙，以及一九五〇年后在北京中南海颐年殿的几次谈话。一九五〇年三月十二日的谈话。这次为什么到，我是一九五〇年一月到京的，可是，我到京的时候，毛周两位都在莫斯科。他们呢，是跟苏联搞中苏的友好条约，之后嘛，三月十一吧，三月十日，我在统战部安排下，随着党内领导人前往前

---

① 见《追记在延安北京迭次和毛主席的谈话》，《全集》卷七，第436—453页。

门东车站迎接他们两人回国返京。次日晚间举行欢宴，我也被邀参加。席间嘛，主席告诉我，明天晚上我们谈谈。十二日晚七时后，在颐年堂见面。这是这个，北京的。

伍：第一次。

梁：头一次谈话。这一次谈话嘛，大略的，这个底下记了，大致嘛是这样子，他这就问我，他说，这一次，你可以参加政府吧？那么我迟疑，我迟疑一下，我回答说，把我摆在政府外边不好吗？

伍：啊哈，对，这个，我们看到了。

梁：哪里看到？

伍：在那个年谱上，年谱上有。就是你希望能站在政府外面。

林：这个不是他在北京跟毛泽东见面的时候，这个是还在北碚的时候他们电话。

伍：我记得我读到好像有一篇文章，是先生写的，还是什么，就是到北京来以后，你有一度时间希望自己不参加政府的工作，而毛主席他们不同意，还是要你去参加。

梁：这个我也简单说一下吧。就是，去车站去接他。那么他说明天晚上谈话，车来接我嘛，到他家门口，到颐年堂，谈话。谈话嘛，他开口一句话嘛就是说现在，你可以参加政府吧？我迟疑一下，迟疑一下，就是没有很快地回答。迟疑一下，马上就回答呢，把我摆在政府外边不好吗？

林：嗯。

梁：我说这个话是在我一方面有意思。为什么这样说，有我一方面的理由、缘由、缘故的。就是，我是从四川出来的了。四九年建国的时候我并没在北京，我还在四川呢，我在四川的时候，我不知道我讲过没讲过，四川嘛解放在后。

伍：哎，对。

梁：四川解放在后。这个有三路大军入川。三条路，一条路嘛就是刘邓大军。

伍：对，这个讲过了。

梁：啊，啊。刘邓大军。再一路是林彪。再一路是彭德怀，从北边到成都。那么，我看见一个情况不好。什么不好呢？就是，林彪的部队呀，待遇好，装备好，而刘邓呢，不行。不一样，完全不一样。比如穿的，军人穿的衣服呀，林彪这个就是呀，军装很整齐呀，很漂亮，武器也很好，可是那个刘邓的不行。虽然在成都的那个，我没看到。就是那个彭德怀、习仲勋的，他是从陕西到成都中下来，我没看到。可是，两路大军进重庆的我们看到了。

那么我那个时候呢住在北碚，有我的学校，住在那边。他们的军队呀，军官呀带着军队也到了北碚。那么有一个营长吧，去看我，我不认得他，但是他知道我。啊，他去看我。他留下一个车，汽车呀。他告诉汽车司机，说是"你就留下这里，啊，给梁先生用"。并且他劝我，他说："明天呢，你坐这个车到重庆城里看一看呢。"因为北碚这个地方离重庆还有一二百里路。那么我就答应他了，也预备去重庆看一下了。

那么,第二天嘛,一早我就坐着他给我的汽车去重庆了。去重庆嘛我是住在一个朋友家,特园,那个朋友家。到那个地方之后嘛,那个汽车司机送到我之后,他就是说:"我去吃饭。"他说他去吃饭。我说:"好吧。"他说:"我吃完饭再来。"就定了。那么等到回头啊,他再来的时候,他告诉我,他说:"不行了,我这个车呀,被另外一方面的军队抓住了。"我不是将才说有林彪的,有刘邓的嘛,抓住了。"所以我不能给你用了。我那个军队支配我呀,我只能听他们的话呀。"

所以,简单地说了,就是,这个两路到重庆,一个是林彪的一路,一个是刘邓的一路。他们两路呀,我将才说嘛。他们本身的军队装备不一样,一个好,一个不好。那么他们呢,到重庆这个地方呢,都是来接收了,原来国民党军队跑了。那么这是,这财产呢,东西呢,嘿,嘿,(笑)他们两路,不同的军队也争夺了。就像他说,汽车,这个说是给我用,这方面收回了,那个就给抓走了嘛,如此之类呀。

我就觉得这情况不好,同时呢,后来不是宣布全国分六个,六大区,六个大区嘛,就是什么西南了,中南了,华北,华东啊,六个大区,我就觉得这个情况不好,这个情况啊,就是又要出现几十年来地方割据的情况,是吧,各霸一方。当然后来,刘邓算是负责这个……

伍:西南。

梁:西南的了。林彪撤回去,中南了。

伍:中南。

梁：啊，如此之类了。还有华东的了，华北。我看又要落到一个，全国又像是过去几十年，军阀割据的局面，很容易落到那个地步。这是一点。再一点就是，共产党的江山，毛主席领导的江山，必须是稳固呀，不然的话，蒋介石是跑了，但是会不会反攻回来。这个前途我不敢保啊，前途不敢保。

而我这个人呢，是好像在社会上已经为各方面所承认的说，是可以对各方面说话的一个人，那么代表社会说话，能够各方面，得到他们的尊重说话，那么我要保留我的这个身份，我要参加了这边政府呀，我就，难，以后难跟那一方面说话了。所以我就是犹豫呀。

我就说把我留在外面不好吗？可是这样一说呢，他不喜欢，毛主席不喜欢。于是，你不跟我们靠拢。（笑）这才心里不愉快。这个不愉快呀，他也就不自觉地有流露。怎么流露呢，他就是谈话嘛，谈这个话也就是很重要的话，旁边，伺候的人就来问，已经夜里十二点了，开饭了吧。问毛主席。毛主席说，开饭了。我就插一句话，我说我是吃素的，那么给我有一两样素菜就好了。毛主席说，不！全要素菜，今天是统一战线。（众笑）听听。全要素菜。话是可以这样说了。可是接着一句话就是，今天是统一战线。（笑）就是他，表示他心里头呀，是要拉我。而我，好像是不那么热心。

那么，后来嘛当然还谈了许多话了。他就坐下吃饭。吃饭的时候，主要是四个人吃饭。我跟毛主席之外，加上江青，加上林伯渠，林祖涵，他是秘书长。当下嘛，毛主席还问我许多个人的事情啦,你在北京,你喜欢你住什么地方了。我想住颐和园。那你就住颐和园。那么你要出门呢用车,尽管让他们派车给你。如此之类的。并且吃完饭又谈一些闲话了。我就要走了。我走了,他一定要送我。我认为他很忙吧,不一定要送我。他一定要送我。到了颐年堂门口外边,看着我,上汽车,才回去。可以说是很优礼的。

可是就我自己讲,没有从前在延安见面那个时候,气氛那么痛快,舒服。我起先不明白怎么样跟他从前不一样呀。后来明白了。当时呀,在延安的时候,彼此都是没有什么意见,不存什么心,是吧。谈得好,谈不好,谈得拢,谈不拢,都没关系嘛,随便谈嘛,没有得失利害。可这个时候,不然了。就是他想拉我进来,参加政府。我不参加,他不高兴。那么,我有我自己的打算。观望,观望时局,是吧。其实我也有私心。这就不行了。所以尽管他是礼貌很周,跟在延安时候不一样。延安是空空洞洞嘛,大概现在没有什么不同,这个时候,各自有各自的打算。

伍:客气还是很客气,可是客气有余了。

梁:啊,哈。

伍:那你看看是不是这样,我们今天可以提早一点回去。把梁老师这几份东西呀,我们利用中午时间看一看。该摘抄的摘抄一下,那么我们再做一本记录。明天如果就这些问题,有些问题,我们再向梁先生请教,你看好不好?

梁:啊,可以。那么我不过还要把将才的话结束一下。

伍:对。

梁：怎么结束一下呢？就是这个一件事情呢，毛主席就问我，就是你在四川呀，你有一班朋友了，学生呀。你自己搞的学校啦，是吧。我当时是有一个高级的学校，叫作勉仁文学院。

林：嗯。

伍：对。

梁：那么有一个勉仁中学了，勉仁中学。

林：啊哈。

梁：那么我有一些个我的朋友、工作人员、干部。他就嘱咐我，你那个高级的勉仁文学院，不要再办。你那个中学呀，暂时还可以留着，你还可以有你的人呢在那儿办。将来也要结束。就是说，全国的教育呀，都要国家统一。没有私立的学校。那么你的，在那里你的学生、朋友，统统叫他们到北京来，统统到北京来，我们安置。他还交代林伯渠。他说，林老你注意，梁先生，他的一班人来了之后，你想办法给他办妥。还有……是吧。这都是你自己，在那儿办学校的。

那个地方的乡村嘛，你当时看的，你知道是怎么样的。你现在去看看有什么变化。我们，解放后，我们是怎么个样子。我们的主张啊，我们的办法呀，可以去看一看。所以我正好是我想这样子，多了解一下，多明白一点。那么他也交代给林秘书长。林伯渠是秘书长。这一切都请林老记住，帮忙给办。后来嘛就是林老通知统战部，说是给梁先生准备茶点，出行。电报，打过去，各处有事招待。梁先生要看什么，让他看什么，这样子就出去了。并且不能我一个人出去，带几个人。那么在当时呀,给什么待遇,给什么待遇。那时候待遇不是用钱来算的。用小米,用几百斤小米,最多的一千斤小米。因为那时候,刚刚解放,币制还没有确定,并且北京的货币跟那个东北还不能通。

后来嘛我就是跟统战部接头嘛。就是带了几个人,带几个人呢,先到河南、山东,去看,然后又到东北去看。一共各地方去走去看,差不多有半年的时间。那个时候东北呀,分了六个省。那时候北方啊,河南哪,也是一个叫平原省。【伍:平原省。】那么现在不去细讲了。就决定我带着几个人去访问,看看,看过一遍。[ooo]

伍:勉仁国学院[勉仁文学院]的那些学生后来都到了北京没有?

梁:后来都分开了。一部分呢,教员呢,跟学生哪,归并到西南师范学院。那么有一部分,比如我是自己做了勉仁文学院院长。副院长嘛,叫他来北京了,将才说有林老安置了。安置呢就是没有别的,名义就算是我的秘书,工资嘛从政协开工资。

伍:也到北京来了?

梁:啊,都到北京来。那是毛主席交代过了。每个人统统叫他来好了。来了之后,林老就安置了。他都是这样,包下来了,都是这样。

伍:那个副院长就是后来做你的秘书这位先生,现在还健在?

梁：死了。姓陈的，叫陈亚三①，故去了。

林，伍：噢，陈亚三。

梁：已经十几年了。

伍：你看是不是，今天？

林：从这一次的去看东北、河南、山东回来以后，你就发表一两个文章谈到此事。

梁：啊，我是写了，写了一点东西。在东北呀，看到马恒昌②小组。

伍：马恒昌小组。

梁：嗯。这个人的确好，的确好，马恒昌这个人的确好。

林：嗯。

梁：他的确好。他就是，他那一组的人，十几个人，工人，真有工人的觉悟。我们是国家的主人。我们现在做公事。做公事是……

伍：为自己。

梁：自己做工，作为主人翁来做工，就做工呢，认真，也做得认真做得好。

林：嗯。

梁：哈，有那样一个笑话，有一天，那个工人做工啊，很忙

---

① 陈亚三（1896—1964），名登甲，号亚三，山东郓城人。曾长期追随梁漱溟先生从事办学及乡村建设活动。

② 马恒昌（1906—1985），辽宁辽阳人。一九四九年后曾获全国劳动模范称号。

啦，他出去要解大便，小便。他跑，别人问他你为什么要跑？他说，快点回来，好做工啊。（笑）工人是真有一种工人的觉悟。【伍：主人翁。】我回来就跟毛主席报告这个情况。他很高兴。

林：嗯。

梁：那就是可以拿这个东西看了①。

伍：那你看？

---

① 梁先生借给我们几篇文章，其中有《追记在延安北京迭次和毛主席的谈话》（完稿于1977年2月11日，后收录于《全集》卷七，第436—453页）和《我致力乡村运动的回忆和反省》（完稿于1977年2月18日，后收录于《全集》卷七，第424—428页）。

第八天

1980.6.27

在延安看京剧

[梁说第二次到延安去时,有欢迎会。毛给梁介绍,然后梁说了几句话。参考记录而补充。]

梁:让我讲几句话嘛,我就以这两句话①为主要的,发挥这两句话的意思,那么这样子完了之后嘛就演戏。演戏演的是叫作"三打祝家庄"。演的京戏,京戏三打祝家庄这个戏好像是……

---

① 梁漱溟第二次到延安去时,在欢迎会上讲了两句话:"一,在人格上不轻于怀疑人家;二,在见识[识见]上不过于相信自己。"(《树立信用,力求合作》《答香港骂我的朋友》,《全集》卷六,第706—714页,第824—826页)这两句话也是梁漱溟第一次到延安去时,送给毛泽东的话。(参见本书,"第五天:1980.6.24",第102页)

伍：延安平剧团。

梁：哎，毛主席很欣赏这个戏。

伍：他们改编的是。

林：嗯。

梁：三打祝家庄。这是京戏，剧本呢可能是延安编的，采取的方式啊、形式都是北京的京剧。怎么样唱啊，服装啊，锣鼓啊，都完全是用京剧。

伍：噢，三打祝家庄。

梁：三打祝家庄，这是不[是]《水浒》上的？

伍：对，这个欢迎会大约有多少人？

梁：可能过千，广泛得很，它是反正在延安的共产党都可以来，它没有限制。

《敬告中国共产党》一文的来历

伍：那可能你的向几千共产党讲话就是指这个。对，另外还有一个，梁老师，就是你在那篇文章中讲，就是说到末一次的会议中间，印了一份，就是你跟毛主席有语言冲突的那件事情啊，最后印了一份你过去在重庆《大公报》上的文章，所以你知道这个会可能是专门对付你的，这篇文章是不是指这个《敬告中国共产党》①？

---

① 《全集》卷六，第819—823页，最早发表于1949年。

梁：是。

伍：因为我发觉这篇文章呢，跟前边的一篇文章，就是叫作《论和谈中一个难题——并告国民党之在高位者》[1]【梁：对，对，对】，是同时发表的。

梁：不是，它那个同时啊还就在一张报上。

伍：对，而且我发现都是重庆《大公报》。

梁：都是重庆《大公报》。《大公报》的朋友啊，姓王，叫王文彬。他很帮忙，就在一张《大公报》上，这边登一篇。一边是对共产党说话，一边是对国民党说话。

伍：就是那次开会呢，只把你其中的这一篇，对共产党的批评这篇印了。

梁：唔，对。他就把这篇哪，印出来，摆在每一个人的座位前边，可是没有印我对国民党的说话。

伍：《并告国民党之在高位者》，所以我们想把这两个东西也能印一印最好了。……

梁：他是重庆《大公报》的主持人，他为了新闻界嘛，需要得到大局的消息呀，所以他同南京常常有电话联系。重庆跟南京呢有电话联系。电话联系呀，重庆方面打电话通知他，告诉王文彬说蒋介石下台了。那么王文彬就跑来告诉我，他说，时局急转直下，你有什么话要说，我说，好，我写篇文章。

林：就写这两篇。

---

① 《全集》卷六，第 815—818 页，最早发表于 1949 年。

伍：就是所谓蒋介石隐退到他的家乡，李宗仁上来和谈的那个时期。这个阶段，这个时候你还是，已经退出民盟了？

梁：已经退出了。

“当时有一个‘曾左李’之说”

伍：退出民盟是哪一年，是一九四……？

梁：这是，不是和谈失败了吗？[ooo]那我就退出来了。那个时候啊我就退出来了。那个时候我就声明啊，我就辞了那个民盟的责任啊，和谈秘书长的责任啊，我就声明我出来了。特别是后来要说话，要对时局发言了。我更声明我现在是一个个人，不在任何组织，因为如果在组织，你不能随便发言啊。我声明我不在组织，不在民盟了，我不代表民盟了。我就是我一个人。我一个人说话我对自己一个人负责。你们大家任何方面要怪问我，怪我一个人，跟民盟组织没有关系。那里也是有的。

伍：对。有一篇文章专门讲你退出来的情况。那有一个问题我们想请教梁先生，就是张君劢、左舜生他们最初也是和你一道发起民盟，他们后来是在什么时候，什么个情况之下，后来他们就一直不，好像也退出了。

梁：可以说一下。可以说一下就是，青年党呢，当时有一个“曾左李”之说。曾，姓曾的，姓左的，姓李的，三个人①。不是那

---

① 即曾琦、左舜生、李璜。

个曾国藩时代也有曾左李嘛，他们也曾左李。可是这三个人哪（电话铃响，保姆：打错了，打错了），这三个人哪，曾这个人呢好像是【伍：头子】头子。可是他这个人啦，最复杂了。他最油滑，最油滑。他在抗战起来呀，大家都退到西南到重庆嘛，政府，国民政府退重庆了，大家也都退重庆了，华北华东都沦陷了，都在敌人手中，他还跑到北京，就是曾啊，就是说呀，他……

伍：那不是日本人的？

梁：就是啊。他如果是很鲜明，坚决地站在抗日立场上，他不能跑到北京、南京去啊。

伍：那就是说他还想……

梁：哎，他是复杂、油滑，他是这样一个人。那么，他不在重庆嘛，那么就是左李当家了，左李当家。可是他这个人又从那些地方跑回重庆来了，他就贬斥左李，不要左李。所以参加重庆的旧政协的时候啊，没有左李，不要左李，他回来，他是连他在内有五个人，连他在内五个人代表青年党，代表青年党是跟蒋介石妥协，站在民盟外边。

伍：噢，他不作为民盟。

梁：嗯。本来左李啊是跟我们搞在一起的，是作为民盟的单位之一。他要退出。他这个内幕啊，大概是跟蒋介石有收买，蒋介石收买他。

伍：那左李就不会答应这件事了。

梁：他就把左李排除了嘛。那个时候，在重庆开会就没有左李，政协开会没有左李，左李没出席。他是以他为首的五个人，都是他们青年党的人，其中没有左李。

伍：左李当时也是社会上知名人士，他们怎么能肯罢休呢，你随随便便搞这个……

梁：那我们就不知道他们内部的事情了，党内的事情了。党内，内讧，居然有这一幕。可以查当时的历史。当时的历史，那个旧政协在重庆开会，最重要的两点，一点是青年党站在民盟之外，本来是民盟[ooo]，这是一点，再一点就是他们参加政协的五个人，其中没有左李。后来可是到了南京之后，左李出席了。我这个地方还有当时的文件呢。那个文件上有左李的名字，左李自己签名的文件。我这个箱子里还有当时的文件呀。

伍：李后来到了香港，左后来？

梁：死了。

伍：噢，左不在了。

梁：这三个人里头啊，（笑）以我的这个，让我来说，曾是最坏，曾最坏，左不如李。李最聪明，最高明。举一个例来说，后来的事情，就是说在蒋介石的总统之下组织行政院，就是组织内阁，左舜生是农林部长吧，那么发表的经济部长是李璜，李璜不就。

伍：老师你这指的这是哪个内阁？翁文灏[①]的那个，还是？

梁：是不是翁文灏我不记得，这个在蒋的政府里头。

---

① 翁文灏（1889—1971），浙江宁波人。民国时曾任国民政府行政院副院长等职。

伍：和谈以后。

梁：这个……

伍：李不就。

梁：发表李的经济部部长，李不就。李不就嘛，后来还是他们党的陈启天，陈启天[①]就了。这个都是说明了啊，李比他们高明。就是说那个政府内阁，实在是不会有很长寿命的。左参加而李不参加，已经发表了李，正式发表了李，李不就。那么他们党嘛还让陈启天做经济部长。

伍：说明李还有点读书人的气节。

梁：高明，比他们有眼光，高明，这个人高明。

张君劢"忠厚老实而非英明强干"

伍：另外一个问题就是关于张君劢的问题。张君劢后来他也是跟你一道发起中国民主同盟的，后来又怎么？

梁：并且还是一个很重要的。

伍：对，对。态度还是很鲜明的，后来怎么一下子就转出去呢？

梁：这个人哪，我稍微说明一下子。就是中国的旧的政党，在清朝末年哪，就一个是立宪派，君主立宪派，这个是康梁。那

---

① 陈启天（1893—1984），湖北黄陂人。民国时曾任经济部长、中国青年党主席等职。

么孙黄呢,是革命派。

伍:革命党。

梁:那么可是清朝倒了,改成民国了,革命派胜利。革命派胜利嘛,这个时候,主张君主立宪的嘛就比较没有光彩,是吧,不如革命派。

伍:被实践证明是错的。

梁:我要说什么来的?

伍:你就是讲张君劢的事情。

梁:对,梁任公嘛,死得早,只有五十几岁就死了。他死的那年是民国十八年,民国十八年春天就死了。民国十八年就是【伍:一九二九年】一九二九的春天就死了。只有五十几岁。那么,他也有一个党派的,是吧。梁任公领导一群人哪,很多人,那么接替梁任公的,在这个团体、这个派系里头,承受了这个遗产的,是张君劢。

伍:是张君劢。

梁:张君劢啊,算是,对国民党说呀,张就是偏右的一个党派的领袖。国民党是偏左的,旧的。梁任公是偏右的,偏右的党派的,本来是梁任公这个体系的,梁任公死了之后嘛是张君劢来领导。因为张君劢这个人哪,人很好,忠厚,有点忠厚老实的味道。忠厚老实而非英明强干。那么他是,但是他也,无论他是不[是]英明强干吧,可是也是一个团体的占头一位的人了。可他的下边,他的部下吧,他派系里的人呢不能不尊奉他,但是他又管不了。他对他的部下管不了。特别是他自己的一个学生,两个学生，有才干的，不好的，有两个人，一个叫作蒋匀田①，蒋介石的蒋嘛。匀呢就是那个……

伍：匀就是匀均的匀，[ooo]。

梁：对，对，对。还有一个叫作冯今白，姓冯，今天的今，黑白的白。

伍：都是张君劢的学生。

梁：都是张君劢的学生。但是张君劢管不了这两个人。所以呀，蒋匀田呢就参加到将才说的那个内阁政府，是我将才说的那个左舜生参加，李璜不来。除了做部长的之外啊，还有所谓政务委员，就是，不兼一个部，空头的，也是算内阁的阁员嘛。不管部，不管某一个部，名为政务委员，参加内阁的会议，待遇跟部长一样的待遇。可是自己不管一个部。大臣的那个样子。蒋匀田就是参加的这个。冯今白就没参加，冯今白后来怎么样不清楚。当时啊，郭沫若，郭老啊，郭老也是政协的，我说过一下。他是所谓社会贤达，他作为社会贤达啊参加旧政协的。那么他是促左的了，促左的。他跟君劢也很熟了。他就是总是想法子拽住君劢，你不要参加蒋的政府，君劢就也对他说，我向你保证，我不参加的。确实他不参加。可是他的学生参加，他的徒弟，他的党员。

伍：而且以民社党②的身份参加的。

---

① 蒋匀田（1903—1994），安徽蚌埠人。民国时曾任行政院政务委员等职。

② 即中国民主社会党。

梁：哎，那么，大家都问他，他就说我管不了，说我管不了。还有一句话，他说，他们哪，跟随我很久了，好多年了。现在有机会啊，好想尝一尝做官的味道，（众笑）可以吃宴席吧，让他们去吧。他是这样一个人。人是好人。没能，不能，做领导而领导不起来。

伍：张君劢好像也有不少关于哲学方面的。

梁：哎，他喜欢谈哲学，他是留德的，在欧洲很久。

伍：他好像也写过一些关于哲学方面的，那么人们讲，不同意他的人，说是玄学鬼，玄学鬼，是不是就是讲他？

梁：哎，就是，玄学鬼。当时有玄学科学之争嘛。那个科学派嘛是丁文江①。丁文江嘛跟张君劢他们两个人实在是同系，都是梁任公这派的人。

伍：噢，丁文江也是……

梁：梁任公这派的人。

伍：丁文江好像是学自然科学的。

梁：他是学自然科学的，可是有才，有才干。他也搞政治。

伍：他好像跟胡适他们是在一起。

梁：哎，跟胡适接近。

伍：那张君劢后来，大陆解放以后他这个人到哪里去了？

梁：他就是先有一阵嘛，在什么港澳啊，后来到印度，到印

---

① 丁文江（1887—1936），江苏泰兴人。曾与张君劢等人开展关于“科学与人生观”的论战。

度以后又去美国。

伍：他也是中国现代史上一个很重要的人物。等于留在国内的就是你跟黄炎培两位。这两个后来就……

罗隆基“才气纵横”

梁：还有罗隆基呀。

伍：那不是主要的。主要的就你们四个嘛。黄炎培，你……

梁：噢，那四个人里边没有罗。

伍：罗好像是比较后起年轻的。

梁：年轻，可是才气纵横，有才。

伍：现在罗在吗？

梁：罗隆基早死了，早死了，罗隆基早死了。

伍：他年纪还不大的。

梁：（笑）年纪不大，年纪比我小，可是早死了。

伍：章伯钧也不在了。

梁：章伯钧现在不在了。章伯钧死还在他们后面。

伍：那他们都不在了。章伯钧、罗隆基，章乃器也不在了。

梁：都不在了。（笑）附带说一句话，罗隆基怎么样死的呢？撑死的。北京有一种火锅子，涮羊肉。

伍：东来顺的涮羊肉，哈。

梁：他就吃得过饱，羊肉啊在锅子里头烫一下，涮一下，不完全是煮熟啊，那么，又吃酒这样，吃涮羊肉。喝的酒多嘛，就醉嘛，这样就睡觉。房间，这个时候他是一个人，他请一个保姆，看他早又不起来，敲门，打开门进去，这个人已经死了。所以他是吃得过饱这样死的。

伍：应该讲罗隆基跟你接触多一些。你是在文字上，他是你的助手了，这样的。

梁：不能说是助手。

伍：早期应该是这样的。

梁：不能说是助手，他是非常能干，能干得很。

伍：而且对外发言，民盟的对外发言。

梁：就是，对外发言。

伍：他是学什么的呢？

梁：他是在英国留学，英美，学政治的。清华出身。从前在清华大学，老清华大学。他在天津办了《益世报》。

伍：《益世报》，那份报纸好像也是办得比较活跃的，很受人重视的报纸，那个报纸跟后来……

梁：那是很早了，他办《益世报》很早了。他是北洋政府的时候办的《益世报》。

伍：那要是现在还健在的话，年龄也不小了。也要有七十多了。

梁：那要是还在的话嘛，当然岁数也不小了。

叶笃义"帮我作翻译"

伍：当时在国共和谈中间这些人还是起了好多作用的，好歹这两方面[ooo]。那你跟马歇尔、司徒雷登他们也都有比较深的交往。

梁：我也是因为时局政局的关系啊，和有些人有不少来往。那么因为我不能够讲英语，所以有一个朋友帮助我。这个朋友嘛就是叶笃义①，叶，就是树上的树叶子，笃嘛，竹字头一个马。

伍：噢，叶笃义。

梁：义嘛，仁义的义。

伍：他是帮助你翻译。

梁：就是。我同马歇尔谈话，同司徒雷登，他算司徒雷登的学生，是燕京大学的学生。燕京大学是司徒雷登办的嘛。

伍：叶笃义他年纪也很大了。叶笃义解放后还在？

梁：现在还在，现在跟我们都住在一个楼里。我是住五门，他住一门，不过现在最近几天他没在，他去上海了。他算还是在民盟里头，在民盟的宣传部，每一次去看马歇尔，都是他帮我作翻译。（笑）

伍：司徒雷登嘛他会讲中国话。

---

① 叶笃义（1912—2004），安徽安庆人。一九四九年后曾任民盟中央名誉副主席、全国政协副秘书长等职。

梁：司徒雷登可以讲中国话，因为他是生在中国，生在杭州，所以他那个口音不是北京话，他听我们讲话他完全听得懂，没有隔碍，讲话讲不太好，他自己讲他是生在杭州。

伍：司徒雷登后来在美国就不知道去向到底？

林：他死了。在五十年代是很困难的，麦卡锡。

伍：噢，麦卡锡啊，那他受了一点委屈，受了一点美国政府的委屈。

林：不是一点，是很大。

梁：燕京大学的校长是他了。他办的。但是正好他是回趟美国，又从美国回中国，过上海同周总理碰到了。谈得很好，周恩来先生跟他谈得很好。那么马歇尔知道了，刚好啊是杜鲁门总统发表魏德迈为驻中国大使。马歇尔就打电报给杜鲁门，不要魏德迈来，驻中国大使改司徒，改司徒并且留在南京，帮助马歇尔。所以后来许多交涉呀，都是马、司两个人出面。

蒋介石"最不讲信义"

伍：你在这篇文章[①]里也提到好多的，我们就想，今天，你上次跟我们讲就说，在国民党系统以外，你跟蒋的接触比较多一些，就是蒋介石了，你对蒋这个人有些认识了，他的为人了。

---

① 即《我负疚之一事》。

梁：这个人，(笑)要让我来说呀，我视，最坏的坏人，没有，不能(笑)比他再坏了。

伍：这是你对他的一句话，概括起来。

梁：他是最不讲信义，对旁人哪，是最毒狠，最毒狠，很狠，所以按着他的条件，按着蒋的处境啊，有国民党这么一个大的党，那么多的军队，有美国人支持他，美国人可以帮助他武器种种，国际上那么样好，那他怎么能够倒呢，他怎么能够被赶出大陆呢，不可能的呀。他如果有几分像人，他就不会倒。他就至少可以留在，不会赶出大陆去的呀。他是太坏了。太坏了。太坏了。

伍：你是在三十年代到南京来有次开会，由石瑛陪同，你见他第一次。当时你对他印象就很不好，做作。

梁：真做作，假嘛。

伍：后来你们又有什么接触呢？

梁：后来当然接触很多了。后来不免接触了，不少接触了。比如我发起统一建国同志会，见他，他起初的时候啊，他是看我不站在左边，比较算是，虽然不是他的党的人，可是他还是可以拉，可以拉我。所以他见面称呼我呀，漱溟兄，兄弟的兄。【伍：哟，漱溟兄。】漱溟兄。可是等到我不是发起了，我在香港去把民盟揭出来，再回到大陆的时候，他不是这样称呼了，是梁先生了。

伍：噢，从漱溟兄到梁先生了。(众笑)

梁：他是最没有信义，说话不算话。美国的马歇尔啊，马帅啊,马帅最吃他的苦头。所以最末后的时候啊,谁恨蒋介石,马帅最恨蒋介石,他恨极了。因为他给马帅很多苦头吃。报纸上公开地说呀,马帅七上庐山,七次上庐山,而我知道的,是九上庐山,九次上庐山。这个就是让马帅苦呀。他跑到庐山上藏起来不见人,那么马帅自己住在南京呢,要什么事情不得他的同意,他的许可,不能行啊,只好上庐山上去找他,一次去,两次去,到了九次去,到了后几次都是马司两个人去啊。马歇尔跟司徒雷登两人去。他就是完全不讲信义。完全不讲信义。大家都吃他的苦头。

周恩来,代表中共了,吃他的苦头,大吃其苦头。大家对他都是头痛,没有办法。最头痛的,就是说了不算。他常常是要周恩来,你让步,共产党你让步,好,那么就让步吧。就是这个事情,这个事情呢你让步了,之后什么其他没问题了,好办了。那么就让步吧。让步之后,还有这个事情,这个事情你要让步,这个事情你不让步不行,呵呵,总是这个样子,没有完,没有完啊。他就是那样子,你说这个,啊,可恨极了。

伍:何以这样一个人能够在整个国民党占高位?

梁:就是啊。后来我写的有一篇文章,《内战的责任在谁》①,他的部下都不能够懂他的。不是他有一次从重庆躲到,还在没回还都,没有回南京,他躲到峨眉山上去了嘛,他的发言

---

① 完整的标题是《过去内战的责任在谁?》,首次发表于《大公报》(重庆),1949 年 1 月 22 日,现收录于《全集》卷六,第 806—811 页。

人也是说，共产党在这件事情上让步，就可以没有事啦。就是那个长春的问题，东北长春。要共产党从长春退出来。就这个问题共产党让步呀，以后就没有问题了。哪里啊，远得很呢，他就是无穷无了。

伍：他下边有没有一些谋士帮他出主意，还是就他自己在那里？

梁：恐怕谋士也不行。

伍：像戴传贤①了。

梁：当然他信任的秘书有陈布雷②了，像张群③呢，何应钦④啦，熊式辉⑤啦，都是他的亲信。

伍：陶希圣⑥啦。你跟这些人有没有直接打交道？跟他下边的这些人？

梁：张群就是最熟的人啦。他就是要张群跟我们这些人周旋的。张群最熟了。张群同我最熟了。

伍：所以整个的谈话就由于蒋这个，而没办法再……

---

① 戴传贤（1891—1949），原籍浙江湖州，生于四川广汉。民国时期曾任黄埔军校政治部主任等职，有蒋介石的“国师”之称。

② 陈布雷（1890—1948），名训恩，笔名布雷，浙江慈溪人。民国时期曾任蒋介石侍从室第二处主任等职，长期为蒋介石草拟文件。

③ 张群（1889—1990），四川华阳人（今属天府新区）。民国时期曾任行政院院长等职。

④ 何应钦（1890—1987），贵州兴义人。民国时期曾任国防部长等职。

⑤ 熊式辉（1893—1974），江西安义人。民国时期曾任国防最高委员会委员等职。

⑥ 陶希圣（1899—1988），名汇曾，字希圣，湖北黄冈人。民国时期曾任蒋介石侍从秘书、总统府国策顾问等职。

梁：哎，也就是因为他这样坏呀，才失败了。尽管他的基础条件种种好，结果被赶出大陆。

伍：当时先生已经能够看出蒋介石的最后终归是要失败的。

梁：就是感觉到有一个问题，就是，蒋不失败，蒋不下台，蒋不死，中国没有办法，（笑）这是这个时候。[ooo]

伍：那你这个看法不是在抗战初期就已经开始了吗，三八年。

梁：这是四九年。

伍：三八年，就是一九三八年，是抗日战争开始时候你到卢沟桥，看看，到延安，第一次到延安。

梁：不是，【伍：第二次】任弼时的话，是我第二次到延安。

伍：第二次到延安。那时对蒋已有好多的印象，毕竟接触了好多次。跟蒋接触中间，你最深刻的一些事情是些什么，表现这个人反复无常。……

毛泽东"想拉我进政府"（二）

伍：全国解放后你基本上是就在北京了，除了视察。

梁：百万雄师过大江，把蒋介石赶走了。共产党占了南京，这个时候四川还没解放。我这时候人呢在四川。后来嘛就是由于刘邓大军，刘伯承、邓小平的大军入川嘛，四川解放了，我才出来。出来的时候，我到北京，可是毛周二公在莫斯科，我五〇年一月到京，三月间他们才回来，三月间才从莫斯科回来。

伍：好像你还参加过一些土地改革，到东北去参观了一下。

梁：不是东北。东北去不是参观，不是为土改了。它就是这个，不是谈过以前没有。这是五〇年一月我到北京，他们在莫斯科，就是没见到面。他们是好像是三月十号回到北京，我们在车站去接他们。好像是十一，十一嘛，大家公宴，公宴毛周，在公宴的席上嘛，毛主席就说，明天我们谈谈啰。

那么第二天嘛他就派车接我，他就是夜晚谈啊。他就说，彼此谈要紧的话，他就是说一句，今天你可以参加政府吧。我有点迟疑，我沉吟一下回答他，我说把我留在政府外边不好嘛。这个就是谢绝。他很不高兴。他也不会形于色，不会，底下的，谈话嘛，谈完了嘛，下午六点钟见的面，夜晚深了，他要吃饭。我说过一次，他总是夜晚办公嘛。吃饭嘛，那么旁边伺候的人就问，是该开饭了。问他是不是要开饭，他说开饭。我就在旁边插一句话，我说我是吃素的，随便有一两样素菜给我好了。他毛主席马上说，不，统统要素菜，今天是统一战线，（笑）统一战线跟素菜没有关系啊，他是不知不觉把心里的话说出来了。那么开饭的时候嘛，他是一个，我是一个，还有两个，一个就是，当时的中央人民政府秘书长林伯渠，再一个呢就是江青。四个人。

伍：这是你第一次见到江青？

梁：江青我在延安也见过，我第一次到延安还没有江青。第二次到延安看到江青。第二次看到江青的时候啊，她身边有个小孩。我就问江青，我说小孩几岁了。她说六岁了。底下加一句话，她说："我就是这一个。"她自己，就这一个。主席有他的大儿子。这是我第二次去延安的时候看到她。第一次去，她还没到延安。那么以后嘛在北京嘛，在毛主席那儿吃饭都是有江青，江青身体很高，身体高但是头小。

伍：她插不插话，中途，你跟毛主席。

梁：她说话很少，说话很少。

伍：你还是继续讲，吃饭，统一战线，吃素菜。

梁：对了。就是说这一次谈话嘛，主要的有两个结论。一个结论呢，就是主席提议，我也非常愿意，非常同意，他说你可以出去看一看，出去看一看呢，先看那河南山东。你从前自己在河南、山东做过工作啊，你到那个地方看看，现在的新的社会跟你旧的有没有改变，变化。你再出去到东北，到关外，老解放区，【伍：老区】老区，再去看一看，你可以知道共产党的一切措施吧，一切的办法。所以我后来就是这样做了。先在河南山东看。不过那个时候呢，河南省呢刚好分开了。分开一个叫平原省，一个叫河南省。山东嘛倒是叫山东省。这两个地方看了之后又回去东北，到东北那个时候东北分六个省。那个时候我去看的时候分六个省。当然六个省我都到了，都去看一眼。当时毛主席嘱咐统战部，统战部是李维汉，说你去通知各省，梁先生所要到的各省呢，请他们都招待。所以我出去嘛都很方便，要看什么他们都带我去看，我将才说的这个，还说什么呢？

伍：就是毛主席请你到了东北和山东河南参观。

梁：哎，这是后来出去了。还是接续说当时在毛主席那儿谈话了。这个一件事情嘛它就是，将才说两件事情，一件事情就是决定了，出去参观访问。再一个事情决定的呢，就说是我自己不是有一班朋友学生嘛，那个时候呢是在四川，我是从四川出来的嘛，在四川嘛我有一个学校在四川了。一个中等的学校呢就叫勉仁中学，有一个高等的学校呢叫勉仁文学院。那么毛主席就说嘛，勉仁文学院不要办了。中学嘛还可以留一年。眼前这一年嘛还可以，你还可以继续办，明年所有全国的教育都要收归国家。没有私人的学校，你朋友、学生在那里，负责办学的人，统统来北京，统统调来北京，当面对林伯渠，林伯渠是林祖涵了，是当时中央人民政府秘书长，吃饭的时候在座。吃饭的时候就是江青、林，四个人在一起吃饭。当面对林老说，称呼林老为林老了。这个事情请林老注意，梁先生他的在四川的人呀，统统给来北京，我们统统给位置、待遇。这是一个结论。两个结论，一个结论是出去看，一个就是我的人统统调到北京，安置。后来就是这样办的。

那么，在这个晚上谈话之后呢，谈得相当久了。准备要结束了，结束的时候，吃过饭嘛之后，谈谈要结束了，我就要走了，告辞了。地点是颐年堂，他住的地方，颐年堂。那么我走了，他一定要送我。那么我不敢当啊，不要再送我了。他一定要送，一定要送我，到出了颐年堂的门，看着我上汽车，才回去。就是谦虚得很。

可是我出来呀，坐汽车上，从汽车上回家呀，心里我就觉得怎么跟从前在延安见面谈话不一样了呢？在延安谈话，每次谈完了之后啊，都是很痛快，走出来之后心里满舒服。可是这一次就不然，这一次呀就没有这个感觉，没有这样，哦，想起来了。就是在延安的时候啊，彼此都无所谓，没有利害得失的计较，就是随便谈嘛，敞开谈嘛。这一次呢，各自都有打算，他就想拉我进政府，那我就不肯，不肯参加政府。那他心里就不高兴了。那么我所以不肯呢，没有参加，没有答应他参加政府呢，我又有我的打算。

我什么打算呢？我不知道呀全中国就从此统一稳定下来，因为我从四川出来的时候啊，我在那个四川得到的印象不好。因为四川解放嘛，是有三路大军入川，北边是彭德怀、习仲勋。从陕西到成都，这是一路。那么，南边呢，就是从长江入川，是刘邓大军，刘邓大军嘛是刘伯承、邓小平。可是林彪的军队呢也跟着进去了。刘邓的呢是称为二野，第二野战军。林彪的称为四野，北边的彭德怀那个是一野。

那么在这个，我在重庆，离重庆不太远的地方叫北碚了，部队里有一位好像不过是个营长的样子吧，他们从重庆嘛到了北碚，把北碚嘛也收过来了。那么知道我在北碚，这个营长嘛大概，我不认得他，但是他知道我，他就到这学校来访我，访我嘛当然谈的话很好啦，他并且留下一个车，留下一个汽车，他就对我说，他说明天呢，也请你到重庆去玩一玩吧，看一看吧。我们解放军都到了重庆啊，这个车呢我留下，这个车给你坐。明天你坐这个小汽车去重庆。同时他交代那个汽车司机，你就在这，给梁先生用。

那么好啊，那么第二天一早嘛我就坐小汽车嘛去重庆嘛。

去重庆嘛我是住在那个重庆地名叫上青寺，上青寺特园，一个姓鲜的，齐云鲜的鲜，鲜特老①家里头。那么我到那儿嘛，司机同我说他去吃饭，那么回头嘛他再来接我。他把车开走了他去吃饭。哎，等到没有两三个小时吧，这个司机来了，他说他吃了饭了，但是这个车呢，他说我不能给你用了。因为我这个车呀，好像是二野的，二野的部队新进来的入川这个部队抓住了，归二野了。可是现在四野又夺过去了。那么，所以原来二野的那位营长吧，嘱咐我给你用的话，无效了。（笑）那我也只好如此啊。他就走了。那我就看出来呀，他这个不是一回事。并且四野呀，你看，他那个部队呀军装整齐，武器也好。可是林彪的这个好，而刘邓的就不行。并且一问呢，待遇呀，士兵的待遇也不一样。刘邓的待遇，军事待遇苦，四野的呢就好，军装什么、武器都好，我看这个情况不妙，这个情况不好。

后来嘛当然是林彪部队就撤出去了。撤出去不是全国分六个大区，我心里有个念头，有一个推想，是不是还要又落到从前军阀割据的局面。从前中国就是四分五裂嘛，割据嘛，现在它们的军队也不能统一嘛，也各霸一方嘛，那么又要成为割据的局面。这个大局不能够统一安定啊。并且究竟那个失败的国民党会不会卷土重来，那也不敢说。那么我在社会上好像是已经取得社会的信仰，信用。好像对大局呀我还能够是个说话的人，我

① 鲜特老即鲜英。鲜英（1885—1968），字特生，四川西充人。民盟创始人之一。鲜宅名“特园”，为国共要人、民主人士共商国是之场所，被称为“民主之家”。

要保留我自己，我如果参加了共产党的政府，我不是偏到一边来了？所以我是根据这样一个想法呀，就没有答应他参加政府。他不愉快，不愉快嘛，但是他还是要敷衍我，还是要笼络我，那么所以他特别地谦恭，那么一直送我上汽车。（笑）

伍：其实主席也看出你这种想法了。

梁：他看出我不能够跟他打成一堆啦。所以我是明白了，明白了，就是从前在延安的时候没有什么得失利害，大家空空洞洞的嘛随便谈，敞开了。现在呢，他有他的打算，我有我的打算，坏了。就是尽管他怎么样谦恭啊，我心里头没有那样一个很好的感受了。

"章罗实在没有联盟"

林：后来你说毛泽东常常派车接你谈话？

梁：派汽车去接我，那么这个时候嘛，我从四川出来到北京，住在我侄子家里，我哥哥的孩子了。他住在西城，西城劈柴胡同，劈柴胡同南半街。他总是派车去接我，去谈谈。可是这种谈呢，就是到了那个，在这个会议席上，说话说得不够好，伤了感情，以后他就不接我了。

伍：那么在你那个"迭次讲话"中间，你记得这个，就是你跟毛主席"迭次谈话"的那篇文章中间，你记了这些每次谈话，大概内容都有。

梁：有一篇。

伍：那我们可以借那个东西回来，能抄的把它抄一下。

梁：咳。《追记在延安北京迭次与毛主席的谈话》。

伍：这个东西能不能今天借给我们带回去抄一下？

梁：可以。

伍：能摘抄的摘抄。

梁：可以。

伍：那么梁老师我们再往下边讲，就是，从那次冲突以后啊毛主席不再派车来接你了，那你在北京基本上做些什么呢，就是开开会，政协有会你就参加。

梁：那个时候啊政协委员只有一百五十几个人。

伍：对，很少很少。

梁：每次开会还是总在见面，那时候，现在政协不是有个大楼嘛，那时候大楼还没有，大楼还是后来盖起来的。那个时候开会嘛，就是大楼后边的那个平房，现在秘书处的那个地方。那时候开会，之前，在那里开，后来才盖了这个大楼。

伍：那一直从五三、五四年到五七年，后来不是有一个大鸣大放了。罗隆基他们被打成右派了，这些情况，这段时间你基本上都在北京。

梁：我就是始终在北京，毛主席说章罗联盟①，章罗联盟，那是一九五七年，一九五七年春天。

伍：那时你正在北京。

---

① 指章伯钧和罗隆基。

梁：我主要是在北京，可是一九五七年那个时候，那个刚好啊，是广西，我算广西人，那个时候广西省正在改为壮族自治区。【伍：对。】在广西全省来说呢，汉族的人口呀，倍于壮族。壮族嘛就六百多万人，汉族啊一千二百万人吧。所以嘛就像黄绍竑，广西人了，有些人嘛就不愿意，我们汉族多嘛，为什么要改成壮族自治区呢？周总理就是说，比如像是西藏，改西藏藏族自治区，[内]蒙古，改[内]蒙古自治区。新疆，改维吾尔[族]自治区。其实呢，这几个地方还是汉人多，我们呢就是要照顾少数民族，尊重少数民族。所以嘛广西也是如此，需要我们照顾壮族人。所以就特别邀请在北京的广西人，发动一些人，发动一些广西人，不论是政协委员或者不是政协委员，那么，都回去广西做说服工作。说服汉族人啊接受中央的这个办法，改成壮族自治区。那么我是作为在北京的一个广西人，这样子同着大家一同回去了。这个时候就正好是五七年，一九五七年。去了之后嘛，后来就改了，改了壮族自治区。

伍：你到桂林这带。

梁：三个地方：桂林、柳州、南宁。那个时候省政府在南宁，现在省政府也还是在南宁。那个时候嘛刚好省政府的主席啊叫陈漫远①。

伍：陈漫远。

---

① 陈漫远(1911—1986)，又名陈万源，广西蒙山人。一九四九年后曾任广西壮族自治区人民政府副主席、代理主席等职。

梁：陈漫远是犯错误，那个人呢犯严重的错误，撤职，撤职嘛，新的发表的，改为壮族自治区的这个时候呢，就是发表的叫韦国清，韦国清是壮族人啊，韦国清他本人【伍：［ooo］】。那么我是在那一次，我到那儿的时候啊，正是更换的时候，出来接待我们的人，我们一大批人去了，接待我们，滕代远①也出来，也出来跟大家一样，韦国清也出来跟大家见面。没想到韦国清呢对我说："哎，梁先生呢，你不记得我，我记得你。"然后就是什么时候什么地点我们见过面呢？他说："你在山东敌后游击区去转的时候……【伍：跟彭雪枫】跟彭雪枫见到了。我是彭雪枫部下的旅长。"

伍：他还记得这个事？

梁："我们还同桌吃饭呢。"嘿……【伍：噢。】我倒记不清了。

伍：那就是说，章罗他们在北京鸣放的那个阶段，你正在广西？

梁：唔，对，对。

伍：对他们的情况你都了解？

梁：他们好像是……也是从昆明出来嘛是怎么样。他们好像也是刚刚往北京，回北京。

伍：罗是因为参加科伦坡，锡兰科伦坡的一个会议回来了。出国那时，出国了。那段时间你现在回想有没有什么特别需要具体的……

---

① 滕代远（1904—1974），湖南麻阳人。一九四九年后曾任全国政协副主席等职。

梁：那个的话，就是毛主席说章罗联盟的话，那话是不正确的。因为章罗实在没有联盟。章罗两个人呢，他在民盟里头啊争权【伍：噢，好】，争权两个人是……

伍：对头？

梁：对头。没有，不是一个联盟。

伍：章当时是交通部长。

梁：哎，对，交通部长还兼副总理呢，国务院副总理。

伍：罗好像是？

梁：罗后来是，不是同时，好像【伍：好像林业部】林业部。他很失望。他说："我是总是想做外交部长。"

伍：对，对，他真说过这句话。

梁："我总是想做外交部长，没想到人家让我管木头。"【林：哈，哈，哈。】哈。"没想到人家让我管木头，没想到人家让我管木头。"

伍：那时候因为你在广西，所以北京的情况有时不是很……很熟悉的。就是当时……

梁：我在广西时间很短，就是转一下就回来了。

伍：那他们那些发言啦讲话啦你倒是没……没听到过？

梁：好像就是《人民日报》的毛主席的文章都看到了。就是所谓"一个能干的女将"啊，是指浦熙修①说。那我们大家都知

① 浦熙修（1910—1970），上海人。一九四九年后曾任上海《文汇报》副总编辑兼驻北京办事处主任等职。

道。可是浦熙修很常去看我。

伍：浦熙修。

梁：当时是，一个是《光明报》[①]，一个上海的《文汇报》【伍：对】，《光明报》啊有一个记者叫张歌今，歌颂的歌，唱歌的那个歌。张歌今，这个张歌今呢，他们的报纸就是派张歌今呢跟随着我去广西，跟随我回来，往返都是他在我身边，张歌今。另外呢，《文汇报》的记者，杨重野[②]。姓杨，就是重庆的那个重，野外野地的野。杨重野么就是跟这个谁，跟浦熙修他们都是《文汇报》的，都是上海《文汇报》的。浦熙修好像还是主稿。

伍：主任。《文汇报》驻北京办事处主任。

梁：主任。杨重野么还是浦熙修派他来，访问我，谈话。谈话，就是，我就谈话他记录，记录……送到《文汇报》去发表。

伍：就是谈广西的事情？

梁：不是。

伍：谈整个？

梁：随便谈。

伍：当时《文汇报》正式发表过的？

梁：这个，它是我谈话嘛，杨重野记录了。记录嘛我总是要

---

① 应该是《光明日报》。《光明日报》前期由民主党派主办，1957 年起为中共中央机关报之一。创刊于 1949 年 6 月 16 日，其前身是中国民主政团同盟 1941—1948 年主办的《光明报》，由梁漱溟 1941 年在香港创办。

② 杨重野（1916—2006），本名杨葵，浙江人。一九四九年后曾任《文汇报》驻京办事处记者。

求他，你回去呢你整理嘛，誊清楚嘛给我看一看，然后再发表。那么所以每一次谈话，不止一次，末后一次谈话，他用电话告诉我。他说："这一次我报馆催我赶紧寄稿子，是否可以不用送给你【伍：去过目】，寄出去呢？"我说好吧。就是这样么他就寄出去了。寄出去之后专刊没有发表。到了上海，寄到上海，上海没有发表，好像就是因为这个空气局面变了。

伍：对。这是五七年的这个？

梁：五七年，一九五七年。

伍：那，后来五八、五九年那就是进入了大跃进那个年代。大跃……六十……你在那个时候你在家里还是写点东西，还写一些，主要是从事？

梁：由于那个，比较说嘛，就是过去啊大局未定，大局未定呢我总是各处跑，为政局奔走，忙，特别是在重庆哪，在南京哪，上海啊。可是后来嘛毛主席在北京建国么，局面就安定了。安定了我就把我过去要写的，要写的书把它拿来整理，清理。这就是比较安定地写书了。写的书里头嘛，最大部头的书嘛就是《人心与人生》。其他的么还有这个，字数没有那么多的还有一些东西。

伍与林商量：今天是不是请梁老师休息一下，我们明天再谈吧，关于《人心与人生》这本书。

伍：梁老师今天你休息一下。我们想明天我们就谈一谈你写书的这个方面的情况。《人心与人生》，那么这些书都没有出来，没有印行。我们想了解一下书的大概的章节概况啦，以及还想了解一下呢在“四人帮”横行那一段时期,你在北京有一些什么经历呀,见闻呀。今天是不是就……

梁:那个当然是可以说了,关于“四人帮”的事情是可以说的,不过那不重要。

伍:因为外界对你后来的生活,就是现在这段生活,就是建国以后,知道得很少很少。你的情况就是这样:越是前面倒是越是清楚,在北大的,你年轻时候在北大的情况,在邹平搞乡建的情况,这都还很清楚,越到后来好像知道得就比较少。比方和谈期间的好多东西,由于书籍本身很少,所以外面知道得也不多。建国以后的情况更是不大知道。所以我们想这次来呢也是一种介绍,把被外界不大容易知道的情况,我们多知道一些。今天是不是就这样,然后……

第九天

1980.6.28

《人心与人生》“酝酿最久”

梁：那么我这个①呢是讲整个的人类的生命生活。也就是说，心理、生理，都统统【伍：统统包含在内】。不是俄国有个巴甫洛夫啊【伍：巴甫洛夫】，巴甫洛夫他是讲高级神经活动。

伍：对，对。

梁：高级神经活动。他自己说他自己呀是生理学家，不是心理学家【伍：对，对，对】，这个很正确。他的确是讲的生理方

① 指《人心与人生》。

面的。可是高级神经跟心理很接近。这个书嘛是……就是将才我说过的,是我这一生啊写作的东西里头酝酿最久,在自己酝酿,准备写它,酝酿最久【伍:对】,酝酿好几十年,最重要的。在我这一生所写作的东西里面就是最重要的。

伍:这本书一直还在你手边?还没有……

梁:现在手边没有,现在倒是可能在北京,就是那个学生那里还有。一个学生叫李渊庭,他可能抄了一部。

伍:他抄了一部?

梁:可是我倒现在手边没有。

伍:那怎么?

梁:因为有一个朋友姓赵,他叫赵展岳,他预备去……去美国,他预备去美国。他拿去抄。他抄的东西他预备带去,带出国。我的原本么他还我。但是本来在香港啊,朋友都是向我要这本书,要这个稿子。他们要拿出去印。拿出去印呢,可是,在海关上,出口的时候啊,海关上说,你如果是……国内已经出书了,是印刷品了,那么我们不审查就可以出去了。你如果说是,还是一个没出版的书,那我们不能通过。我们不知道你讲的是什么。(笑)所以呢就是这样的原因呢,就是没有,到现在没有能带出去。就是现在说的一个姓赵的,赵展岳,现在在吉林师范大学,他拿去抄。他预备,他自己的许多的关于高等物理的一些著作,也是中文写得好多。他以为他放在一起带出去,也许可以混过去。

“佛家的宇宙与人生”

伍：我们今天想请先生就谈一谈关于佛学跟儒学【梁：对，对】的相同和相异的地方。

梁：我按照我准备的来说一下。佛教，佛教是产生在印度。但是呢它在印度啊是后出，晚出。在它的前边是婆罗门教，那么印度宗教啊，哲学啊派系很多。佛教是晚出……可是呢，今天呢在印度几乎没有了。就是说佛教啊，它是传到印度外边去了。有南传的，有北传的。有往东边传的，它是传得很远。可是印度本土啊几乎没有人讲佛教。佛教等于没有。有呢只是传说，古代传说，比如中国有名的玄奘，玄奘的事迹，周总理去印度的时候人家还传说，告诉他玄奘的事情。就是在传说中有，就这印度社会看，没有。印度社会呀没有人研究佛教。几乎就是等于零了。这是印度的情况，印度佛教的情况。

那么底下我想稍微说一下佛教。佛教呢通常啊都是分有大乘、小乘，其实呢还有一个人天乘……还是这个给你带走①，带走看一看。那么是稍微要讲一下三乘吧。小乘教啊是原始的佛教。佛教本来就是这样，当初就是这样。那么原始佛教，小乘是原始佛教。那么它的内容怎么样的呢？我们要稍微讲一下小乘佛教。它是有名的叫作三法印。什么叫三法印呢？它就是指出

---

① 以下内容请参看字条，“小乘、大乘，1980.6.28 A”。

来三个要点。合于这三个要点的呀是佛教,是佛法。不合于这三点的就不是。三法印,三个要点。印是印合的意思。那么现在我们就说一下三法印。三法印是三个要点了,小乘佛教的三个要点。

那第一点呢就是这些诸行无常。【伍:诸行无常。】诸行无常。那么我们就极简单地讲一下诸行无常。什么叫诸行无常呢?诸行无常是说什么呢?是说啊,一切事物,都是流行的,像水流一样,流行而不住着,不停止的,不站住的。任何一切,宇宙的一切事物都是在那儿变化无常。行就是流行。那么宇宙,一切事物都是在流行中,也就是无常中,都是无常的。什么叫常呢?常就是站住,站着住下,停止一下。没有停止的,总是在那儿变化。这是它的这个宇宙观的第一点。

第二点呢就是诸法无我。所谓诸行呢,就是一切的一切都是在流行中啊。诸法呢,这个法呢就包含两种法。诸法就是不是一个法。不是单指什么事物啦,是一切事物。一切事物都无我。一切事物呢这个法,它就是在佛书里头用这个法字就当事物讲。一切事物呢,佛教把它分作两种,或者两大类。一类叫有为法,一类叫无为法。那么什么叫作有为法呢?就是生灭。无为法呢就是不生不灭。有为法跟无为法呀,好像是完全两样事情,好像是分别对立的样子。但是它不是那样,但是不是这样。它是说离开有为法,没有无为法。有为法跟无为法呀是不一,不是一个。不异,异是分开。不一也不异。

底下嘛就是,它本来是说一切事物,一切事物里头呢最重要

小乘、大乘、人天乘、性宗、相宗（唯識法相）
空宗、有宗、
三法印（一）諸行無常（二）諸法無我（三）涅槃寂
靜、有為法、無為法、起惑、造業、受苦、一
人生觀、破二執（我執、法執）、斷二取（所
取、能取）、自性圓滿、無所不足、妄尔向外取
之、圓滿宇宙一體、俱生我執、分別我執、
相似相續、非斷非常、前六識、末那識、
阿賴耶識、禪宗一教外別傳、密宗、

小乘大乘，1980.6.28 A

的呢就是人的生活。我们最关心的、最注意的就是人类生命，那么对人类的生命生活呢，佛教的看法呢就是六个字：起惑，造业，受苦。实际嘛是三句话。六个字是代表三句话。起惑是第一。起惑之后呢就是造业，造业嘛就是你这个善业恶业都是造业。你做好事，做坏事，善恶都是业，都是造业。那么你造业的结果嘛就要受苦。这是佛家对人生的看法。

伍：起惑是什么意思？

梁：底下要讲的。那么惑是指什么说呢？惑就是说有我，有一个我，嗬！你造业呀，你怎么样【伍：造】，有造业的事情出来呢？就是因为有我。所以惑就是有我说。那么随之有我呢就是有了惑了。有了惑嘛就要造业了。一切定理无论干好事坏事都是从……这来的。那么造业之后就是要受苦。所以佛家的人生观呢，就是这六个字。佛家的人生观呢，它看人生呢，不外乎起惑，造业，受苦。

那么所以，什么叫佛法呢？这佛法的要义，要紧的宗旨、意义在什么地方呢？就是破二执，破二执。执嘛就是执着【伍：抓得很紧】，抓得很紧，执着。两个执着，一个执着呢叫法执，一个叫作我执。这个法嘛就是一切事物就叫法。将才说过，法就是指的一，法这一个字在佛典里头代表一切事物。那么你把一切事物你对它当真的那么样看，你不能把它看成空，对它有执着，这叫法执。那么这个执着有我呢叫我执。我执跟法执呢是相因而俱来，彼此有因果关系的。因为什么呢？因为你总是啊，不但是人如此，生物都是如此，生物它都是向外要，要抓住什么东西，要取。取来嘛,(笑)呵呵,吃。它总是这么样个情况,从最原始的生物,最原始、最低等的生物就是如此,一直到人类还是如此,都还是如此。在佛家看来,这个就是最糊涂,最要不得。

佛家它是,它是否定人生的。所以在这一点上看,它跟儒家完全不一样。所以它管这个呢就叫作起惑。你总是在那儿向外要取得东西来满足这个……那么在佛家说呢,本来是自性与圆满,无所不足。意思就是宇宙人生啊原来是如此,原来是自性与圆满,无所不足。可是啊,你不知道怎么样一下失掉了这个自足。你向外去要找东西,你探头往外看,向外取。这个就是最错误的。

伍:就是起惑?

梁:这就是起惑。这个是最扼要的佛家的话。

伍:法执和我执区别是什么?法执是?

梁:法嘛就是一切事物。我就是我,有我,执着有我,就是说当你向外看向外取的时候,那不是有这两面,一面有我,一面有外头那个东西嘛。一面有法,一面有我了,对不对?……

伍:破二执就是不需要,要……使这两个东西都没有?

梁:唔。这是一个错误。它意思就是说,你是糊涂,错误,要不得。你要把它打破。这东西你失掉了自性圆满,无所不足,妄尔向外取足。老是向外找,老想抓住点什么东西,老想吃,老要吃。这个是有[ooo]。这个是向外取足。这个是最错误的。那意思就说是要破二执,破我执跟法执。断二取,二取是什么呢?就是所取能取。你老想向外抓东西嘛。要取么,老向外找嘛。这一面是能取,那一面是所取。能取所取呀是错误的,不应该的,不应该有的,有这个两面,那么要应该怎么样子呢?应该是圆复宇宙一体。

伍:这个话的意思,是什么意思,圆复宇宙一体?

梁:就是你,你现在啊,把宇宙一体打破了。打成两截了,一个是你想要的东西,一面又是这边有我,那边有个你想要的东西。把这个一体打成两片了,两段了【伍:要复归为一体】,要复归为一体,就是上面讲过的,你本来是自性圆满的,无所不足的。你糊涂了,你望了,希望的望,你错误了,错误向外取足。你本来并没有什么缺欠,而你可是无足以向外去找。这个是最糊涂,最要不得。佛法,佛教的要紧的意思就是在这儿。不懂这个那是不懂佛法的。佛法是最根本的东西。它在这个最根本的问题上啊,它有所点明。那么不是将才说,有我执法执呢,下面就是又讲出来我执法执还有分别。不但我执法执有区别,并且它是有两种执。一种叫作俱生执,一种叫分别执。是俱生我执就是与生俱来,跟生命呀,一起来的。与生俱来,与生俱来的叫俱生执。那么分别我执呢是后起的。

伍:分别我执是生以后有的。

梁:就是这个……

伍:俱生我执和分别我执就是?

梁:与生俱来的【伍:叫俱生我执】,跟生命生活分不开的。有生活生命就有我执。那么这种我执呢就是说不用等到你有分别物我的念头哇才有。分别我执就是已经后来了,我们已经会想事情了,会有意识了。

伍:生下来以后才有的?

梁:哎。这是,这在意识中的。俱生我执呀是超过意识的。比如说吧,人呢或者是睡得最沉实,睡着了。睡得最沉实,什么梦也没有,大脑完全休息了,什么也没有想了……那时还依然有我执,依然有我执。因为那个时候你还活着,你尽管连梦都没有做了,大脑根本没有意识活动,可是你生命还在,你的那个呼吸呀,血液循环呀,那一切的生命本有的那些活动还照旧活着,你没有死。你还是照样活着。那么这个活动的时候,就是因为有我才活动,不过不自觉就是了。那么不自觉的这个就是俱生我执。

分别我执呢就是自己在意识上分别你是你,我是我,他是他。分别我执呢是粗浅的。俱生我执呢是很深隐的。深隐,隐藏的隐。俱生我执呢是根本,俱生我执是根本。分别我执呢是比较粗浅的。就是离开俱生我执,离开分别我执,几乎我们就不会有穿衣吃饭一切的事。那么所以呢这个是根本的,是我们现实生活的一个根本条件。然而在佛家看呢都是错误的,就是这个都是错误的。为什么都是错误呢?还是将才讲的向外取足。向外取足,它是从分别物我而来。这个是物,这个是我。分别物我,向外取足,它总是这样。佛家说这个不对,这个完全不对。佛家的思想呀超过一切,超过一切的,[ooo]。

底下我们讲什么,把这个讲一下。这个是相似相续,非断非常。这个是讲的生命,讲生命。生命跟生活呀不是两件事,生命跟生活，那么可以这么说吧，生命是体，生活是用。那么生命或者生活，实际上是一回事，生命和这生活啊，它是流行不住的，没有一下停。它不能停一点儿，总是在那儿像水流一样啊流行。不暂立，没有暂时的停顿的时候。那么它是相似相续，就是说后者的跟前者的相似，就是今天的我，今天的我跟昨天的我是相似，并不是我，已经不是昨天的我。相似，相似而相续。接续，就是接续昨天的我，可已经不是昨天的我。

伍：连续下来了，又不是。

梁：相似相续。它还是根据将来的意思来，它没有一息的停住，总是在那儿流行。所以，普通的总是，人的这个粗略得很。就是粗略把今天的我还看作是昨天的我，还是那个人，其实不是，其实是什么呢？其实是相似就是了，并不是真是昨天那个我。

伍：是相似而不是相同。

梁：不是相同，不是一回事。相似的，相似而相续，接续，连续的。因为我们原来的一个小孩嘛，长大了。比如我现在八十八岁，我也是从一岁两岁长起来的，那么八十八岁的我跟当初一岁的我不是一回事，但是相似。某一点上还是相似，还是从相似而相续那儿连续下来。又是昨天的我，又不是昨天的我。不是昨天的我，又是昨天的我，它是这样。这个的时候，就要点一句话，就是普通人以为人死了就完了。不是，没有这个事，没有这么样子说是完了就完了，没有，哪里会完呢？以为完了就是断了，非断，非，非常，是吧？不会断的呃。它是个很勇猛，力量极大的。生命这个东西呀,特别是人的生命比其他的生命力量更大。它哪里能消灭呢?不能消灭的。不能说是就是,死了就完了。好像就是,但没有结束。

伍:没有结束,这是非断。那么非常呢?

梁:哦,没有结束,没有结束就是非常【伍:就是非常】。非常就是没有一个常一,就是常恒这个常,一二三四那个一。没有一个常一主宰的我。普通人很误会,容易以为我想怎么样就怎么样。我想说话嘛我就说话了,我不想说话就不说了,好像自己很能作主的样子。这是个表面现象,都是一个表面现象。你自己作不了你自己的主,作不了主。就是啊,好像是这样,好像我要怎么样就怎么样,其实哪里有这个事情呢?不是,不是这样子呢。它就是说种种的缘凑成的。

伍:种种的什么?

梁:缘,缘【伍:缘,缘分的缘】,缘分的缘,就是那个绞丝旁的那个。

伍:你给我写一下,记下来。行。一个绞丝。[①]

林:噢。

梁:众缘和合,很多的缘,就是很多的条件,很多的条件凑合在一块就有这么一桩事。

伍:和合?

梁:和合,和起来。

---

① 参看字条,“缘虑,1980.6.28 B”。

伍：和平的和？

梁：哎，和平的和。

伍：再加一个合作的合。

梁：哎，合作社的合。众缘和合。那么当下么出现了这么一回事，就是如此而已。这个不会断的，非常，就是像将才说的，今天的我并不是昨天的我，将才的我，不是，一下子就变了。就是相似相续，不是常恒的。普通人以为，很容易误会的，是常恒，恒常的恒。

伍：我就是我。

梁：哎。好像它是不留心呢，早已是变，早已是变，刹那变，刹那不住，就是不住下，【伍：不住，住是？】也可以写这个住吧。【伍：噢！】写这个住也可以，不住，不停止，没有停止的事情。根本这个宇宙间呢没有停留，没有停留的事情，没有。它总是在那儿很快地在那儿变，变得很快。那么将才我们讲的呢就是佛家的宇宙观，宇宙与人生，佛家的宇宙与人生，看宇宙人生就是如此。

佛教的八识

那么底下么就想把这个讲一下，就是破二执再说一下。破二执跟断二取说一下。二执里头呢就是分别物我了。那么对外物呢就是法执，对我就是我执。俱生我执呢是很深的，很隐的；分别我执呢就是我们自己头脑的，自己晓得我们说话之间心里

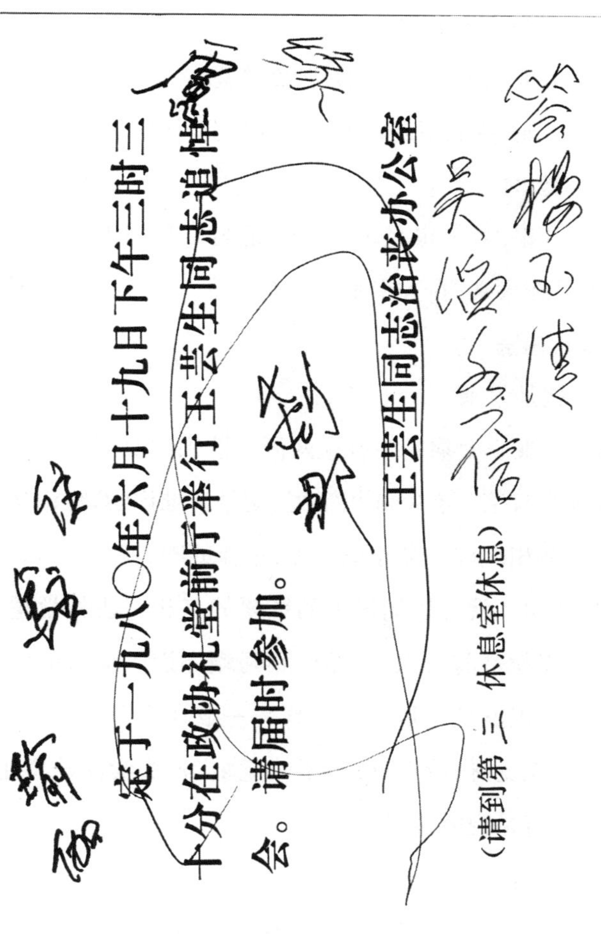

定于一九八〇年六月十九日下午三时三十分在政协礼堂前厅举行王芸生同志追悼会。请届时参加。

王芸生同志治丧办公室

（请到第二休息室休息）

缘虑，1980.6.28 B

头脑里想的和常常的有分别。讲到这个，讲到性宗相宗。这个比较不容易，相宗呢又是叫唯识法相。在相宗里头啊它是讲分析，分别，分析许多名相。

伍：相是什么意思？相是什么意思？

梁：比如，我们不是说照相馆也写这个相吗？

伍：噢，对。

梁：名相，名字也是名，人名，地名。我们不是……佛教里头，特别是在大乘，在大乘里头它有这个，有两大派，一派就叫性宗，一派叫相宗。

伍：就是大乘？

梁：大乘。大乘里头有这两派。性宗呢又叫空宗。相宗呢又被人称为有宗。有宗和相宗呢，就是讲唯识学，唯识法相。就是有许多名相。许多名相里头呢，重要的呢，就是前六识跟末那识、阿赖耶识。就是法相里头的重要的名相。法相学里头的重要的名相呢就是前六识、末那识和阿赖耶识。那么前六识是什么呢？前六识就是先是那个五样——眼耳鼻舌身。眼睛能看，耳朵能听，视觉呀，听觉呀，鼻子嗅觉啦，舌头尝的味觉啦，身体里有触觉，就是说摩擦呀。

伍：这是五个？

梁：这是前五，前五再加一个第六，第六个是什么呢？第六它是一个跟着前五，随着前五，就是说你当你用眼睛看，对吧，有一个感觉的时候，有这个感觉的时候，你看见了墙上的白，你不是单纯的一个感觉，实际上同时有这个意识参加。就是同时已经把它有一个分别了，有个分别。就是这个真正的纯粹的感觉，它是不落名言的，纯粹的感觉，你眼睛看到白，你起一个白的念头，没有理念。等你有这个念头的时候啊，那已经是把它跟黑呀、红呀、绿呀都分开的时候。那个分开的时候啊那已经是后来的事情，已经是意识的事情了，已经是第六意识的事情了。这就是眼耳鼻舌身，还有意，第六是意。那么眼耳鼻舌身加上意就是前六。前六呢都是对外的。对外的它就是一种作用，是一种工具性的东西，工具性。

伍：工具？

梁：工具。

伍：噢，工具。

梁：比如我们这个茶杯也是一个工具，桌子也是工具，都是工具性的东西。那么有一个运用工具的主体，运用那个工具的主体。那个主体呢，就是指末那识。将才不是讲到有俱生我执吗？俱生我执在什么地方呢？在什么地方？总在那里，念念执着我呢，念念不断呢就是在这个地方，末那识。末那它执着阿赖耶识为我，它就是按着这个，按着这个佛教法。它就是用个缘字。缘虑就是考虑，思虑。① 末那识啊，它与缘虑与阿赖耶识为我。就是将才说的那个最深隐，最深，隐就是不显露。最深隐的我执在这个地方，在末那缘虑阿赖耶识。末那识缘虑阿赖耶识就是那个深隐，很深，隐藏的隐，深隐的那个我执在这个地方。

---

① 参看字条，“缘虑，1980.6.28 B”。

它是有一个肤浅的我执，就是分别我执。我们自己会很……可是还有一个更根本的、更深的我执。那个我执很难破除，没法子破除。那个深隐的我执在哪里呢？就是在末那识缘虑阿赖耶识里的。

伍：缘虑的意思是什么意思啊？

梁：可以从字面上想到。很难说，很难讲。

伍：而且就是好像说不出来确切意思。

梁：末那识对阿赖耶识它起的作用就叫缘虑，缘虑阿赖耶识。那么阿赖耶识呢又被另外一个名辞，被名为藏识。藏，我们有西藏，蒙古西藏。藏识，藏识阿赖耶识，又称为第八识。因为有个前六，有个第七，到它这个地方就叫第八识。

伍：第七识就是末那识？

梁：末那识。末那识跟阿赖耶识分不开的。因为末那识缘虑第八识啊，缘虑将才我说过一下，它是很深隐的，不是在我们的意识上，可是我们生命的根本。就将才说的这个，你假定是这个，或者是有个重大的受伤吧。从高山上摔下来。死了一样，因为你没有死。为什么没有死呢？他还呼吸，他血液还循环，他心脏还跳动，可是意识是没有了。他茫然不觉了。这个时候就是说第七跟第八还在那起作用，可前六不起作用了。耳无闻，目无见，也不会想了，没有什么思虑了。虽然没有思虑了可是又没有死。所以没有死呢，就是因为第七跟第八还在那儿活动。他活动什么呢？就是一些我执没有破。他不是显露在我们这个，很显露的我。他是很深的，隐藏的，可是还是活动，还是很活动。

活动不已的一个执着的念头，一个我。这个我还没破，还没……

大乘、小乘与人天乘

伍：八识是大乘教讲的东西？

梁：对。

伍：小乘教是讲刚才的内容？

梁：小乘教它是讲六识不讲八识。

伍：小乘教讲这三法印？

梁：小乘教讲三法印。可是大乘呢，我们这个地方说一下，大乘呢是以小乘为基础，就是说小乘的这个东西，它这个三法印都被收入大乘，这都是……大乘以小乘为基础，就是说大乘是后起的，可是呢，可是站在原始佛教之上的。以原始佛教为基础，那么它怎么样子不同于小乘呢？（电话干扰）

伍：大乘和小乘的区别在哪里？

梁：就是，小乘啊它是原始的。

伍：原什么？原始的吧？小乘是原始的。

梁：原始佛教，原始佛教它是一个又叫出世，出离，叫出世，它就，它就叫作第三，我们就叫涅槃寂静。

伍：涅槃寂静。

梁：涅槃寂静。所以小乘呢它是要出世。小乘它是成功了。他的修行，他要做许多工，要做许多工夫嘛，那么他就可能有一个果，结果的果。那个果呢，就是阿罗汉，罗汉。大乘呢，大乘的果呢，大乘从开头发心那个时候起，一直到后来成功就是菩萨，菩萨。

伍：菩萨和罗汉有什么区别？

梁：罗汉是小乘的，菩萨是大乘的。大乘菩萨，菩萨是大乘的果，也可以说一发心就是菩萨。从一发心呐，发愿，发愿是发大愿，发大愿就是什么呢？发什么愿呢？发一个叫作不舍众生，我不舍开，不舍众生，不住涅槃。小乘呢它是要住涅槃。那个意思也就是说吧，小乘是自了，大乘呢，它是要普度众生。

伍：就是大乘要比小乘还高一招？

梁：就是显明得很。小乘呢它是自了。

伍：好像到了涅槃就……截止了。

梁：它所要的就是寂静，涅槃寂静，就是一个厌世。它是要出世。可是小乘是要出世。大乘呢主要是发愿要普度众生，不舍众生，他不舍开，不离开，不舍。不住涅槃，他不去住涅槃，涅槃寂静，它不求那个，这就是大乘。大乘是修的菩萨行。它一开头一发愿的时候就是发菩萨愿，修菩萨行，不舍众生。

小乘佛法呢是大乘佛法的基础，可是在这个基础上呢，它来一个大翻案。怎么样大翻案呢？它要回到世间来。小乘就是要出世间，要出世，它呢，就是还要回到世间来，所以呢，它是在小乘基础上而又翻过来。必须要注意这个，就是好像它是要回到世间来。它不像小乘离开人世，好像自了了，它还要回到世间来。可是，它是不出而出，不出世而又出世，出而不出。一定要明白这个你才算明白了，你否则就是不够通吧。你懂得只看它不同于小乘那一面,不够通的。它是小乘要出世,它也要。不过它这个出世啊可又不出,不出嘛而又出。你一定要懂得不出而出,出而不出,你才算懂得大乘。

底下嘛或者再加一句话,讲人天乘。它就是佛教的东西啊,它本来是跟其他的印度的教派、各宗有共同点。这个共同点是什么呢?就是否定人生。它对人生呢,将才说过嘛,它就是起惑、造业、受苦嘛。它是很看不起这人生的。它看人生是一个堕落。这种风气,看人生是堕落,要出世,可以说是古印度一般的普遍的社会风气都是这个问题。不同的宗派,在佛教以外的宗派,佛教以前的,跟佛教同时的,乃至后来的,都是要出世,都是否定人生,就是都是看人生是迷惑,看人生呢是那个不明白。所以印度,古印度的社会上普遍的风气是这样。比如来说……

伍:人天乘,讲人天乘。

梁:人天乘正相反。

伍:跟大乘、小乘都相反?

梁:相反。怎么讲相反呢,它是说……如果你要是做一个坏事,善恶的恶,你做恶事,你就会要堕落。因为将才说么,人死了并不算完。那么你呢就会要堕地狱。恶人你死了你就要堕地狱。你如果都是做好事,做好人很正派,不害人,那么可以升天。但是按它的说法,这个说法它有可能是,不是单是佛家的。佛教以外的印度的旁的宗派也有这个看法,也有这一个说法。这个说法叫什么呢?叫作六道轮回,一二三四五六那个六,六道轮回,六道是什么?就包含有什么重生呐,轮回呀,还有一个波修罗。

伍：六道的道就是道德的道？

梁：道德的道。六道轮回，里头包含的有地狱……

伍：这六道轮回不只是佛教是这样，印度其他宗教也有？

梁：好像是印度，佛教以外本有这样一个说法，这样一个观念。可是佛教呢也因袭【伍：就是人天乘因袭】。就是说这六道轮回啊是印度本土社会流行的说法，佛家呢也因袭这个说法。那么在因袭这个说法之内，之中，就是说，假定你这个人的一生你都是做的好事，没有做恶事，没有做害人的事情，那么你就可以升天，或者是来世还是人。或者升天，或者来世还是人呢，这叫人天乘。

伍：那么大乘、小乘就不讲天堂、地狱这个说法了？

梁：讲，也讲。

伍：那，那人天乘跟它有什么区别呢？

梁：你没有信佛，没有信佛法就不能正果，心正的正，因果的果。你要做工夫才行。工夫嘛种种不一了。可是比如像大乘佛教，就是六波罗密，那么简单地说呢就是戒定慧。戒，守戒【伍：守戒】，守戒就像是不杀生，不杀生就是守戒。不结婚，就是戒，一定要持戒。由于持戒呢才能够修定。修定嘛就是打坐。打坐嘛就可以入定，这一种修定入定在印度呢，名称呢中文翻叫瑜伽。[①] 瑜伽当然就是翻音了，就是 yoga。

---

① 参看字条，"缘虑，1980.6.28 B"。

林：噢，这个就是 yoga。

伍：Yoga。

梁：那么就是由戒嘛才能入定，才能修定。不守戒律呀那你很难入修定。修完瑜伽修完定之后才能有慧，慧是智慧。由戒而定，由定而慧。戒定慧是三样。可是大乘呢是讲六样。六波罗密，六波罗密么就是在这三个，将才戒定慧之外又加三样。加一样呢叫作布施。布，穿衣的那个布，施就是施舍【伍：布施】布施。布施波罗密，布施波罗密就是什么呢？就是什么东西我都可以给人。施舍，跟吝啬相反的意思。你如果还想，这个是我的，我要留着，那就……要不得。什么都给人，布施。完全没有什么这个，无保留。布施波罗密很要紧，那么还有一样，这个算第四样吧，还有一样叫作忍辱波罗密。忍辱就是人家打你骂你，这你完全没有计较。意思呢打你左脸你要[ooo]。这一点呢很相同。忍辱波罗密，没有，不计较，这是第五个。还有一个叫精进。精就是精神，进是进步【伍：精进波罗密】，精进波罗密，就是你不要懈怠，不要懒惰。精进，刻刻要向上，刻刻要求进步。要加上这三样，加上布施、忍辱、精进，那么就是六个波罗密。

伍：波罗密这三个字是，意思就是？

梁：它是按照玄奘翻译家的说法嘛，它那个内容含义甚丰，意义很丰富，不好翻。如果翻译出两个字来包括不尽，所以我们就不翻，就是用这个翻音的方法。波罗密，波罗密都不翻，看来这个勉强也都翻了，勉强翻就是到顶了，到了内涵了，到了内在了……到了那边，从这边到那边，到彼岸，岸是海岸，河岸，到了那边。这个……【伍：大乘，小乘，人天乘三个乘呢？这是这个……】就是说人天乘啊，在佛教里头是最粗浅的。就是告诉人呢你要做好人，不要做恶人，要行好【伍：要行好，否则要下地狱】。这样子你能够一生行好呢，就可以升天。最普通的呢，你也许来生还是做人，来生呢还是人，而不是堕地狱。这样不会变成[ooo]。因为这个，因为小乘大乘呢都是要出世，人天乘呢不求出世。因为你就是呢，做人呢固然还是在世间了，你就是来生呢升天，天也还是在世间，没有出世。世间跟出世的分别是什么呢？世间是生灭，有生有灭。不生不灭才是出世。不生也不灭，是我们前面已经说过一下，就是生灭跟不生不灭不是两回事，不是两回事。但是这个不生不灭跟这个生灭好像是两面。这面，[ooo]。大概就是这样，就是说差不多。

禅宗与棒喝

伍：那个禅宗密宗？

梁：我再说一下禅宗，再说一下密宗。无论禅宗或者密宗，都是佛教里的宗派，都是从印度传过来的。可是呢，禅宗呢虽然是从印度传过来的，可是到了中国呢大发达而特发达，特别地发达。在印度没有这样，所以就是有些宿命论者，它就，禅宗啊来带领，好像就是禅宗。其实不是。其实呢，就是用禅宗自己说的，禅宗是教外别传，禅宗是自己的，教外，另外传，别传。那么实际上也还是从印度来的。在中国嘛就是一般地知道的就是六祖，禅宗六祖。当然达摩算是初祖，达摩是初祖。二祖，三祖，四祖，五祖，到六祖嘛就是，刚好是禅宗盛行，唐代的。就是在广东、福建，在广东曹溪，广东省的北部曹溪……【伍：曹溪。】曹孟德的曹，溪嘛就是三点水，河流，溪水，溪边的水，这样写的，曹溪。

伍：六祖据说还是个不大识字的？

梁：就是。

伍：他并不是禅宗的创立者。他只不过把禅宗倡导起来了。

梁：六祖，第六，到六祖嘛，六祖以后禅宗在中国就是大发展，盛行，这宋明儒者，他就把禅宗当佛教，其实不是，禅宗不过是佛教中的一派。

伍：禅宗讲些什么呢？

梁：禅宗它就是，认真地说就是什么也不讲【伍：嗬】，什么也不讲。

伍：所谓心中无尘埃，是不是？

梁：就是有一部书叫作《景德传灯录》①。

伍：景德……是不是江西景德镇？

梁：景德镇，江西有那个瓷器。

伍：对。

---

① 本书原题名为《佛祖同参集》，宋景德元年（1004 年）东吴僧道原撰，后被收入《大正藏》。

梁：那两个字，《景德传灯录》。

伍：传，宣传的传？

梁：宣传的传。

伍：灯？

梁：就是电灯的灯。《景德传灯录》，就是说灯可以，灯就是可以理解。《景德传灯录》，这个是禅宗的一部书。那么后来还有一个《续传灯录》。最后呢有一部书，叫作《五灯会元》，五个灯。就是说呢，连续发展，从传灯录，续传灯录，再续，直至《五灯会元》。

伍：会元是？

梁：会起来，会合的会。

伍：会合的会。

梁：元是元亨利贞的元。

伍：元什么的元？

梁：元亨利贞，上边两横，底下一个儿。

伍：噢。

梁：《五灯会元》就把禅宗后来发展的情况一直都有记载。

伍：似乎是讲禅宗的书。

梁：禅宗呢自号为教外别传，[ooo]，它不讲看经、念经，甚至也不讲究戒坛的坐功，也可以说是什么也不讲。[ooo]禅宗的住持，一个和尚，请教他，当头一棒。棒，棍子。当头一棒，什么话不说。当头一棒，那个学生就明白了，就是这样。

伍：嗬，这个学生不好当。

梁：还有呢，大喝一声。他来了，向老师请教。向人家大喝一声，大喊一声。噢，那个人呢，就明白了。棒喝。这是禅宗的一个外[ooo]。那是禅宗的事。

伍：还有密宗？

梁：总体来说嘛它是那个，禅宗它是教外别传，不立语言文字，立，就是建立，不立语言文字。

伍：禅宗在中国知识分子里面很流行，好像很多知识分子都，特别是……

梁：实际上呢，恐怕都是在那儿猜，都从哪儿来的，因为咱们……但是在头脑思想中的变化不算什么，但是在头脑意识上的变化不算什么，那怎么算呢？那没有什么道理，没价值。而且真正它是在你的生命上起一个根本的变化，这才算。

伍：这个很深奥。

梁：他一定要是在自己生命上起一个根本性的变化，换一个人呢。他们在禅宗有一个是悟了。悟了就是明白，悟道了。悟的时候人在变，换一个人。如果你还没有换一个人，那你不算。那算什么呢？你仅仅好像是一种，你在头脑意识之间，你多少有一点什么变化，那不算什么。所以，说到这个地方我可以说一个故事，也可以算一个笑话，就是在那个《传灯录》里头的事情。《传灯录》里记载，就是有一个禅师，禅师叫作邓隐东。邓是邓小平的邓，隐就是隐藏，东是山东的东，邓隐东。邓隐东禅师他是……翻过身来的吧，他真正是生命换过来的。怎么样子可以决定他的生命是翻过来的呢？他可以有来去自如，来，去，自如。就是他自主,自己做主,自主,自如,达到一个很高的程度。如果你这个生命,你还是要老了,生了病了,治不好了什么的,这个不算,没有什么自主自如。他在禅宗中得道的,他是生命转换,他能够自主自如。说一下邓隐东的故事。《传灯录》这样说的,记载。他说:"我去也。"我走了。他栽一个跟头,头朝下,脚朝天,死了。(众笑)他的妹妹,也是禅宗,也有功夫,摸他,说:"你到死啦,你还作怪。"批评他。哎,他一下倒过来,脚站地,头朝上,还是死。这是《传灯录》里的一个故事,意思就是说来去自如。

密宗与唯识宗

关于禅宗的话呢我就不多说了,说一下密宗。密宗啊在中国就是在西藏。西藏的佛教是密宗。那么据我所听人家讲,藏密里有东密。东密就是密宗传到日本去,东密。【伍:东密。】那么西藏叫藏密。密宗内容是很复杂的。密宗呢内容很丰富。它好像是把印度很多外道,很多外道的学问功夫吧,吸收进去了。密宗吸收很多印度的外道学问。所以印度的菩萨也称作[ooo]。这么一个宗派跟其他的不一样。其他的在我写的《印度哲学概论》①里头列举的中国的佛教有十三宗之多,可是这个十三宗呢并不是同时有十三宗,有的后来不存在。曾经有过一个时期

① 《全集》卷一,第23—247页。

[ooo],后来没有了。主要的宗呢没有十三宗之多,还有这十三宗里头包含小乘。小乘有一种叫俱舍宗,有一种叫成实宗。这两个宗都是小乘教的,在中国也曾经有过,有人讲求过。俱就是一单人旁的俱,[俱舍无我]的俱。俱舍,舍嘛就是施舍的那个舍,俱舍宗。成实宗,成是成败的成,成功,实呢就是虚实的实,实在的实。俱舍宗和成实宗,在十三宗里头包含这两个宗。这两个宗可也是曾经在中国有过,但是属于小地方。在中国比较盛行的是,很有势力的,是华严宗,有一部经叫《华严经》。

伍:我就记得《华严经》。

梁:华严宗,天台宗。这两个是中国的佛教里最有势力的两个宗。

伍:这是大乘还是小乘?

梁:大乘。但是呢,它们既跟禅宗不一样,跟密宗也……

伍:那密宗是怎样?

梁:将才说密宗是信菩萨,包罗的东西很多,把印度外道的东西它也都吸收进来了。有许多修行[ooo]。好像从某一面看跟禅宗是相反的。怎么是相反的呢?就是这个,禅宗么,真正的禅宗是不供佛的。禅宗里面有那样的一个故事,不是笑话,就是佛经里头讲的佛降生。就是有一部经,有一部讲过佛出世,佛降生,来到人世。经上说佛降生在地下走七步,"天下地上,唯我独尊",有这么一句。禅宗就是说,他说:"我若见过,我若看见他,一棒打杀与狗子吃。"嗬。

伍:连佛祖他都要打,他都可以打杀。

梁：一棒打杀，与狗子吃，喂狗吃。

伍：禅宗也可以骂佛的……

梁：就是，呵佛骂祖……禅宗在中国很盛行，才像他这么[ooo]。

伍：那么唯识它是宗吗？那个唯识派？

梁：唯识，又叫作相宗。南京欧阳竟无[①]，他是专门讲唯识……

伍：他是十几个宗派中的一个？

梁：哎，就是。

伍：那像这个他是？

梁：就是讲玄奘。

伍：玄奘。

梁：玄奘……从印度传过来的学问。这个学问是非常之近于科学。怎么样地近于科学呢？他就是很有……他有很多的分别，名相分别，不能有模糊，不能乱。

伍：名相是不是两个对立的东西，还是一个东西？

梁：一个东西，单一的名字。

伍：目前我们研究佛学的人好像不是很多，吕澂先生[②]是？

---

① 欧阳竟无(1871—1943)，名渐，字竟无，江西宜黄人。支那内学院的建立者，复兴法相唯识学，是现代中国佛教研究之先锋。著名的弟子有熊十力、吕澂等人。

② 吕澂(1896—1989)，原名吕渭，后改名澄，字秋逸，也作秋一、鹜子，江苏省丹阳县人。著名佛学家，民国时期曾任中央大学教授。

梁：哎，他就是属于唯识派，吕澂是欧阳的弟子。

伍：吕澂是欧阳的弟子？

梁：大弟子，第一名……

伍：第一名大弟子？

梁：就是没有比，在欧阳先生门下没有再高于吕的。

伍：那赵朴初[①]不是？

梁：哈，他本来是上海的一个新[ooo]。在党方面要物色一个人，那么找一个人。因为党它需要统一战线，他要把各个民族各教派的宗教的都要联络。

伍：[ooo]。

梁：要联络，那么它就在上海看上赵朴初。在佛学派[ooo]，佛教协会看上赵朴初了。他年纪轻，第一年工作，现在都已经三十年了，老的都故去了。最初的，开头的，圆瑛[②]，方圆的圆，瑛呢……

伍：因为所以的因[③]？

梁：啊？

伍：噢，佛学因果的因。

梁：对。

---

① 赵朴初（1907—2000），安徽安庆人。民国时期曾任上海市佛教协会秘书，一九四九年后曾任中国佛教协会会长等职。

② 圆瑛法师（1878—1953），中国近代佛教领袖。1929 年与太虚共同发起成立中国佛教会，并连续数届当选主席。1953 年中国佛教协会成立，被推选为第一任会长。

③ 此处有误。是瑛非因。

伍：这人是？

梁：出家人，和尚出身，从前是。他死了之后就是把西藏那个虚云嘉措……①

伍：啊，虚云嘉措。

梁：虚云嘉措出来了。虚云嘉措算佛教协会的。天上的云，虚云，空虚的虚，这几年年老的都死了。

伍：虚云嘉措？

梁：云彩的云。

伍：虚是什么虚？

梁：空虚啊。

伍：噢。

梁：虚云他现在都不在了嘛。他本来是年轻嘛，现在嘛有三十年，四十岁现在也变成了七十岁了。现在佛教协会实际上就是他主持的。

伍：那吕澂老师？

---

① 此处有误。接任中国佛教协会会长的是喜饶嘉措（1884—1968），青海循化县人。藏族佛教大师，一九四九年后曾任中国佛学院院长。虚云禅师（1840—1959），湖南湘乡人，近代禅门泰斗，曾发起成立中国佛教协会，并任名誉会长。

第十天

1980.6.29

“众生都是佛”

梁：道理中吧，或者他的思想中吧。他是说佛啊就是宇宙本体。……（梁在写字）普通我们看见的宇宙，我们接触的宇宙，这个是复杂的现象。就是万象森然，种种不一。

伍：万象森然？

梁：万象森然，形形色色，种种不一。但是它这背后是一回事，背后是一个。所以一跟多是一回事。一，多，看着是多，其实是一。一就是多，多就是一，它就是我们将才说过的这个，表现出来的好像是种种不一，其实宇宙本体是一。而佛就是一个本体，意思是这个意思。人人都是佛，只是人们自信不及，自信不好。好像，你告诉他，你就是佛，他不敢相信。佛家的意思就是说众生都是佛。有人也许是怀疑，就是活的人，活的动物，乃至有生命的，是佛。那么死的物质也是佛吗？有人这样的有疑问。这个疑问呢是出于一种错误。什么错误呢？就是就好像没有生命的东西，天呢，地呀……房子，其实它没有……独立性。它是有生命，包含在有生命之内的，是跟生命不可分的，因为生命要倚托于它。生命要倚托，依靠，倚托于物质。物质跟这个，生命离不开物质。物质跟生命合起来才是一回事，离开了物质没有生命。但是这个话嘛就是说到这一点。再一点呢就是佛跟这个，我们跟佛的不同吧。将才已经说过人人都是佛，就是自信不及了嘛。那么，我们跟佛的不同，那就是，就说是分别吧，就是迷跟悟的不同，迷，悟是明白哪。那么迷跟悟，佛，就是悟了的人，人嘛普通的人就是还在迷之中的佛。而迷跟悟呢是，迷跟悟是一种误会，误会就是说，比如我们迷失了方向，我们把东呢当成了西，西嘛误认为东，这个就是迷失方向了。那么，这个时候，这个方向是不是因为我们迷，它就换了呢？并没有换。东还是东，西还是西，不过你把那东当成西，西当成东。等到你明白了之后呢，它还是，东是东，西还是西。这是你自己错误就是了，事实没有变。佛家他看事情就是这样一个看法。众生跟佛，悟就是佛。迷呢就是实际上是佛，他自己也不知道，他自己在这样糊涂中。只要他一明白就全都对了。所以佛教啊是跟其他的宗教很不一样的。

伍：它有一个比较很精细的哲学观点、哲学思想，不像别的

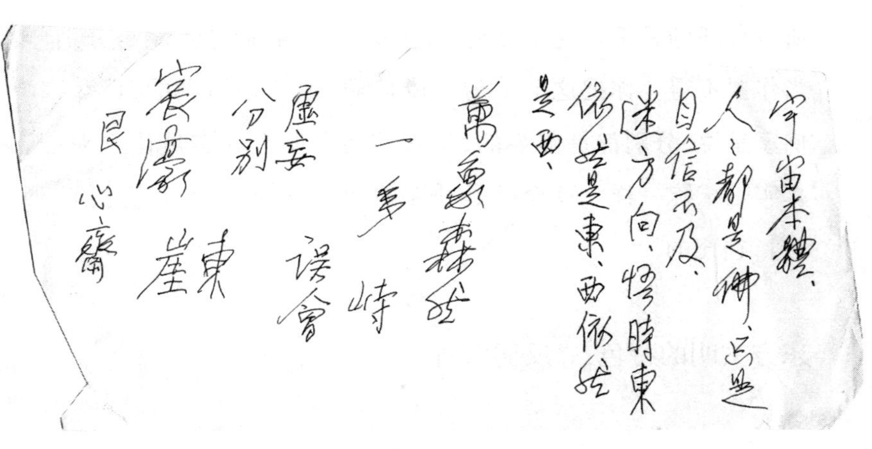

宇宙本體、
人人都是佛、只是
自信不及、
迷方向、悟時東
依然是東、西依然
是西、
萬象森然
一事峙
虛妄 誤會
分別

宇宙本体，1980.6.29 A

宗教,好像就是哲学思想上不是像它发展得那么……

梁:它就是,佛教以外的普通的人的观念知识,乃至于其他的宗教的观念知识都是……都是在佛家说就是虚妄分别。普通我们总是以分别为知识。这个是木头,这个是玻璃,这个是纸。如果你把纸说成是玻璃,把木头说成是纸,都不对的。所以普通的是重视这个分别,看重这个分别,而把不晓得分别当作要不得。你把这个木头当成玻璃,你那是错误的,那么,佛家是说,分别都是虚妄的,不真实的。那么真实是什么呢?真实是统统一样。这个就是补充的话,好像昨天没有讲【伍:对】,补充的。

东方文明的特色:“反躬内省”

那么再讲一层,就是西洋的学问,它是西洋文明的优越处,长处。它就是建筑在分别上。科学知识就是建筑在分别上。这个就是西洋的文明,长处就是在征服自然,利用自然。自然界,对大自然界是能够征服它,利用它。比如电,人能够明白了电、电力的道理,人就利用电,就是用天地间的一切东西吧。风的力量,水的力量,物质的力量,你明白了它,你就能够控制它,能够利用它,这就是西洋人的长处。西洋文明就是你征服自然,利用大自然,那么这个无疑地是一种长处,是一种了不起,是一种成功,是了不起,这个很了不起。

那么东方人呢短于此,东方人在这方面很缺乏,很短。中国人，东方人包含印度，中国跟印度。东方人在这些个地方很不够。不过它这个不够啊，你不可以错误地误以为它就是赶不上西方。它不是赶不上西方，是什么呢？是因为它走了旁的路。不是说，这个不是说中国人，就单说中国人，中国人啊走得很慢，西洋人走得很快。西洋人嘛走出去那么远了，中国人嘛才走了很短很短的路，不是这样。那么是什么呢？中国人走到旁处去了。没有往那个方向走，那个方向它赶不上它。可是它拐了弯了，它拐了弯了嘛。所以嘛，它不是赶不上，它是永远也不到那个地方，因为它走旁处去了。所以这个假定是说中国是中国……西洋是西洋，或者东方是东方，西方是西方，彼此老不见面，那么中国老走中国的路，西洋走西洋的路，中国不是说还没有创造出飞机，哈……

伍：轮船。

梁：轮船，这一切的，它是永远它不会创办，因为它到旁处去了嘛。不是它走得慢，是它那边那个方向、路向不同，那么它那个路向不同点出来是，它的路向是怎么回事，怎么个路向呢？就是反躬内省……（梁在写字）因为普通的我们人是从低等的生物、原始的生物这样子发展进化来的。眼睛嘛是向外看的，是吧，手嘛是向外去的，本来都是向外。可是现在东方人呢，它转回头了，反躬内省。反躬内省是中国人跟印度人……中国文化，古印度的文化，中国、印度的古文化，总起来是东方人吧，东方人的创造、成功都是在这一面，都是在反躬内省。对于这个面，是它的特色、特征。中国的文化文明都是，特色都是在这一面。因为它在这一面，所以它就把那一面漏掉了。所以它如果东西不交通，东是东，西是西，那么中国人永远不会火车、轮船、飞机、大炮，这些它都搞不成。尽管它前半截，它也有许多的创造发明。在物质方面，像是火药啦，造纸啦，什么这个许多，不是有四大发明吗？有许多的发明，那它是在它前半截的历史上是有。后来它就慢慢地方向就转了，后半截慢慢就转了。所以它就是说科学的萌芽它有，在中国文明里头有，不过，慢慢地它没有彻底走下去，没有本着科学的那个方向彻底地走下去，拐了弯了。大概这个就是今天补充的话。

再还说一句话，东方比西方进一层地讲它这个意思已经有了，就是从某一个意义上讲东方的学说就是向内的学说，比那个向外的学说深进一层。所以呢我就是常常说这个话。（电话干扰。）所以我很早，我就是指出来，东方文明啊是一种人类文明的早熟品。它应当是在未来，在将来，世界未来的时候才能够发生发达的东西，可是在东方很早出现，一种早熟……那么按照我的过去的书里说的嘛，就是最近的未来，就是不很远，最近的未来讲是中国文化文明的复兴。所谓最近的未来，如果更把它说明白一点呢那就是资本主义之后，资本主义之后是社会主义，社会主义乃至共产主义，到了那个时候，社会主义共产社会，共产主义的那个时候，人对物的问题就成为过去，不重要。那么人与人呢，如何相安共处这个问题成了一个当前的问题。就是人对物的问题可以放到旁边了，可以随手去解决了。可是人与人呢，怎么样才能够相安共处啊这个问题是一个当前的问题。可是中

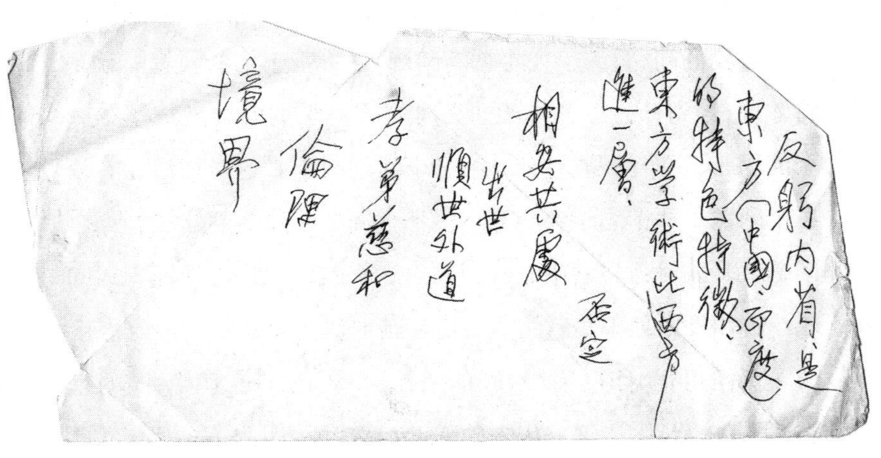

反躬内省、是
東方（中國、印度
的特色特徵、
東方学術比西方
進一層、
否定
相安共處
出世
順世外道
孝弟慈和
倫理
境界

反躬内省，1980.6.29 B

国的圣哲、圣贤、哲学、哲学家很早就注意这个问题，他就是注意人与人之间相安共处的问题。……这个相安共处的问题是一个在人对物的问题之后的问题。人对人的问题……

我是把这个问题分为三个问题。人对物的问题是一个比较浅的问题，是一个先有的问题，最早有的问题。人对人的问题高于人对物的问题，深于人对物的问题，是一个第二的问题。就是将才说，等到社会主义共产社会时候人对人的问题就成了第一个问题，头一个问题。【伍：第三个问题？】那么这时往后才有第三个问题。那个恐怕要相当远。那个问题是什么问题呢？那个问题就是人对他自己生命的问题。这个问题就是古印度人的问题。古印度人他不是肯定人生的。他对人生是持一个否定态度的。奇怪得很，印度啊，不同的宗派，不同的思想家，不同的宗教，只有一派，除了这一派之外，统统都是否定人生的。那一派，就是在佛家里说，佛家它是把佛教以外的就看作是外道。那么有一种道呢，佛家就名之曰顺世外道。顺世外道就是跟所有其他的教派都不同了，它是肯定人生的，就是它了，它不要求出世。就是说顺世外道不要求出世。顺世外道以外的……古印度人他都是要求出世的，思想很怪。

伍：那就是说佛教的哲学是解决人类的第三期的问题的？

梁：哎。

伍：这个好像是先生一贯的指导思想，从最早的著作中间就……

“儒佛异同论”

梁：最早我就是这样一个看法……那么这个①……（梁在找材料）。今天这样说，不只是这个问题：儒家跟佛家的异同。我开头这个话就点明了，点明了是什么呢？就是儒家呀从不离开人来说话，他这个立足点呢是人的立足点。说来说去总还归结到人身上，不在其外。可佛家呢就相反，佛家是站在远高于人的那个立场上，总是超开人来说话，可也并不归结到人身上。那么所以儒家算是世间法，佛家呢是出世间法。就是说儒家讲的是人生的道理，讲人生，讲这个世间，就是说世间生活。佛家呢它是超过了人生，它是要成佛。它就是奇怪得很，印度很早它就是这个，很早它就是看人生是迷妄的、虚妄的，不止它这一派如此，不是一派如此，佛家以外就是如此，那么佛家后出来的，也是如此。在这一点上儒佛不相同。所以儒家它是讲人伦。

伍：讲伦理。

梁：伦理，讲人伦。它就是说，人是一生下来就有跟他相关系的人，就是他一生下来他自然有父母吧，兄弟吧，姐妹吧。所以他这个人一生下来就有跟他相关系的人，并且他永远要在跟旁人相关系中而生活，不能脱离人群，不能脱离社会。所以嘛，怎么样子跟旁人，人与人呢那能够相安相处，相安共处是一个离

① 指“儒佛异同论”，参见《全集》卷七，第153—170页。

不开的问题。这个问题时时刻刻你躲闪不开，你要离开不可能。所以，儒家嘛它就是，儒家的学问都在这里，都在这个地方。这个时候嘛就要点一下，是什么呢？跟近代的西洋很不一样，相反。这个……怎么样相反呢？就是按照儒家的道理，也可以说是四个字。四个字是什么四个字呢？是孝悌慈和。

伍：孝悌慈和？

梁：孝悌慈和。孝悌慈和对于我们要用，指出来它的要紧的意义。它不是站在个人本位，自我中心。而西洋人呢都可以用这四个，噢，八个字：个人本位，自我中心。我是中心。可是呢，中国儒家呢它就相反，相反呢，怎么相反呢？它是相关，人与人都在相关系中生活喽。人不能离开人而生活哪，人与人不能离开人生活嘛。在相关系中的两方面互以对方为重。在相关系的两方面，比如说，父母同儿女，这是两方面。父母呢要慈，不是站在父母的本位，而是互以对方为重，把对方看得重要，把对方看得重要呢，在父母来说就是慈，慈爱。把儿女看得重，要讲求慈，这个是中国的道理。这个就是跟那个将才说的个人本位呀，自我中心相反呢，是吧？所以呢，在中国的伦理上，它是把义务摆在前头，重视义务。父母的义务是慈。而儿女呢转过来了，义务是孝。都是将才的一句话，就是互以对方为重，重视对方而不是重视自己。在相关系中互以对方为重，这是中国的道理，这个道理就叫作伦理。

伍：所以儒家的思想不是宗教，它也就在这里。

梁：啊，儒家不是宗教嘛，证据很多了。这个是应当从另外一些个证据来说。比如孔子回答弟子提出来的问题，他说："未知生，焉知死。""未能事人，焉能事鬼？"宗教呢它总是把这个，（笑）离开现世说死后的事，说鬼神。可是那个他不讲，他就讲现在的事情，"未能事人，焉能事鬼？""未知生，焉知死？"宗教它总是要说死后的事情，总是要说鬼神。而他，他是说"敬鬼神而远之"，还有"子不语怪、力、乱、神"，所以他，儒家，孔子不是宗教，很明白的。现在……

伍：佛教[儒佛]的异同，就是讲到，在相关系中互以对方为重，这就是叫作伦理。

梁：这就叫伦理。这个里边呢，还有许多话，就是讲，不去都讲它，可以带回去看一看【伍：回去看一看】。这个又把这个地方讲一下，儒家跟佛家，它都是要讲修养。那么什么叫作修养呢？修养就是生命的向上，提高。生命，每个人都有他的生命，生命的向上，提高，就叫作修养，佛家要有修养，儒家也要有修养。这是佛家跟儒家，佛儒相同的，都要讲修养。那么除了都是要向上，把生命向上提高，这个要做到活泼自如。很活泼，自如，如何的如，自，自主自如。这个也是佛家跟儒家相同的地方，都是要做到自主自如。不过程度不同。意义上有它相同的地方，但是境界不同。【伍：境界。】……（梁在写字）①

梁：它都是讲修养的。境界不同，从孔子他自己，说明他自

① 以下内容请参看字条，"反躬内省，1980.6.29 B"。

己的话里头可以看出来，可以看出来是他一生，孔子的一生哪，有浅深高下的境界，就是他很早说过的那个话："吾十有五而志于学，三十而立，四十而不惑，五十而知天命，六十而耳顺，七十而从心所欲不逾矩。"[1]这是他自己说的话。还有那个话，就是人家问他的弟子，那弟子说不上来，不好回答。孔子他说，你为什么不说他"发愤忘食【伍：发愤忘食】，乐以忘忧【伍：乐以忘忧】，乐以忘忧，不知老之将至尔"。[2]

伍："不知老之将至尔。"就是问他的弟子？

梁：问他的弟子，他的弟子不好回答，不敢回答，说不清楚。

伍：就是问孔子是个什么样的人。

梁：他说你为什么不说他是这样一个人呢，他是一个【伍：废寝忘食】发愤忘食，乐以忘忧，他不忧的，"不知老之将至尔"，他老了都不知道他老了。

伍：这就是孔子。

梁：这是孔子。所以呢，从这些个地方都看出来他这个儒家的学问讲的是这个东西【伍：是入世】，是讲的生活，人生，讲人生的生活。他的学问就在他的生命上头。学问放在自己的生命上头，这一点呢，儒家佛家好像是倒相合，不一定相同，可是他还是这个路子还是差不多，都是回到自己身上来，反躬内省。反躬内省是东方学术。西洋正相反，西洋是向外看，是向大自然进

---

① 《论语 · 为政第二》。

② 出自《论语 · 述而第七》。原典为"不知老之将至云尔"。

攻。不过附带要说一点的呢，就是古人，就是说孔子的后代，孔子以后的人，就算是宋明人，比如像是宋朝的程朱……

伍：程朱，程颐，程颢，朱熹他们。

梁：哎，那么像朱，朱熹就是朱晦翁，朱晦庵，【伍：朱子】他们呢，常常要说，常常要讲，讲孔子自己说的那些个话。那么在我呢，我就是说不对，不应该那样讲。你比如，我的意思就是说三十而立，十五而志于学。（电话干扰）

伍：十五而志于学，三十而立，四十而不惑。

梁：这是我的意思呢，十有五而志于学，学是什么学？不大好明确，不准知道是一个什么学问，因为他只是，只用一个学字，究竟是个什么学呢？那么大概嘛不是自然科学，大概嘛也不是什么政治经济学，大概都不是。这上下文看去，他是总是讲他自己的生活，我们……只能够看到这一步，再多的就不能知道，是吧。所以十五而志于学，我们只能够懂得的很少。三十而立，那个立，怎么叫三十而立呢，是吧。从这个字面上看呢，我们也认识那个立字。可是立什么呢？怎么样立法呢？不知道。那么"四十而不惑"，不惑就是说不迷惑。迷惑，对什么不迷惑呢？也不清楚。"五十而知天命"，什么叫天命嘛我们也不清楚呀，怎么样知天命呢？谁……知道呢？孔子他说的是什么呢？"六十而耳顺"，耳顺两个字更不好懂。朱晦翁嘛朱子①嘛就说是"声入心通"，声音进去了心就通。孔子、朱子讲这个话，他用这

---

① 朱晦翁、朱子，即朱熹。

个话讲。

伍：这个就是声……

梁：声音。耳朵不是听声音吗？声音入了心就通了【伍：声入心通】。这个话显然太……就是字面上那么敷衍讲。究竟什么叫作声入心通呢？你怎么就知道耳顺两个字就是……就是声入心通呢？那近乎都是一个猜想。并且我们还可以说，在孔子，他的学问是一种生活的学问。他的学问是一个他自己生活的学问。这是将才说过，不是自然科学也不是社会科学，他的学问就在他自己身上，就在他自己生活上。那么我们可以说孔子他不到六十岁的时候，他还在五十岁的时候，大概他也还不知道他六十岁的生活那个境界【伍：境界】，他还，不太知道。他自己都还不知道，你怎么会知道？你不应当说，不应当瞎说。所以，我们所能够说出来的就是孔子的学问呢，不是自然科学，不是社会科学，而是这个人的生活，生命生活之学问，是这个情况。跟后边他那个“不知老之将至”就是印证，都是说他自己的生活。更多的我们不能知道。我们只可以懂得的是这样。我的意思就是在这一点上，学问在自己身上，在生活上，这一点呢是儒家、佛家很相近或者相通的。相近，是啊，不能说相同。

伍：相通？

梁：哎，对了。

伍：相通不能相同？

梁：好像可以相通。那么还有一个很相近或者相通的地方，就是孔子《论语》上说孔子是“子绝四，毋意毋必毋固毋我”①……毋意毋必毋固毋我。

林：这是什么时候，什么上的？

梁：《论语》上的。

伍：《论语》上，孔门里有四个不：不意不必不固不我，就是说不要，不要一意为之。

梁：《论语》上说“子绝四”。对这四样都不要，没有，没有。那么在这，我就说在这个地方跟佛教的破我法二执啊好像相近相通吧。儒佛，佛家嘛大乘教它是要破我法二执，就是昨天说过的破二执，断二取。就是就我们粗浅的了解说。就说可以说到这样，粗浅地了解，好像不妨这样说，不妨这样看，不妨它有相通的地方，儒佛两大派相通。后面文章还很长，我就不想多谈了。如果愿意看，可以看一看，可以带回去看一看。

伍：你是分，分几篇讲的是吧？之一之二之三？

梁：不是讲的，写的【伍：写的】。我还要声明一下，写这个的时候呢什么时候？写的时候是怎么写的吗？一九六六年九月撰写，一九六六年八月二十四【伍：八月二十四】是红卫兵小将来我家抄家。哈，哈，哈，抄家啊，把我的什么床铺蚊帐都弄走了，都弄走了。

伍：书籍呢？

梁：更弄走了。书籍，很好的那个大本的《辞源》《辞海》，

---

① 《论语·子罕第九》。

那是一个工具书，没有什么性质的，他也都给扯烂了，扯碎了。我衣物被盖是给装走了，拿走了。这个……房间里头有穿衣镜，穿衣镜是高的镜子，我们可以对着穿衣服，拿去砸烂。有些花瓶，插花的瓶，统统砸碎。毁东西毁多了。还有更严重的，更严重的啊就是整我的内人，妻子，打。没打我，没有打我，没有一拳头或者一巴掌打我，那时把我内人啊打得背上都出血。夏天啊穿的衣服太薄，那么对她很虐待。对我呢，就是把我推到一个小屋里头，"你不要出来！"门也并没有说是锁上关上，就是说你不要出来。好，我就只好不出来。呵，只好不出来。它就是照毛主席的话嘛叫作无产阶级"文化大革命"。嗬，哈……北京上千上万的人家都有差不多的经历，很多啊是赶走了。你是比如说是哪个地方的人，赶走了。比如我，我侄女就是你们看到她，她是，像广东人啊，好啦你就回广东，押送你上火车，回广东。那一车，车里面的人，满满的人都是被押送回家乡的，不要在北京。那时候啊，在那个情况下，那是八月份，这样子对我抄家了，二十四。

可是我这个文章就是过了几天之后九月初写的。[ooo]开头，开头大概就是在那个开头几天啊，由于这个暴风雨一来，我也莫名其妙，心头不大愉快。可是几天之后就没有什么了，几天之后就能写文章了。这个东西①写的时候手边没有任何参考书，就是想起来写几句。开头写得很短。

伍：那里边写了一些，那些自己的东西，手稿啦，里边有没

① 即《儒佛异同论》。

有你说像民主建国、民主同盟时候的一些材料了，没有弄走？

梁：后来送还给我了。

伍：那还算好，那还算是没……没当场烧掉撕掉，还算是万幸了。

梁：隔了不是短时间找回来。隔了好几年才给我找回来。现在不是说的是一九六六年？这个事情发生在一九六六年。七〇年，七〇年政协才去帮我找回来。我写的手稿啊，文件呢，七〇年才找回来。找回来不完全，幸亏还是找回来了。特别是《人心与人生》那个稿子写到第七章，就是碰到这个风潮，断了，没有写了。后来隔了几年，大概隔了有四年之后才接续写。接续写才算写成，写成功了。

伍：那个稿子他弄走了？

梁：哎，又找回来了。

林：是什么时候写成的？

梁：大概是，写的有个三四年吧。关于《人心与人生》这个本子呢，现在手边没有了。我就是上一次我说过一下的，我这一生里头的重要的著作就是《人心与人生》。

“我要跟着王心斋的路子走”

伍：先生，王阳明的哲学思想对你的影响大不大？你有一个文章中间你讲你最初读儒书的时候是读王阳明的学生王心斋的书。

梁：对，这是[ooo]。我最早的有一本书就是《东西文化及其哲学》。《东西文化及其哲学》末了的时候，那本书很长了，末尾的时候提到王心斋①。……王心斋，他算是王阳明的弟子，这……个在阳明先生曾经亲口说过，说我擒宸濠，就是那个……知道了？

伍：程颐、程颢那个程颢？

梁：不是。宸濠造反【伍：擒拿宸濠】。他是一个明朝的皇帝的叔叔。那个皇帝嘛是很不好，皇帝就是明朝的那个叫正德嘛。这个宸濠嘛是皇帝的叔叔。那么他知道那个皇帝很荒唐很糊涂，大家也都不服他。宸濠嘛就要夺取皇帝。宸濠是在江西封王的，封王啊，他在江西。他就带兵啊，他要北上到北京来夺取皇帝的地位。可是没有成功。就是王阳明把他擒了，王阳明啊，他带着兵造反，王阳明带了兵把他捉了【伍：擒宸濠……】。擒宸濠。那么我要引阳明先生的一句话。他说："我擒宸濠容易，我擒这个王心斋呀很难。"就是这个王心斋，名字叫王艮，艮。

伍：王艮有没有这个？黄艮庸的那个艮。

梁：这个王艮呢是个工人出身了。什么工人呢？是盐场的工人，大家要吃盐呀。他是在那个，他的家乡叫泰州。这个泰字就是很像秦，秦始皇的秦字。

伍：是不是江苏那个泰州？

---

① 以下内容请参看字条，"宇宙本体，1980.6.29 A"。

梁：就是江苏泰州啊。这个王心斋是泰州盐场的工人。他本来是个工人，所以他不是一个书生讲学问的人。可是他就爱给人讲道理啊，旁边就有人对他说："你讲道理呀很像那个王阳明。"他说："是吗？"他就说："是这样吗？那我要去看看他。"他就从他那个江苏泰州嘛就到了江西去访【伍：王阳明】王阳明。阳明先生就说擒宸濠容易，擒王艮不容易，就是他不容易说服他。他是跟他讲学，讲人生的道理。王心斋，王艮啊，服了，服了就是认老师，磕头。可是他第二天再来的时候，他说我后悔了，我昨天不应该服，（笑）不是弟子了。他又当客人一样跟王阳明平等地坐，再讲道理。还是不行，再磕头。"这一次我信了，我愿意当学生了。"这个时候呢就是这个阳明就叹息了，说："擒宸濠容易，我跟这个……王艮，让他信服我，都还不容易。"这个人是王艮，就是王心斋先生，他是很了不起的，很了不起。

我在《东西文化及其哲学》里头啊，末了就是讲到他，讲到王心斋。我说我佩服王心斋。他有个特殊的地方，表现在什么地方呢？他给人讲学呀，讲都是跟阳明先生差不多的这种学问嘛，就是修身理学吧。他的门下、他的徒弟呀，有的是农夫，有的是陶工，就是做什么盆盆罐罐的，（笑）就是说他不是那个做的书生啦，学者啦，他的学生许多都是农民、工人。他的学问特别不同。那么我在《东西文化及其哲学》末了，末后的时候我就说这一派，王心斋这一派，在《明儒学案》里叫泰州学派，我说这一派我很佩服。我也想啊，讲学，我要跟着王心斋的这个路子走。他名字嘛叫王艮，号叫王心斋先生。他的儿子叫王东崖，东西南北的东。王心斋的儿子，也很有名，我也很佩服。

伍：他们学说的中心思想是什么？是不是也讲生命和……？

梁：当然他就是讲这个。比如，说王东崖吧，王东崖有这样几句话给我启发很大。他这个话是怎么说的呢？他说是："鸟啼花落"，鸟啊，啼就是鸟叫了，花开了又落，"鸟啼花落，山峙川流"，峙啊就是这个……山字旁，山峙，川流，水在那流。"鸟啼花落，山峙川流，至道无餘蕴矣。"①"至道无餘蕴矣""鸟啼花落，山峙川流……"

伍：这句话的意思我还有些不大明白，"至道无餘蕴矣"？

梁：至道。

伍：至道？

梁：最高的道。

伍：无餘蕴就是？

梁：都包括了，就是，就是这个话就足够了。就是"鸟啼花落，山峙川流，至道无餘蕴矣"，就是如此，至道就是这个，就是鸟啼花落，山峙川流，就是这个自然的变化，最高的道理就在这儿，你不要旁处再想，再去找。他这个话意味很深，意味很深……

---

① 请参看字条，"至道，1980. 6. 29 C"。完整的句子是："鸟啼花落，山峙川流，饥食渴饮，夏葛冬裘，至道无餘蕴矣。"参见《明儒学案》，中华书局，2008年，第722页。

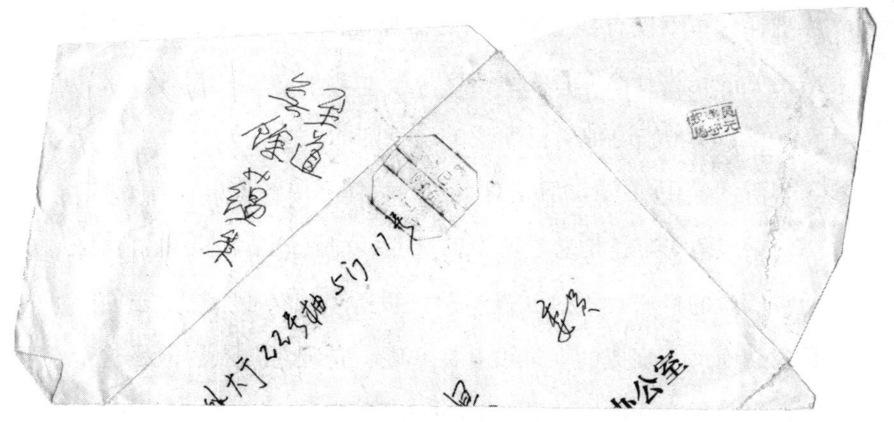

至道，1980.6.29 C

“说这个话的人还不懂我，也不懂阳明”

伍：王阳明好像你也……有一个专门的王阳明的学生［学者］……就是跟谢无量[①]……谢无量好像写了一本王阳明的书。你批评这本书没有把王阳明的真谛都说清楚[②]。你觉得王阳明最主要的是讲什么东西？

梁：他本来是他自己所说的讲良知的。

伍：对，讲良知。但是对良知的解释好像各人也各有不同。

梁：良知嘛就是通常所说的良心，就是【伍：是良知】，就是通常所说的良心。不过就是不管它叫良知，良心吧，这个东西呀是现成而又不现成的。谁没有良心呢？是吧，很现成，但是这个东西又是很高深的东西，很高深的东西。……

伍：梁先生，我们在好几本中国哲学史的著作中间，比如侯外庐的《中国思想通史》以及其他的一些哲学史中，在谈到王阳明的哲学思想以后总是有时候把先生的思想作为一个对比，认为是受王阳明的影响很深。你对这个说法抱什么态度？就是说认为梁先生的思想好像主要是得于王阳明的思想。

---

① 谢无量（1884—1964），四川乐至人，原名蒙，字无量。学识渊博，其研究范围覆盖文学、史学、哲学等众多领域。在哲学史方面，有《中国哲学史》、《阳明学派》等著作。

② 见《评谢著〈阳明学派〉》，《全集》卷四，第707—725页。此文为1922年在北京高等师范的讲稿。

梁：但是，我将才已经点出来了，已经说出来了。儒家的学问呢就是反躬，反躬自省的学问了，所以就是回到自己的生命上【伍：对】，回到自己的生命上，生活上。对自己生命生活体认如何。

伍：体认？

梁：体认有深有浅。这个深的就我自己说，我好像是望得到，望，看不很清楚，可又不是完全不知道。阳明先生他是用良知作诗啊【伍：用良知】。用良知的诗有四首吧。只说这个，有这样两句，“无声无臭独知时”。无声，声音；臭是【伍：嗅觉】，无声无臭独知时。“无声无臭独知时，此是乾坤万有基”①，这个是乾坤万有基。

伍：“此是乾坤万有基”。

梁：此是乾坤万有基呀，我这体会呀，乾坤万有基就是说宇宙本体。那么无声无臭独知啊，普通人没有。普通人么，他所说的无声无臭独知时还是说他的良知，就是说他的良知可算一种普通人没有的境界。普通人静不下来，那么就是安静的静【伍：对】，安静的静，普通人静不下来，憧憧往来，憧憧往来，无从无思。普通人这个头脑心思往来不停地都是在是非、利害、痛痒里头那样牵牵扯扯【伍：纠缠着】纠缠着。那么孟子呢稍微点出来一下，就是呢，孟子不有那个夜，黑夜的夜，“夜气不足以存，旦夕，”旦是早晨刚刚天亮那个样子，仅仅是比平常这个乱七八糟

① 《王阳明全集》，上海古籍出版社，2011 年，第 870 页。

的好一点，那么……就是很不够。

伍：那王阳明先生是不是抓住了有些东西，主要的东西去把它发挥出来了？

梁：就是他有见于这些，他是说，将才说嘛无声无臭独知时，那个不存在，好像是《中庸》上说的话，叫什么“戒慎乎其所不睹，恐惧乎其所不闻”①。

伍：《中庸》上？

梁：《大学》《中庸》，戒慎恐惧。【伍：戒慎恐惧。】戒慎乎其所不睹，恐惧乎其所不闻，不睹不闻。睹是看见，闻是听到，不睹不闻。在这个不闻，不睹不闻这个地方啊戒慎恐惧，这是儒家的功夫。这个就是阳明先生所谓无声无臭独知时。普通人没有这个境界。

伍：这个就是，就是我刚才讲，外边说，你承继了王阳明的学问。

梁：这样说他，在我看是，是一种不痛不痒的说法。

伍：不痛不痒的说法。好像说到也好像没说到，其实没说到。

梁：这种话呢我也不去否认它，但我也不接受。就是，说这个话的人他还不懂，也可以说不懂我，也不懂阳明。那是【伍：肤浅的】肤浅的。他必须，你自己本人有那个深的造诣你才能懂古人，是吧？你自己本人，很肤浅的人，那你怎么能懂古人呢？

---

① 见《中庸》。

你不过瞎说就是。就是将才我说的，我自己也是影影绰绰地可以望见那个古人的造诣，自己也不够。你说我完全不知道吗？也不是完全不知道，你说我知道，你说我知道也不行，他一定要亲切逼真[①]那才算，亲切逼真那才行……

---

① 如阳明在《答人问良知二首》中有“自家痛痒自家知”句（《阳明全集》，第871页），又见《传习录》第296条“古人言语，俱是自家经历过来，所以说得亲切；遗之后世，曲当人情。若非自家经过，如何得他许多苦心处？”（《阳明全集》，第128页）等。

第十一天

1980.6.30

“大乘是对小乘的一个大翻案”

梁：唔。众生啊，它看众生啦都是在无明烦恼中。

伍：这是小乘教的说法。

梁：小乘的看法。至于大乘就是翻过来说，没有无明，无无明。

伍：无无明，无无明。

梁：亦无无明尽，小乘说是有无明。那么又说是你要修道的话，你可以无明，可以尽。那么大乘就说了没有无明，也没有无明尽。

伍：哈，乃至无老死。

梁：无老死，亦无老死尽。无苦集灭道。苦集灭道就叫作四谛。①

伍：苦集灭道四谛。

梁：四谛，四谛法是小乘。

伍：四谛法是小乘。

梁：哎。四谛是什么呢？四谛就是一个苦，一个集，一个灭，一个道。那么，这四个字呢，它意义就是说苦啊是从集来的，集就是我们昨天说的那个造业，苦是从集来的，灭呢是从道来的。它就是小乘法，它就是告诉人要这个，就是我们昨天讲过么，它就是要寂灭。

伍：你指？

梁：寂灭，我不是说小乘有三法印，小乘三法印。它寂静涅槃，寂静涅槃呢用一个简单的一个字来代表它呢就是灭，就是灭道。灭是对生说，生灭，灭是对生说。怎么样能够灭呢？要修道。要修道呢才可以灭。这个都是小乘的出世的思想。小乘它就是要，就是昨天我们说的，它就是要否定人生，否定人生是印度普遍的思想。小乘也是否定人生，这个就是昨天讲过了，人生是这六个字，人生就是起惑、造业、受苦。所以它的意思就是否定人生，跟儒家肯定人生啊完全相反。那么大乘呢就是我说过的，大乘是对小乘的一个大翻案，小乘嘛就是讲苦集灭道，它就是说没有苦集灭道，它否定苦集灭道。

① 以下内容请参看字条，“若明若昧，1980.6.30 A”。

伍：无苦集灭道，无苦集灭道。

梁：无智亦无得。

伍：无苦集灭道，无智亦无得。

梁：那个智么是智慧啦，智慧是好，是吧？你也没有智也没有得。

伍：无所谓得失。

梁：这些话呢都是《波罗心经》①中讲的话。你所谓对此要是翻案，这是大乘对小乘，它是翻案。

伍：这一解释，老师一解释就懂了。因为我们对佛学不熟，因为这些东西是不太好读的，我们有时候读的时候比较吃力。

……

梁：大乘是对小乘翻案的话。小乘这样说，推翻了。推翻呢可要注意的呢，推翻而不推翻。大乘还是以小乘为基础。小乘呢是普通管它叫小乘，实际上就应当说是原始佛教。大乘呢是原始佛教的进一步……

理性与理智"都要保存备用"

林：一个叫什么，叫什么理性的观念？

梁：我用的这个理性。但是这个名词呢也都是从……中

---

① 即《般若波罗密多心经》。

若明若昧，1980.6.30 A

国有一个西洋的学术，发现之后传过来之后啊，翻译的时候就常常用理性两个字。可也有时候用理智这两个字。在一般的用法上呢，就是有人喜用理性，有人用理智，好像是有点混。你喜欢用理性，他喜欢用理智，谁[ooo]也不[ooo]。可是我的意思呢，是两个名词都要，理性跟理智这两个名词都要保存各用，都要用而又分别有所指，不要混合，不要混同。那么怎么分别法呢？我就是把这个理，道理，这里我把它分一种叫情理，一种叫物理。物理是存于客观的，物理呀是存于客观的，存于客观的一个不可否认的理。比如说，弱肉强食，不是有这个话吗？

伍：对，弱肉强食。……

梁：原来是一个客观存在的事实，不可否认。是不是？不可否认。这种客观存在不可否认的理，我就管它叫物理，我们就名之曰物理。可是就我们人来说呢，对于弱肉强食呀，不喜欢。你强者欺负那个弱者，在人情上我们不喜欢这个东西，反对这个东西，那么这个就是情理，人情，情理。这情理跟物理是两回事。物理呀是不从这个，是我们要冷静下来，我们头脑要冷静，头脑冷静来观察外边的事情，那么看出来有物理。对物理的认识是不夹杂感情的。头脑冷静才好认识物理。可是情理呢相反。情理就是出于我们的好恶，你不讲理，那我就很反对。所以情理是出于主观的好恶，这完全相反的。一个是客观的物理，你要是冷静才能认识，你不能够从好恶上认识，你不能夹杂好恶。对科学，物理，客观的事物之理，你不是说我喜欢这个，我不喜欢那个,那不成,那你客观的事实那你要承认才行。可是,情理呢就是要从主观出发,就是从好恶来。王阳明有一句很明白的话。王阳明……是非。

伍:只好恶就尽了是非。

梁:你这个人呢品德很好,你说话主张都对,我心里很佩服,这就是从我有好恶来的。你的行为很合乎正义,那么人有正义感,因为人有正义感,所以对那个人做起事情来很合正义呢,我就佩服,就同情。所以对正义的认识是从我主观来的。可是科学家搞的物理,客观的那个理呢,不是从好恶来的,你不能夹一点好恶,说我喜欢这个,不喜欢那个,那就不行。一个是物理,物理就是客观,你夹一点好恶就把它搞乱了。你不能说是喜欢不喜欢,那不能。所以一个物理一个情理是不相同的。因为物理跟情理是两回事,所以嘛我就要用两个名词,认识物理的我就叫作理智,智慧的智。认识情理的我叫理性。人类既有理智也有理性,理智呢存于客观,比较是从主观,噢,从客观来。理性是从主观来。

那么底下可以再加一层说,加一层把它说明,就是我们人呢,有时候有错误,错误有两种。我在《中国文化要义》里头讲到也是两种错误。比如学生在考试的时候,先生给他出题,要他写答案,他答错了。或者出一个数学题,他从那个算得不对,公式也不对,这是一种错误。可是学生呢,如果他考试的时候他作弊,他或者是把旁人的他偷来用,或者是怎么样子,作弊也是错误,不过那个错误跟将才说的那个错误不一样。所以有两种错误。这两种错误不要把它混起来,不相同的。我想那么在这里就结束了。一种错误是理智方面的错误,一种是理性方面的错误。理性方面的错误就是指道德品行方面的错误,那个叫作理性的错误,道德品行。那种理智的错误呢,它仅仅是那个,它意识头脑不清楚呀,搞错了。所以理智方面你若有错误,那个问题小。理性方面的错误问题大,严重。

人世间,社会上,这个争论,两个人争论,常常是你说我不对,我说你不对,这个争论呢常常不是争论第一种。第一种嘛也许争论,那么就是算术上做错了,那么再做一下就可以搞对了,或者是物理搞实验时,再实验一下就对了。那个问题容易解决。可是理性方面,理性方面呢,如果是你说我不对,我说你不对,那个问题没办法。那个争起来没完。在人与人之间,集团与集团之间,或者国家与国家之间,冲突纠纷老没有完,多半都是后一种。

比如就说是侵略吧,那么有人,有的国家它实际上做的事情是侵略,那么当然很多人反对他,很多国家讨厌他,侵略旁人,侵略旁的国家,那就可以发生战争。就是说头一种的错误问题小,不会惹起来大的问题。错误不错误容易去解决。后一种,不好解决,常常引起来战争,集团的战争,国家的战争。所以要知道有两种错误。错误跟错误不相同的。

林:就是你写《东西文化及其哲学》的时候,你没有说这个性质这个两方面?

杨慈湖"找着了本心"

梁：《东西文化及其哲学》那是六十多年前的，所以那里头有很多后来都废弃了，不要了。那里头特别是对这个，喜欢用这个名词：本能。本能就是叫 instinct，是吧？【林：嗯。】这个直觉是引起意识的。《东西文化及其哲学》的时候我搞错了，我弄错了。我把这个东西看成是高贵的，把直觉本能看作是高贵的。我把这个东西啊，本能，就是孟子所说的"不学而能是良能"，孟子所说不学而能，不学而能那是良能。是良能，不学而知嘛是良知。是吧？《孟子》上有良能良知，良知良能，那么我就把它混了。我说，孟子说那个良能呀就是现在心理学家所说的本能，孟子所说的良知呀就是现在西洋人说的直觉。其实后来明白不对，错了。在《东西文化及其哲学》就是这样把它弄错了。后来知道不对，为什么不对呢？就本能、直觉这两样东西是有的，人类生命里头有这个东西。但是这个东西呀，它是人类生命的工具，是工具，是手段，是方法。本能啊，本能是人类生命就有的，但是它是，就着人类生命来说，它是人类生命的工具、手段、方法。所以跟阳明先生所说的良知不是一回事。因为良知，因为良知呀是阳明先生用的名词啦，他叫致良知嘛。

伍：致良知。

梁：阳明先生这个学派，不是大家也喜欢常常说陆王。

伍：陆九渊。

梁：陆象山先生。

伍：陆象山。

梁：陆象山先生。陆象山先生的一个门下，算是受到象山先生的启发的一个很有价值的学者。这个学者必须要注意的……杨慈湖，宋代……这个人的价值很大，杨慈湖，价值很大。他有书叫《慈湖家记》。这个慈湖嘛将才我说过了，他是陆象山的弟子。有一个故事可以在这儿说一下。故事就是好像是杨慈湖在某一个地方做官。做官嘛，陆象山呢经过他那个地方，就住在他的衙门里头吧。慈湖呢就向象山请教了。象山嘛就指点给他，指点他就提出来这个话，本心。本心其实就是阳明先生的良知。象山因慈湖请教，就给他讲本心。慈湖说："我不明白。怎么叫本心呢？"

那么这个时候啊，外边有人来打官司，从前中国官嘛都是要问案啦，打官司。这个官就给他判断了。那个案子啊，很奇怪，我们也不知道是怎么样子一个问题。好像他是书里边说，一个扇子打官司。扇子打官司，扇子打官司么应当是嘛太小的事情啦，不过他书上是那样写，扇讼。那么他判断了，杨慈湖他是，杨简①他是官啦，人家打官司来了，两个人争论嘛他给判断。他还是想这个问题，想象山告诉他的问题。他又回去问象山："究竟什么是本心呢，我不知道，我找不着。"象山说："你将才

① 杨简（1141—1226），字敬仲，号慈湖，浙江慈溪（今宁波市）人。南宋学者，曾拜陆九渊为师。

不是问案吗？你将才不是人家来打官司你问案嘛，你说这个人不对，那个人对啦，你不是判断了吗？你那个判断的那个心，那个就是本心。”“啊，那个就是本心！”“哎，就是本心。”哦，他就马上明白了。哦啊，这个是本心。他就是从此开悟。这个开悟本来是这个……明白了。开悟这个名词本来是禅宗用这个名词。他这个时候，杨慈湖也就是恍然大悟。这个大悟不是平常的。真是心胸开朗。啊！他就认识了本心，他找着了本心。

那么，如果让我来下结论，让我来说，这个事情呢，普通人不行。普通人呢，如果不是象山那样的老师、先生，不是杨慈湖这样的学生，他们的每一个人，无论老师跟学生，他们都不是平常的人，都是天资很高哇，向上心很切，向上心呢很切。切实的切，向上心很切，他们才能有这个，这个人能够指点，那个人也真能够开悟，普通人不行啊。普通人啦，他天资不够。生来的，有人聪明有人笨。他普通人天资不够，他那个好善，求进步，求学的心也不够切，不切。他只有像象山啊，像杨慈湖啊，他们是真正是天资很高，好善向上的心很切实，很强的，他才能够是在一问一答之间有这个开悟。普通人不行，普通人难得有。

林：你怎么看得出来本心，它不是一个本能？

梁：这本能是工具呀，本能是工具，是生命中为了过生活的一种工具，一种手段，一种方法，它不是本心。它不是主要的。比如，最喜欢说本能讲本能的，是有一个美国的心理学家

McDougall，麦独孤①，他把人类心理，这个本能那个本能，说了好多好多本能。他不知道啊本能这个东西呀，是生命的方法、手段、工具。那么，用工具、用手段、用方法的那个主体，那个主体呀才是本心，才是良知。不过普通又不行，普通呢，普通的人他这个良知啊跟本心啊它是若明若昧，若明若昧。你说他没有呢他又有，你说他有吧不是那样很明，很强，不是很明很强。他常常啊是拿社会上习俗，社会，一个社会都有它的习俗，普通人呢都是顺着习俗走，顺着习俗生活。

伍：是不是本心这个东西就是说每个人都有，但是在有些人中间模糊【梁：模糊】，在有些人像陆象山啊、慈湖先生他们这些，他们是，很明朗的【梁：对】，他们所以是大彻大悟，所以一点化就立刻了解。

梁：他本人的天资不同。他向上的心也强。并且我还补一句话，这个慈湖哇当下不是明白了开朗了？噢，这个就是本心。这是他头一次，他自己说，慈湖后来自己说，他对于本心的认识，由浅入深有十八个层次。我们哪里知道？他一生……

伍：一层一层的？

梁：就是，他是说当下他是，因为陆象山一直为他开悟，这是头一次，后来嘛当然，陆象山走了，他又做他的事情。但是他

---

① 麦独孤即 William McDougall（1871—1938）。著作 *An Introduction to Social Psychology*（1908 年），中文翻译《社会心理学绪论》，刘延陵译，商务印书馆，1922 年。现在有俞国良等的新译本，《社会心理学导论》，北京大学出版社，2010 年。

是不断地用功,就是从他已经开悟的那个地方啊他还往前求进步。那么他自己说有十八次。

伍:最后他到了大彻大悟的程度。

梁:因为我们也不知道,是吧?究竟呢他一次一次怎么样的不同,说不上来。因为他自己曾经这样说过。《慈湖家记》,《慈湖遗书》。

伍:这是另外一本书。

梁:很有价值……

林:佛教有没有类似的观念?

梁:佛教嘛,佛教跟陆王,跟阳明他们的异同,还是一回事嘛还是不同呢?我不太敢说。应当啊是相通,应当相通的。所谓的应当相通,那就是带点推论的意思,推论呢是相通。可是这个不敢说。在阳明那个《传习录》里,有一个事情,有这么一个故事:就是有一个和尚,出家人,跟阳明碰着了。遇着了阳明先生,阳明就好像说:"你出家离开了父母,你知道你父母想你吗?你想不想父母啊?"大概阳明先生话嘛是很亲切的,那个和尚就哭了。这个话不是很动人吗?他就哭了,很感动。第二天再去看,这和尚走了,回家了。就是回家,就回去看他的父母去了。我说这个故事啊就是,(笑)啃,阳明是儒家,不是佛家。

伍:佛家好像是六根未净,还有呢,如果他真是彻悟了也就不会跟……

梁:对,将才我引这个故事嘛就算是证明儒家跟佛家不一样,不是一条路。我的那个文章里是【伍:"儒佛异同论"】"儒佛异同论”。开头我就，就是儒佛呀……

伍：相同跟不相同的地方你都举了。

“毛主席有一次忽然提出来称赞李卓吾”

梁：只能说是顶多相通，不相同。开头我就讲了，儒家从不离开人来说话，其立脚点是人的立脚点，说来说去总会，总还归结到人身上，不在其外，不说外头，和佛家反的，它站在远高于人的立场。超开人来讲，总是超开人来说话，那么他说话的结论呢，他归结到那儿呢，他也不归结到人身上，他归结到要成佛，所以他不是一回事。可是宋明儒者，宋朝，明朝，算是两种，一种站在儒家排斥佛家，因为是异端。……这是一派排斥儒家的，可有的他又把这个混同了。这个在……李卓吾①。

伍：李卓吾。

梁：李卓吾。（笑）因为毛主席啊有一次忽然提出来称赞李卓吾，【伍：对】那么李卓吾，李卓吾的书，《焚书》，《续焚书》，［ooo］。其实呢是，毛主席也就是偶然那么一说【伍：对】，毛主席他也没有留心，针对这本书。而李卓吾也并不是佛家，站在佛家的一面。不是这样。那么，他那个《焚书》里头……《焚书》，《续焚书》【伍：《续焚书》】，我这里都有，书柜里都有。他最佩

---

① 李卓吾（1527—1602），名贽，号卓吾，福建泉州人。泰州学派的重要代表人物，肯定人之私欲，反对束缚人性。著有《焚书》《续焚书》等。

服两个人。一个是谁呢？是王龙溪①，一个是罗近溪……

伍：溪水的溪，三点水。

梁：王龙溪，罗近溪。他那个《焚书》里头，他最佩服这两个人呢。这两个人呢，王龙溪是有名的阳明的弟子。罗近溪呢，晚。他在前，他在后，罗近溪晚。这两个人呢是都很了不起了，那么……不去多说了。就是说李卓吾哇，跟李卓吾的《焚书》《续焚书》里头最崇拜的两个人，最推崇这两个人。这两个人都是站在《明儒学案》里头，不是有部书叫《明儒学案》，在《明儒学案》里头……都算作王门，都算作王阳明的门下。就是昨天稍微说的那个……

伍：泰州学派。梁先生还知道毛主席是在什么个情况下谈到李卓吾就是李贽这种情况呢？

梁：大概是从批孔那儿来的吧。因为李卓吾啊，有过对孔子的……

伍：批驳孔子的语言。

梁：唔，有那个，那么毛公他不是有一阵，他不是批林批孔吗？他在那个时候，毛主席呀，他开头的时候，较早的时候，他年轻的时候开头领导革命的时候他是很谦虚谨慎的。他总告诉人家，谦虚谨慎，为中国人来服务，为世界人来服务。他的最早的这个说法，他曾经说过这个：从孔夫子到孙中山【伍：到孙中山】我们宝贵的遗产，我们要批判地加以总结，继承社会主义的

---

① 以下内容请参看字条，“庸伯，1980.6.30 B”。

遗产。这个话嘛就比较[ooo]。后来他就到了晚年呢,他就,哎,(笑)批林批孔呢。到了晚年的时候他就,人到了晚年呢就衰退,精神衰败,这个身体起作用了,比如,妄自尊大也是从这里起来的。谦虚谨慎是心,这是一种高于精神,他把从前那个谦虚谨慎呢他就忘了……

柏格森评康德“冷眼地看生命”

伍:另外梁老师,法国的柏格森的著作对你年轻的时候留下了很深的印象。这主要是指些什么东西给你留下了印象比较深刻?就是你怎么喜欢起柏格森呢?

梁:这是柏格森的哲学了。他是一个有他的特色、特点。什么特点呢?就是在西洋的哲学里头,德国的康德无疑地是一个大哲学家。康德呀在哲学上的长处,特长呢是发挥认识论。从认识论上,也就是从人的求知识的方法上,康德就把形而上学,讲宇宙本体的就打倒了,推翻了,不能讲了。你怎么讲?你没法讲。在认识上你没有一种可靠的认识方法,宇宙本体你怎么认识?没有方法认识了。没有方法嘛你还要讲它,那嘛你不是随便乱讲?这……种你爱这样说他爱那样说,没有价值,在康德认为这个没有价值。所以他从认识论上来把谈宇宙本体的,谈形而上学的东西断了。

可是柏格森呢后起呀,他是远在康德之后啦,他是说宇宙本体呀,还是能够认识的。康德说不能认识,你无从认识?他说还

庸伯

伍觀淇

泰州鄧鏗　真如

羅近溪　歐陽漸竟無

王龍溪　支那内学院

庸伯,1980.6.30 B

是能,柏格森说还是能。就说,你如果是站在生命的外边,你要知道生命,那没法知道。你一定要回到生命上才能认识生命。就是康德是走的一个冷静的步子,冷静的路,好像是这么样看啊,柏格森说,你站在生命外边,你冷眼地看生命,那,他不能懂生命,不能认识生命。你要进到生命里头,进入生命里头才能够懂得生命。大概柏格森大致是这个样子。

柏格森他是有好几本很有名的书。一个很不大的,文字不多的,就是小本子的,它是叫《形而上学序论》。好像英文就是什么 *Introduction to Metaphysics*①,这个是个小本。但他主要的有名的著作是《创化论》,《创化论》好像是英文是叫 *Creative Evolution*②。《创化论》很好,《创化论》是他的代表作。还有一本书叫作《时间与自由意志》,*Time and Free Will*③,《时间与自由意志》,还有一部书叫《物质与记忆》④,《物质与记忆》,记忆就是 memory。他这个三大著作啊很了不起,不好懂了,不好懂。他是智慧高才。在中国有翻译本。

“蒋[介石]、李[济深]合作,才有北伐”

伍:你在四九年曾经打算写一本叫《现代中国政治问题研

---

① Henri Bergson, *Introduction to Metaphysics*, 1903.

② Henri Bergson, *Creative Evolution*, 1911.

③ Henri Bergson, *Time and Free Will: An Essay on the Immediate Data of Consciousness*, 1910.

④ Henri Bergson, *Matter and Memory*, 1911.

究》,现在有没有这种打算,这种能力?另外就是林琪她也想问的是,你跟陈铭枢(陈真如)、李济深他们的关系是好的,比较深,关系很密切【梁:关系很密切】。就是说,你是怎么认识他们的?解放后有什么……

梁:不相同的,这两个人呢,我怎么样认识的?不相同。认识李济深在前,认识陈铭枢还后一点,在后一点。陈铭枢么,我要先说李济深了。李济深么,他是陆军大学毕业的。他陆大毕业之后啊,就在陆军部的军学司,一个部常常有很多司嘛【伍:对】,他在军学司做一个官。在陆军部,那么当时呢,那是在袁世凯死了之后。袁世凯在世的时候,袁世凯没死的时候,在财政上比较,中央政府财政上还比较有办法,有收入。各部哇,各部衙门啦都还能够发薪俸。后来就不行了,后来就没有钱。比如我在北京大学,我开头在北京大学才[ooo]块钱,苦得很。比如一百块钱的工资,给你明文规定的是,一百块钱一个月,只能够发你三十块钱,只能发三十。欠的七十块钱,那就给你记账。哈,有你七十元钱,实际上拿不到,不但今年拿不到,明年还拿不到,后年还拿不到,老也拿不到。是那个样子,就是呢,那么所以呀,许多人都饿跑了。后来他是在北京政府做官,发不出工资来嘛都跑了,弃着官走了。李济深呢,他就是弃官而去,回广东了。那么他在北京的时候,就是将才,他是陆军大学毕业的,后来在陆军部军学司,应当是个军官了。他到我家去看我,就是穿的蓝布长衫,蓝布长衫从前都是这个,解放后没有人穿长衫了,从前都是穿长衫。那么所以他是饿跑了。

刚好哇这要说到一位我非常佩服的一个人，一个人就是……【伍：伍观淇。】在我一生里头，从年轻到现在，我这一生，如果问我，说你这一生里头你看到的人，你遇到的人你最佩服的是谁，我是说伍先生。

伍：这是他的名，还是他的字？

梁：名字，伍观淇【伍：伍庸伯】。伍先生呢他是在清朝末年，清朝末年开始练新军。清朝末年呢它就要【伍：兴建新军】兴建陆军，练新的军队。那么伍先生是最早的受新军训练的。那么后来也是进陆军大学，进陆军大学。从陆军大学毕业出来，李济深呢跟伍先生他们是同学，都是陆大的。我认识，我跟李济深能够认识是在伍先生那个地方认识。在广东军界大家都共同尊重他，算是广东军界的老前辈，就是算老前辈了。

那么在孙中山先生的下面，不是有个陈炯明①么。陈炯明么算是孙中山先生的军队，可是陈炯明后来叛孙。【伍：对。】陈炯明的师长，第一师师长姓邓，名字叫邓铿②。【伍：邓铿。】邓铿呢，他就最佩服伍先生，最佩服伍先生呢。伍先生在北京，他要请伍先生回广东。邓铿请伍先生回广东，可是伍先生并不想再参加军界。邓铿是第一师师长。他不想参加军界，伍先生就介绍李济深去邓铿那。那么将才说嘛，李济深本来在北京很穷，不想在北京再做穷官了。那么伍先生介绍他到邓铿那里。邓铿

---

① 陈炯明（1878—1933），广东惠州人。民国时期曾任广东军政领袖。

② 邓铿（1886—1922），原名邓士元，广东惠州人。曾任粤军总部参谋长兼陆军第一师师长等职。

么，这个军队算是粤军第一师，粤就是广东。【伍：广东。】那么所以后来邓铿的第一师最后就落到李济深手里，李济深就是师长。【伍：是这样的。】那么邓铿呢是被刺杀。就是这个邓铿啊，是属于陈炯明的部下，第一师师长，陈呢，陈炯明呢不忠于孙先生，而这个邓呢忠于孙先生。所以陈炯明呢就恨他，派刺客把他刺杀了，刺杀了邓铿。可是将才说的李济深呢，经伍先生介绍到邓铿那里头做参谋长。所以末后邓铿的这一师人呢就被李济深掌握了。所以这样子呢，李济深就在广东就发展起来了。

广东的这个局面，以前的广东本来是杂牌军队很多，有云南的军队，滇军，杨希闵①；有广西的军队，刘震寰②；有河南的军队，樊钟秀③；有湖南的军队，程潜④，谭延闿。还有南路有邓鸿宾，很乱。后来能够统一呢，主要就是因为蒋李合作，蒋介石跟李济深。蒋李合作，统统打平。把杂乱的军队，云南的军队、河南的军队、广西的军队都扫除了，统一了。统一了么才有国民革命军北伐。北伐出师嘛就是蒋介石以总司令带着军队到前方去，北伐了。后方呢就是李济深留守，以总参谋长留守。总司令部还设在广州。李济深后来他就是有军权有政权，广东他掌握。不但广东掌握了，广西，他本来是广西梧州人，也还是孙先生当时就派他做西江督办。西江就是梧州肇庆一带。后来么就是蒋

---

① 杨希闵(1886—1967)，云南宾川人。曾任滇军将领。

② 刘震寰(1890—1972)，原名瑞廷，广西马平人。曾任桂军将领。

③ 樊钟秀(1888—1930)，河南宝丰人。曾任建国豫军总司令等职。

④ 程潜(1882—1968)，湖南醴陵人。曾任湘军都督府参谋长等职。

介石北伐，他就以总参谋长留守后方。那么广东、广西都被他掌握了，都是李济深掌握。现在要说什么呢？

伍：就是关于你跟李济深认识的经过。

梁：认识，也是因伍先生认识的。

伍：后来一直到建国以后你们还在一起？

梁：这不是国民革命军北伐，北伐嘛是李济深留守广州，蒋介石嘛领兵出来了。陈铭枢是先锋。打下武汉、武昌是陈铭枢。打下武汉是陈铭枢，可是这个时候国民党内部啊，分裂，里边冲突，内部冲突，内部冲突啊。所以国民政府，当时它已经叫国民党，叫国民政府，国民政府么它是从广州到的武汉，主持人是谭延闿了。这个时候它就有左右的冲突，左派右派的冲突，唐生智是湖南的军队，唐生智国民革命军，他是第八军。广西李宗仁算第七军，程潜是第六军，都出兵，到了武汉。

到了武汉之后，在政治上头的人物属于国民党的，政治上的重要人物一个就是胡汉民①，一个就是汪精卫。蒋介石呢有时候呢他就是拉着胡汉民，远汪精卫；有时候拉着汪精卫，远胡汉民。武汉的国民政府嘛就是因为左右派之争么，免了蒋介石的总司令一职，蒋呢又先在江西后在南京，那么他自己建立了。汪精卫就是两边跑，先跑到武汉，后来又去南京。最后无论是这个实力，实力主要就是兵力了，实力嘛就是国民党的兵，军队，一部分就掌握在李的手里，一部分嘛掌握在蒋的手里。就是蒋嘛在

---

① 胡汉民(1879—1936)，广东番禺人。民国时期曾任立法院长等职。

南京，李嘛在广州，所以有宁，宁是南京，宁粤分离，对立。

那么党内的元老啊，老前辈的名字是四大元老，四大元老就是蔡元培、吴稚晖①【伍：吴稚晖】、张静江②【伍：张静江】，还有李石曾③【伍：李石曾】。这四大元老就是派一个人到广州来看李济深，拿来四个人签名的，四个人写了名字的一封信。就是为了大局起见呢，必须蒋李合作，那么希望李到南京来，李迁就蒋，那么李么也就去到南京来了。也就是蒋李合作，才有北伐。北伐嘛就一直到了北京。那时候孙中山先生这个陵墓，灵柩还在北京，北京西山。他们就是说移灵，把灵迁走。那么末后呢跟着就是张学良易帜。张学良是东北的张作霖的儿子，那么易帜嘛就是换了旗帜。改他自己原来这个旗，就是接受中央的领导，那么这样呢算全国统一了。

伍：梁老师，讲你跟李济深的关系。

梁：哦，我跟李济深的关系，原来在北京认识，原来在北京。所以呢，还有一个朋友，湖北一个老先生叫张难先。【伍：张难先。】张难先是经我介绍跟李济深认识，那还是李济深还在北京的时候。李济深将才说他那个时候在北京还没去广东。他经我介绍嘛跟张难先就很好。他回到广东之后嘛就是主要是在西

---

① 吴稚晖（1865—1953），名敬恒，字稚晖，江苏武进人。民国时期中央研究院院士，国民党四大元老之一。

② 张静江（1877—1950），名增澄，字静江，浙江湖州人。民国时期曾任国民党中央执行委员会常务委员会主席等职，国民党四大元老之一。

③ 李石曾（1881—1973），字石僧，河北高阳人。民国时期曾任国民党中央监察委员等职，国民党四大元老之一。

江，开始在西江督办，那么他有军权也有地方权，有财权，他就把张难先先生请了去。北京经我介绍，后来他们李济深的军队收复海南岛。海南岛设一个琼岩行政长官，就是张难先担任这个行政长官。就是李济深、陈铭枢、张难先他们这个时候都是在广州了，都是参加北伐前的……从北京去广州，实际上他是一个参议员，觉得么好像是广东的气象很有一种朝气，[ooo]。可能是中国的一个希望，这样地去广州，去广州还是一个看的意思。可是我去的时候我是跟我的朋友黄艮庸——我的学生又是我的侄女婿，我到他那个乡间去住。可是李济深呢也没有征求我同意就发表了我的[ooo]政治部，[ooo]没有就[职][①]。

伍：那就是说，一直到解放后你们还保持着私人的交情？时常来往，他好像是中央人民[政府]副主席。

梁：哎，就是，张澜是。

伍：他经常去看看你？

梁：很容易见面的。

陈铭枢“算是欧阳先生的学生”

林：怎么能认识陈铭枢，说是……？

梁：李济深嘛是在北京认识的，主要是在民国八年以后，九年的样子。跟陈铭枢认识是到了民国十二年。民国十二年呢，

---

① 参见本书，“第三天：1980.6.22”，第23页。

陈铭枢从南京到北京来看我。陈铭枢是一个军人了，可是他在日本学陆军的时候，日本学陆军的时候他就拜桂伯华[1]先生为师。

伍：就是讲佛学的桂伯华。

梁：桂伯华先生临终……就告诉陈铭枢说："你回国么应当去到支那内学院去拜欧阳先生为师。"所以陈真如就在内学院住过一段。就在民国十二年他从支那内学院从南京到北京来看我。

伍：在南京什么学院？

梁：支那内学院。

伍：支那？

梁：支那。

伍：这个日本话呢。

梁：早有的名字。

伍：就是在南京的？

梁：主要就是欧阳竟无。他名字叫欧阳渐，号叫竟无。

伍：噢，那就是陈铭枢既是欧阳竟无的学生，又是桂伯华的学生？

梁：桂伯华嘛在日本了。在日本桂伯华先生好像是，算是密宗的嘛。陈铭枢在日本学陆军的时候他就拜桂先生为师。桂

---

① 桂伯华（1861—1915），名念祖，字伯华，江西九江人。清末曾随康有为、梁启超从事变法活动，后从杨文会学佛。

先生临终就告诉他："你回国的时候，你要到欧阳先生那里。"所以后来嘛，陈真如就算是欧阳先生的学生了。那么欧阳先生的学生，他是民国十二年就从欧阳先生那个地方到北京来看我。刚好他来的时候我不在，我没有在北京，我去了山东，后来嘛我回来了才见到面。

伍：那陈铭枢先生还是学佛的？

梁：哎，他学佛的，就是他，他用了一个号，陈铭枢用了一个号，用了这两个字。

伍：噢，真如是他的号！

梁：这个名词不是将才讲过了，它是佛家的名词。

伍：噢，真如跟佛有关系。那解放后你们一直是常在一起？

梁：啊，他的部下呢，陈真如的部下，蔡廷锴①【伍：蔡廷锴】，蒋光鼐②【伍：蒋光鼐】，十九路军。

伍：后来他把学生不算作学生，就算作部下，蔡廷锴和蒋光鼐是不是陈铭枢的……

梁：都是他的，算他部下了，实际上是，实际上掌握军队，指挥军队就是蔡，兵是上海跟日本人打的都是蔡，蔡廷锴。

伍：那陈铭枢解放后怎么样？你们经常在一起谈话？

梁：他也到了北京。

---

① 蔡廷锴（1892—1968），广东罗定人。曾任粤军司令部上尉副官，后曾率十九路军抗击日军。

② 蒋光鼐（1888—1967），广东东莞人。民国时期曾任第十一军副军长，后曾率十九路军抗击日军。

伍：这就是一九五三年那一次你跟毛主席冲突的时候，语言上的冲突的时候，他也就是上去讲了话，而且讲得很有分寸。平常你们接触也还比较多？

梁：容易见面，很容易。

伍：他不仅是个军人，而且还是个懂得佛的人。

梁：啊，我现在手里头他写的信，他亲笔的信都还保存的有。

伍：这些信都应该保存下来作为中国现代史上的资料。

梁：不过也就是一部分了。多得很，能够存的只有一部分了。

伍：那有一段时间他也是为你担，是不是要担一点心呢？因为那个时候好多年来的老朋友了。……

梁：李任潮①他是厚重少文。【伍：对。】可是这个陈呢跟他相反，陈呢他是很容易变，感情浮动。后来李陈关系不大好，因为陈听了旁人的坏话。

辜鸿铭"在欧洲很有名"

伍：老师在北大教书期间也正是五四运动的前后时期？

梁：前，五四运动前。

伍：对，五四运动前，基本上是五四运动前，你那时候主要

---

① 李济深，字任潮。

讲印度哲学，对于儒家的学问也是在那里发挥。那么你当时对北大的另外一个叫辜鸿铭先生①有没有，有没有接触？而且你对这个人的看法如何？

梁：辜老先生也是一个很了不起的人。辜，我进北大的时候他还在北大。

伍：他在那里。

梁：那是很特别的人。

伍：对，好像很有意思的。

梁：他是戴一种，戴个小帽，瓜皮小帽，上面有个疙瘩。他自己是穿的长袍子。他穿一个马褂，从前老的装饰。马褂是叫作枣儿红的马褂。【伍：枣儿红的。】不过我碰见他，看见他的时候也就是很少的，见过两三面。他后来他就离开了。

伍：他教的倒是西洋的这个？

梁：西洋文学。【伍：西洋文学。】他是欧洲几个国家的文字他都可以，他都行。英、法、德，英、法、德、俄大概他都可以。

伍：你对他的学术思想、学术主张有什么看法？你对辜鸿铭先生的学术思想、学术主张有什么看法？

梁：我们不能够知道很多了。见面也只有见过两面。不过三年，见过两面。

---

① 辜鸿铭（1857—1928），号立诚，福建同安人，马来西亚出生。曾留学英、法、德等国，精通西洋科学并英、法等九种语言兼及东方华学，主张维护传统儒学。

伍：还有一个叫林琴南，林纾①先生。

梁：那他不在。

伍：不在。跟他见过没有？

梁：那是另外一回事。另外说一下辜先生，辜先生他在欧洲很有名。他写过一部书。中文，他是英文写的，好几种文字，中文他标题呢，他这个书，书主要是西文的书，可是有一个中文的名字，标题是《春秋大义》②，《春秋大义》就是代表孔子。他是没有翻成，没有用中文发表。就是欧洲文字，大概好几种文字。内容呢，他是说你们欧洲人哪是远远不如中国人，你们的文化粗浅得很，粗浅得很。你们在中世纪的时候，你们离开那个什么天主教的神父啊，耶稣教的牧师啊，教会呀，你们也没有学问没有知识，什么也不懂。你们社会秩序也就是靠宗教来维持。这是说过去。到了近代呢，你们的社会秩序离不开警察、军队，你们这个远远地赶不上中国。大概他的书啊是极力高举，崇扬中国老文化，就是，你们那个社会秩序呀，社会治安啊都是靠那个【伍：警察】。过去靠宗教，近代靠军队警察，近代国家，modern nation。这个是远远赶不上中国。中国人哪好像是这个…… 中国人哪，这个不需要，中国社会的秩序不需要武力维持，中国人民哪都是知足乐天。社会的安宁就是存于老百姓。

---

① 林纾（1852—1924），字琴南，福建闽县（今福州市）人。近代文学家、翻译家。

② 即 *The Spirit of the Chinese People*（1915），中文名《春秋大义》，又名《中国人的精神》。

不要什么军队警察来维持社会的秩序。

伍：我们今天就不想耽误您的时间，搞得太，太那个。关于辜老先生和林琴南的情况，我们下回再向您请教。

梁：我知道得很少。碰见他两次。那个时候嘛我刚好写了一本小册子，叫作《吾曹不出如苍生何》[①]。我写那个小册子自己去找印刷机去印，印来散发。那么我碰见他的时候，我也是摆了那个小册子在桌子上。碰见他的时候是在教员休息室——教员上课之前休息，喝点水的地方。在教员休息室呢碰见他，我就印出来的《吾曹不出如苍生何》放两本在那儿，休息室的桌子上，他看到了，他就说了一句话。看看我，点点头："有心人，有心人！"那他岁数比我们大得太多了。他在那个时候他已经都是八十岁了。

伍：噢！

梁：那时候我只有二十五岁。

---

① 《全集》卷四，第524—542页。

第十二天

1980.7.2

[梁说张申府和章伯钧是一起打成右派的。张申府很早退出共产党,就是第三届以后。① 救国会本来在上海,但是张申府在北京。去年张申府参加政协。

参考记录而补充。(谈起张申府是因为在此前一天,林琪和伍贻业去访问过张申府。)]

保定军官学校校长蒋百里

伍:陆军大学在什么地方?

---

① 1925 年 1 月,张申府列席了中国共产党第四次全国代表大会会议,会上讨论党的纲领时因反对与国民党结盟而与蔡和森、张太雷等人发生争执,而后负气退党。

梁：我也说不清楚，以前呢是在西直门这边。

伍：在北京西直门？

梁：在北京西直门。现在久已不听见说了。

伍：噢，陆大在北京西直门。

梁：以前在。

伍：以前，对。

梁：现在在哪里？不知道。

伍：这个学校是在，大概是在什么时候建的？

梁：民初年，民国初年。它是一个……从前呢很多是从保定军官学校……像是什么很多人在这读过保定军官学校。但是陆军大学嘛跟保定军官学校不一样，更高的。保定军官学校可以，没有在军界里头，没有带过兵的可以能够进保定军官学校。陆军大学是要曾经作过战带过兵的，做过将领的，做过将领的嘛好像它是一种进修的意思。陆军大学就是这样，就是李济深呢，他就是带过兵的，作过战的，然后入陆军大学嘛再深造。

伍：这个学校长期的校长是哪个？陆大的校长？

梁：当然就是在清末就有了。这么多年不知道换了多少人了。不过有一个有名的人叫蒋方震，蒋百里先生。蒋百里先生抗日战争期间是陆大校长，他故去的时候，他人死的时候就是陆大校长。

伍：陆大校长的任上死的？

梁：他是一个好像从那个什么地方经过广西呀，正预备去贵州去什么样，在路上故去的。

伍：那这里有一个……

梁：可以附带说一句话，我们有名的科学家，钱学森①【伍：啊，对】，就是他的女婿。

伍：噢。

梁：蒋先生的女婿。我同蒋先生很熟。

伍：噢，你跟蒋先生很熟？

梁：跟蒋先生很熟。如果是随便谈吧，不要紧的事情可以随便谈谈，我可以说一下蒋先生的事情。清朝啊，清朝末年哪，他本来是个文人，他就是中举的，后来么先在日本留学，后来到德国留学，那么就成了有名的军事学家。民国初年，好像就是民国一年二年吧，民国初年是袁世凯做临时大总统，委任他做保定军官学校的校长，做校长。

做校长嘛，这个学校么就归陆军部管了，陆军部么有一个叫作军学司。陆军部军学司呢，保定军官学校么应当是归陆军部军学司管。那么好像不晓得是为了经费问题或者是什么用人的问题，总之为一个问题，他从保定到北京来跟陆军部军学司交涉。军学司就不同意，不采纳他的意见吧。好像让他这个校长啊，好像没有权。他就很气愤，很气愤呢，他回到学校，陆军部不是在北京吗，回到保定学校，他就把学生集合起来。他就说明呢，我这个校长做不了啦，我不称职，我对你们我也没有什么帮

---

① 钱学森（1911—2009），浙江杭州人。世界著名科学家，空气动力学家，中国载人航天奠基人，中国科学院及工程院院士。

助。就拿手枪自戕。那么(笑)手枪打了么？当然没有打死，那么他这个事情闹大了。

闹大了嘛袁世凯嘛总统赶紧派人来看他。那么，特别请来一个日本医生，西医。在外科方面呢还是西医好。那么请了个日本医生么给他治疗。那么日本医生又用一个护士，看护。这个护士呢也是个日本的女人，日本的女子。日本女子么，医生嘛就是看一看好像就是外伤啊不大要紧，留下这个护士多看，多护理吧，多照顾吧。一照顾啊，蒋先生呢就很恋爱这个女护士，他就向这个日本的女护士求婚。女护士说："啊，我不能自己做主。我是只能听我父母的，听我父母来做主。"那么所以嘛蒋先生就没有办法啊，就自己到日本去向这个女子的父母求婚，求婚嘛，那么对方么那个父母嘛也就答应了。答应了嘛就结婚了。结婚了么生了两个女儿。将才说的钱学森的夫人呢是他两个女儿之一。那么不晓得是大女儿是第二个女儿。总而言之可能还是大女儿。两个女儿。那么蒋先生故去之后，他这个日本的夫人前不久才故去。恐怕就是去年才故去。

伍：一直在中国？

梁：噢，完全是这个，就算是中国人。

伍：蒋先生，他有没有带兵打过仗？

梁：恐怕没有。

伍：军事理论家。

梁：哎，他写了有些书。有一本不很大的书就叫《国防论》，《国防论》是他的著作，本头不很大。

伍：但他的名气很大。

梁：啊，名气很大。

伍：你和蒋先生认识，他，从年龄上他比你大多了。

梁启超“约我一起吃茶”

梁：噢，他比我大。说到这个地方是很值得说一下的就是梁任公先生。梁启超先生呢是出名很早了，康梁嘛，后来流亡在海外么，发表言论么。我们都是读他的书的，完全我们是他后辈啦。

可是在民国九年，就是一九二〇年，我在家里头，忽然梁任公先生、蒋百里先生，还有梁任公先生的一个儿子，就是后来的有名的建筑学家【伍：梁思】梁思成【伍：梁思成】，由于福建的林先生①，忽然到我家里来看我。所以我同蒋先生见面呢这是第一次。就是说我是一个无名的小卒啊，可是梁任公先生、蒋百里先生都是在学术界、在社会上、在政治上都是【伍：很有名望的人】很有名望的人啦。可是他们来看我。因为见出来老前辈呀，像梁任公先生啦，蒋百里先生啦，他们都是虚心得很。但是说是奖掖后进。后来的，青年的，他都想办法帮助，奖掖了。这是开头啦，开头跟蒋百里先生认识就这样开头的。

---

① 指林宰平。参见《怀念林宰平先生》《忆蒋百里先生》，《全集》卷七，第568—570页，第595—604页。

伍：老师还记得你们那一次大概谈什么东西，记不记得呢？

梁：那次谈到嘛谈得不多了。就是他们到我家里来看一看吧。谈得不多。但是后来嘛，有一篇关于宗教问题的讲演，因为北京大学在蔡先生的领导下，许多的搞学术的小组很多，什么学会，什么学会，他那个学会很多。

伍：你刚才就是讲这些老前辈奖掖后进。

梁：啊，对了。那么有一个组织就叫作反宗教大同盟。反宗教大同盟呢请我作讲演。因为（笑）他知道我好像是佛教徒，信佛教，所以他有意，我们反宗教，请你来讲一讲，你对宗教究竟怎么样的看法。这一天的讲演么，后来梁任公先生，蒋百里先生，很欣赏。我记得第一次嘛就是到家里来看我了。第二次就是他们好几位嘛，包含着梁任公先生，蒋先生在公园里头约我一起吃茶，谈谈。还是就是谈那个，谈宗教问题。我记得那一年，就是将才我讲到的梁思成【伍：梁思成】，就是梁任公先生的大儿子，那时刚二十岁。我那个时候好像二十八岁。关于宗教问题的讲演呢那个稿子，后来就是《东西文化及其哲学》的一部分，放在那里面去了。

伍：就是《东西文化及其哲学》包含着这个内容？

梁：再讲这个标题来。不过写《东西文化及其哲学》装在这里边去了，放在里边去了。那么我随便再补说一句话，就是任公先生呢是长我二十岁，比我大二十岁，那么蔡元培先生呢长我三十岁。我到北京大学的时候，蔡先生做校长了。他是五十四岁，我二十四岁，长我三十岁。

伍：老师好像在有篇文章中提到，你认识的几个人都是比你年龄大的。

梁：噢，都是。胡适也很年轻，胡适长我一岁。我们在北大教书的时候，我没有结婚呢，胡适也没有结婚。

伍：噢，胡适他还没有结婚？

梁：没结婚。

伍观淇：梁漱溟“最佩服的人”

林：上一次时你说过，一辈子你最佩服的一个人是伍观，伍观淇【梁：伍观淇】，他是怎么样呢？

梁：这个人呢，是一个真正的儒家，真正的儒家。他人是一个军人。军人嘛，后来嘛就是【伍：就是伍庸伯】，伍庸伯，庸伯。

伍：这是广东人？

梁：广东人。广东就是番禺人，就是广州。

伍：番禺。那个姓伍的，好像就是广东有不少姓伍的。

梁：有，他是在清朝末年，清朝末年，中国嘛，正在学外国练新军，练新式的军队。他是新式军事学堂第一期毕业。那么就做最早的新式军队的统领。就是还在清朝末年的时候【伍：清朝末年】，那么因为他是带过兵的了，所以嘛他是最早的陆军大学的第一期的学生。陆军大学嘛是，他在广东的，离开他这个，不做军官，到陆军大学来进修……这个时候嘛就是袁世凯的时代。他刚好碰上这个，袁世凯不是想做皇帝，想做皇帝呢，北京政府的各部衙门呢，官吏有一种“劝进”【伍：对】，劝他做皇帝，劝进呢，劝进书或者劝进表。当时那你既然在袁世凯底下做官嘛，就是大家没有办法，都要在劝进表上要列名了，集体地劝进嘛。有两个人呢是反对，一个就是，也是广东人，有名的法学家，罗文干，罗文干知道吧？

伍：知道，你上次提到过。

梁：很有名的。

伍：罗文干。

梁：他那个时候是在司法界做一个大概是高级的。他辞职不干，离开北京。再一个就是伍先生，伍观淇。伍观淇没有辞职，没有走。将才说那个罗走开了，“我不做官了，我走了”。可是伍先生没有走，可是那个劝进的表上啊不列名。旁人警告他说：“你不列名恐怕不好吧。”他回答说：“我是不敢相信呢，我这样做，我劝他做皇帝是对？我不敢相信这个是对。我心里头我没有点头。我做得对我就做了，我没做得对，哈哈，我不列名。”大家都很替他危险，说：“这个恐怕不行吧。”但是后来也没有事。

伍：袁世凯也快倒了。

梁：（笑）没有事。不久嘛也就赶上西南反对袁世凯做皇帝……而这时候伍先生他就做科长，生活很优裕，很优裕并且新婚。他就是做了科长才结婚。这时大概就是三十岁的样子。可是他就有一种人生的烦闷啊，就是对人生起一种怀疑。这种怀疑烦闷，很有点像释迦牟尼【伍：释迦牟尼】。他是结婚了

【伍：出走了】，[ooo]从家里出走了。[ooo]。那样子他就辞官，辞去了官，那么自己决定以六年的时间，六年的时间呢，到处去访求，求教于人，解决他对人生问题的怀疑烦闷。所以他也去基督教教堂里头，教堂里头的牧师或者神父啊讲天主教，耶稣教，他也去访问，坐下去听，那么他到北京有名的道士白云观，他去访求，白云观里头去求教道士，向道士请教。那么他特别是跟广济寺的一个老和尚请教。跟老和尚交情很好。这个老和尚就是在广济寺，是个湖南人，叫清一老和尚。清朝那个清，一二三四的一，这是一个禅宗的，禅宗的一个和尚。这个禅宗清一老和尚对他非常好，他从清一老和尚联系，关系很深很密。似乎嘛是昼夜他跟老和尚在一起。那么他就在那个老和尚的床上睡觉，老和尚对他也很体贴很照顾，拿他当个小孩看待。(笑)他就跟老和尚无拘无束，很随便，老和尚睡觉的地方他也跑那去睡觉，到这么一个程度。

可是这个时候因为他辞了官了，没有收入，他就住在他的夫人的母家。那么我同他的认识啊是请一个林先生介绍。有一个福建的林先生。不是将才说嘛，他到处去请教人，请教人来帮助他解决他的人生问题，那么他听林先生说，说某人，就说我，是一个佛学家。他说："那好，请你明天介绍，我要请教于他。"那么就约好到林先生家会面，我跟伍先生会面。这个时候他已经是，就是将才说了，辞官不作，没有收入，生活很清苦。我看见他拿一个棍子，拿一个手杖。他身体很高，比我高，人很瘦。那么我先到林先生家，他后来进来，进来拿了个手杖。进来就说："我从西直门走路到这个地方来。”西直门是西北角，林先生住在南城，从那里走过来。他说：“我休息一下。”然后嘛他就坐在那个林先生的床上躺着休息。休息了那么几分钟，他说：“现在可以谈话了，可以谈话了。”

同我问佛学。我就说，他听了不满意。所以呢这一次谈话可说是毫无结果。可是有一个结果，就是我觉得这个人啦不同。这个人呢是个很真的一个人，没有一点敷衍，没有一点照顾外面，最真实的一个人。虽然谈话不投机呀，可是这个人，我觉得这个人好。

那么，刚好这个时候我是在北京大学请假，请假休养，因为我失眠，睡不好，不能睡。我就跑到西直门外一个破庙，破庙叫极乐寺，到极乐寺去休养。那么，从极乐寺嘛，在西直门外。那么我要回家，自己家是在城内了，总要经过西直门，从西直门进来。经过西直门的时候嘛，那么刚好将才说过伍先生他就是因为没有收入，住在他的夫人的母家，住在很小的一个房间，自己生活还有比如生火哇，自己还要劈柴呀，这个样子。我经过西直门的时候去看他，这样子慢慢就熟，慢慢熟了。

底下补足一句话。就是民国十年，我在济南讲《东西文化及其哲学》，济南讲《东西文化》。本来我是，关起门来不见客的，我也不出去访人，也不见旁的客。我打算把《东西文化》的最末一章，前头是人家记录的，最末一章是自己写。《东西文化及其哲学》末一章，末一章不是记录品，而是【伍：自己写的】自己写的。那么正在写的时候他来看我，伍先生来看我，他就说：

"听说你呀,"听说我,"听说你放弃了出家为僧那个念头了,可以结婚,那么我给你介绍一个婚姻。"那么简短地说,后来我就是结婚呢,就是伍先生太太的妹妹,就是这个……(向保姆)那么他们走了吧?

保姆:走了,下午两点就走了。

梁:啊。

保姆:[ooo]。等不及,下午就走了。

梁:所以按北京的说法嘛叫作连襟。

伍:连襟,南方也叫。

梁:连襟。后来我就两个孩子,都是我这个太太生的。

伍:他们还……

梁:伍先生他就是为了解决他对人生的怀疑烦闷,花好几年的工夫,最后有所归拢,最后有结论,有归拢。他说他是有这样一个说法,他说:"我要求道。我要求的这个道不是单给我自己求。如果是说有一个道,很高明,很高妙啊,可是于众人,于社会众人没有关系的那个道,我不要。所以呢,佛家出家为僧,乃至于道家做道士,这个我不要,这个我不要。我要的一个道是于我也有益处有用处,于普遍的个人都有帮助有益处,这样的道我才要,我才要。"那么所以他各处去访啦,道家,跟和尚也在一起,基督教也什么,他到处去求道,到处求道。他对所要求的,他有一个他的标准。最后嘛他说:"我求来求去只有儒家,只有儒家,只有孔夫子。"他说:"孔子这个东西呀合乎我的要求,他是跟我有帮助有用,跟普遍的人人都有用。"所以他是这样子。他这个人非常了不起。

伍：也是他一种悟通了，已经悟通了……

林：他是什么时候到这个结论？

梁：他是，将才不说吗，他预定的是六年，好像是第七年才有，才得到才落实这个。所以嘛，底下就点……一句话嘛就不多说了，就是假定问我，我自己让我自己说："你心里头最佩服、最相信的那个人是谁呢？那是伍先生。"那我对他是非常地尊敬。我不止一次，我说："我拜你为师吧。"他拒绝了。他说："我不收徒弟，不收徒，不收学生，你看着哪一点要向我学嘛，你自己学好啦，我不收徒弟，不收学生。"

伍：伍先生有没有什么著作留下来？

梁：没有著作。他这个人宣布，他说是"你们爱听我讲嘛，那好了，那我讲你们听，但是我决不著书立说。"他说："我不够，不够著书立说。"

伍：这个人是在，伍先生是在什么时候故去的？

梁：毛主席建国，北京建国的第二年第三年就故去了。他对我们讲，他对我们讲他自己，主要他是讲《大学》《中庸》的那个《大学》【伍：《大学》】，他在讲呢，我通过一些朋友啦，黄艮庸啦，杨先智啦，我们请他讲过，那么讲这个我们大家记，记了之后我整理，我整理笔记我写的东西，我来执笔，我来写，关于伍先生的东西有好几种，一种嘛就是听讲的笔记，很简单，东西不多，这是一种。

还有一种就是就我对他的了解，我懂，我对他的理解【伍：

理解】跟他的为人。我写了一篇东西[①]，这个东西很重要，它为了说明伍先生这个人，那么要说一说他的生活，他为人行事。我不是说过我常常是失眠，可是伍先生不得了，了不起，我同黄艮庸啦三个人去访他，他那时替李济深哪，我跟李济深的关系从伍先生来的，我们三个人去看他，他正在办公。伍先生替李济深主持国民革命总司令部的后方，他做办公厅主任。他可以这样，就是告诉我们三个人："你们随便谈话啊，我要休息一下，睡十五分钟。"那么，他就睡了。十五分钟马上就醒了。就是说，他要睡就睡得着。你像我，心里想睡它睡不着啊。他不是，要睡就睡，并且不一定要躺在床上，他坐在椅子上睡着了。睡了十五分钟，十五分钟就醒了。他自如，自主自如，他是提得起放得下。这是最了不起，提得起放得下。不像是普通人的纠缠。

伍：琐事纠缠着，那个生活上的好多琐琐碎碎的……

梁：习惯就不行。自己不能够，没有所谓提得起放得下。

伍：这倒是很奇人，很奇怪。

梁：这个是功夫，真正有功夫。

伍：而且来不得半点假的，来不得半点作假的。

梁：他有一个朋友姓马的，叫马仰乾[②]先生，他跟随着伍先生好多年。伍先生后来抗日战争的时候啊，他在广东，在三个

---

① 大概指《伍庸伯先生传略》，《全集》卷四，第175—196页。

② 马仰乾（1892—1980），又名马毓健，广东肇庆人。民国时期曾受伍观淇邀请，任"挺四"（广东第七战区挺进第四纵队）司令部参议等职。

县，就是番禺、花县、从化，这算是三四个县，他打游击，他做游击司令。

伍：啊。

梁：当时是广东省政府委任他的。他带了有几千人，也就是三千人的样子，两三千人的样子。在打游击的时候，有一次，特别是讲这么一次，这个事情讲出来，因为还有很多事情。这一次就是说啊，他带领部队，少数的部队，他的部队有两三千人，但是他这个时候只带身边几百人，几百人到一个，停留在一个县城外边。县城外边呢，有一个戏台，县城外边有个庙，庙里戏台底下是空的，乡下里人演戏嘛，不是坐着看戏，都是站着看。他在戏台上边有一个长椅子，比这个长的椅子。他对他带的人说："我先睡会儿。"他有谍报，派出去的那个军队有谍报，报告说是日本队伍有这么一百几十人，从南向北来，那个样子要到我们现在住的这个地方，他说："我判断他不是来我这里的，不是来追赶我的。"他说："我判断他是要到某地方去，不过他好像是走得离这儿不远，附近。"大家还不大敢相信他这个判断对不对。那么他就告诉大家："我要休息一下。"就在城外边戏台上一个长椅子上躺着休息。旁人呢都还提心吊胆，恐怕敌人万一要来怎么办呢，他这个司令官也许在那儿休息一下，不一定睡着了。嘿，有人去看他，啊，居然睡得很熟了，居然睡得很熟了。这个都是说明啦他的生活能够自主自如，自己做主，能够自如。

伍：自主，自如。

梁：如果你在生活上不能自主自如，那不行，那不算。李济深呢最佩服他……

《东方学术概观》

林：这……我忘记了在什么地方看到你有一个《东方文化概观》，有没有这个？

梁：《东方学术概观》①。

伍：《东方学术概观》这本书有没有？

梁：写了，没有印，没出版。很多书都没有出版。《东方学术概观》。

林：什么时候写的？

梁：就是前几年。所谓东方学术就是，也就是讲三家。三家么就是中国的儒家跟道家，印度的佛家，就是讲这么三家。

伍：没有印？

梁：统统没印过。很多老书都没有印。就是最简单扼要地把三家的学术学问的要点把它点出来。

伍：其实哲学系就有印刷厂，其实你哪怕是小范围里印出来也好。只要印成了东西以后，人们将来会自己去校去发印等等。

梁：你不晓得这里头，在毛主席共产党他是有个统治思想。

---

① 《全集》卷七，第324—367页。

伍：现在应该让了。

梁：统治思想，我们不能。你不像资本主义社会，你、我就可以出版就可以卖，不是那样。

伍：那么现在有一些大学，你比方像我们南大这样，有些老先生啦他们自己写的东西，如果他们自己觉得自己有价值，那么不管别人，像匡亚明啦，他们都给他们少量的印一印，他们只要一印出来就好办，印出来他哪怕印个五百份，将来人们会感到这是好东西，会拿去再翻印。如果一份不印呢，稿子一丢了就完全丢了。

梁：还有，印是没有印，可是朋友啊，学生抄的。

伍：我们下次到北京来有没有机会，我们到时……哪怕是……

俞庆棠“注意成年人的教育”

林：以前说你跟一个俞庆棠。

伍：俞庆棠。

梁：那俞庆棠先生。

林：搞社会教育社，这是什么时候？

梁：那是在日本侵略中国之前，还是我在【林：在山东】山东邹平的时候。

伍：俞庆棠这个人是什么，这个情况是什么样的？

梁：她是一个女同志，一个留美的。上一次我说过，她学的是那种，民众教育，又叫作成人教育。

伍：较长时间是不是在南京？好像在南京时间比较长一些。

梁：不是在南京，在无锡。

伍：无锡，啊，无锡。

梁：她是从美国回国之后呢，她就在江苏省政府的帮助下设了一个民众教育学院。后来呢，民众教育学院改了，改了嘛就叫江苏教育学院。不提民众两个字，但是性质还是那个性质，不是注意未成年的人的教育，而是注意成年人的教育。这一种成年人的教育呢，成年人他都是社会上的成熟的人了，他都是要在社会里头要工作生活，所以这不能够到学校里头来学，那么这种教育要到他农村里头或者工厂里头，到他工作的地方给他教育，所以她这个学院它是这样一个性质的学院，那么所以她也就跟我们走的路子相近，就是改良农民的生活，改进农村社会。她的教育是这个样子做，划实验区来做，那么这个就和我们搞县政建设，划实验区就是不知不觉走到一起了。

“我的理想主张是政教合一”

林：还有一个问题，你说你第一次到延安去，毛泽东说你没有成功的一个原因是你没有抓住农民的痛苦。

梁：痛痒。

伍：痛痒。

林：痛痒。然后你举一个例子说农民要土地，就是你没有地来，来给他们。

梁：要土地。还有政治问题。毛主席他在江西井冈山啊，他们的做法就是，刚好是解决土地问题，解决政治问题。

林：那你自己在邹平的工作，你说土地的问题不是很大的问题【梁：不是很大】。在邹平，农民的痛痒就是什么政治问题。

梁：有一点，比如就说土地问题呀，问题不大，可是也还是问题，是吧。政治上没有人权。所以我们是想建设新中国，建设新中国社会呢，当然是，这个要取消，要推翻，要没有军阀割据局面。可是我们的……现在呢我们是去做的时候可又还是倚靠地主，就是韩复榘嘛，他把这一个县划给我，让我们去做，所以还是经费呀，许多钱呢，还是倚靠于他呢。可是我们又要……我们的目的是要取消的。这些个地方虽然自己也还可以自圆其说，可是，究竟还是有一种[ooo]，在毛主席看出来了，是不彻底，难免是自欺。

林：在现在的中国，没有以前的军阀的这些问题，这些问题，没有，可是……

梁：现在割据军阀是没有了。

林：对。可是还有以前你提出来的很多的问题，还是问题。什么怎么民主办事是什么意思？城市跟农村的注意的还是有很大的分别？要学习西洋要怎么学习还是个很大的问题。知识分子跟农民都还是很大的问题。我自己想也许你的那个村校的、乡校也许现在还可以有作用。

梁：唔。

林：对，以前是一个，是需要一个势，势力的问题。现在这个问题不存在了，革命是已经过去了，还是一个怎么造一个新的中国还是……

伍：林琪她说，你的村学和乡学的这些主张……好像还提到，你……

梁：我的理想主张是像那个样子，也可以说吧，是政教合一。政府跟学府，既是政府又是学府。

伍：乡农学校就有这样一个作用。

梁：哎。有一篇文章叫作《社会本位的教育系统草案》①，那是一个所谓比较近期的问题，一个比较近期的问题。

《最后的儒家》

林：一个问题，这本书②你开始，开始看了没有？……

梁：我已请朋友替我看过。因我英文，从前学过英文[ooo]很多都忘了。这个看起来很费力气。请一个朋友帮我看。那么他看了有很多，看的有三个礼拜吧。然后他给我讲一讲。他讲了有三个小时，就是这样。

林：你对他讲的有，有没有什么反应？

---

① 《全集》卷五，第 393—410 页。

② 指旁边小桌子上的书，Guy Salvatore Alitto, *The Last Confucian*, Berkeley: University of California Press, 1979；中译本，艾凯，《最后的儒家》，外语教学与研究出版社，2013 年。

梁：我觉得差不多……就是在某些个问题上他[ooo]，他说毛主席对我这样子，毛主席的话啊有失身份。这些个话对梁没有什么损失，可是对他自己嘛显得不大好。没有如此的[ooo]。他认为他是……这个……

[录音带于此结束。]

第十三天

1980.7.5

［此日没有录音，是我们拜访梁漱溟的最后一天，梁在家里请我们吃一顿饭。以下是根据两个人当天晚上个别记录而写成的。］

儒学的精华

梁参加政协无党派小组时，喜欢参加的是医药卫生的小组。

梁漱溟说中国文化孝悌慈和，着重孝悌。中国人讲五伦：父子、兄弟、君臣、夫妻、朋友。中国文化注重人与人之间关系。孝是对父子说的，子对父。悌是对兄弟说的，弟对兄。

中国儒学精华在于：第一，人生总是在相互关系中生活（伦理），总是不脱离人、社会；第二，在相互关系中互以对方为重，这就是孝悌慈和。都以对方为重，慈是父母方面对晚辈，孝是儿女对长辈。是义务观点，不是权利观念，不是权利本位，自我中心。伦理的精义，互以对方为重，礼让。中国儒家的道理就是孝悌礼让。"一争两丑，一让两有。"此话有理。

在遥远的将来，佛教要复兴。佛教很奇怪，否定人生。

儒家文化前途如何？不是主观的问题，不要看喜不喜欢儒学，要看社会的客观倾向。世界最近之未来会像马克思所预告的，资本主义要垮台，此后有社会主义，然后有共产主义。到了社会主义时，人对自然的关系，征服自然，已达到高度，接下来要面对的主要问题是人与人的关系了。儒家文化要复兴，着重人与人的关系，世界最近之未来将是中国文化之复兴。

如要推测最近未来会怎样，五十年到一百年以内世界要大变，毛泽东的话梁同意。不远的将来要有世界的大战，是苏俄挑起（最近侵略了阿富汗①），欧美守势。大战爆发，苏俄、欧美本身都因大战爆发而引发自身内部矛盾，革命。世界大混乱后，前途向社会主义走，即儒家式的文化。在此过程当中，中国内部比较安定。

社会的倾向是被历史的潮流所决定的，而不是被主观的要

---

① 1979 年 12 月末，苏联入侵阿富汗，于 1989 年 2 月结束，史称"阿富汗战争"。

求决定。人可以为理想的社会努力，但是不能改变大潮流，不能控制历史。

康有为很自私

梁说康有为很自私，他老年时越来越奇怪。康有为有一位银行家朋友，曾经有人拿一幅古画作为抵押向这位银行家借钱。康知道后，借回家欣赏。后来银行家要他还，康不给，最后银行家只好强行拿回来。

还有陕西西安有一大庙，藏有大藏经，康欲占为已有，并用小车带出了西安城，当地人不允，追出城门，追回大藏经。

康有为女儿康同璧，颇有父风，喜欢说大话，说“我可以在海里游泳，五六分钟不上来”。

梁启超则很活跃、热情。“饮冰”一词从《庄子 · 人间世》上来：“吾朝受命而夕饮冰。”梁启超取为堂名表示内热，需要冷的环境。有点浮热，常生变化。无论政治、思想的主张，不惜以今日之我向昨日之我挑战。梁启超长梁漱溟二十岁。蔡元培长梁漱溟三十岁，热肠人。

尽管有师生关系，康梁在复辟宣统态度上则相反，是对头。梁漱溟曾看到梁启超给康有为写生日祝贺，写好后并拿到琉璃厂裱好，寄给在青岛的康有为。可见，直到晚年康梁的私人关系很好。

附　录

一九五三年我犯错误的始末
一九七六年补述

梁漱溟

此文章是1980年6月26日在梁漱溟先生的住地——北京木樨地22楼5门9层17号，我们在采访当中，梁先生主动地借给我们看的。① 当天晚上，伍贻业教授把文章抄了下来。② 林琪一直保留抄本，迄今从未出版过。不幸抄本最后一页的右上角被撕掉了。因此，第一行缺失了三个字，用[ ]表示猜出来的是什么字；第二行缺失了一个字，猜不出来，只好用[X]表示。

一九五三年九月我在中央人民政府会议上发言错误，其经

① 参见本书，“第七天：1980.6.26”，第150页。

② 请参看后文所附插图“一九五三年”。

过始末，兹根据旧年日记和记忆所及叙述于后。

一九五三年九月八日午后召开政协常委扩大会，地点在怀仁堂北厅，由周总理报告过渡时期总路线，接着又由陈云副总理报告本年度财政经济问题。

次日（九日）午前分小组讨论。我参加的小组召集人为章伯钧、曾昭抡等三人。我首先发言表示此总路线者全本于开国时的《共同纲领》而来，当然拥护，不成问题。但为要广大人民参预推行，我看到《人民日报》读者通讯栏常有读者发见某处某事有某些问题，投函指出，即由该社转给该主管部门或单位注意检查解决处理之。这样办增进人民和政府部门之间的气脉联通，非常之好，宜大力推广之。

午后续前开会，由周总理主持，询问各小组讨论如何？请大家发言。我此时与张治中、侯德榜同坐一长沙发，离主席台甚近。我即立起发言：不如由各组召集人报告各组内讨论情况，无须每个人再来说，个人当然亦可有所补充。主席点头说好。于是章伯钧即立起作报告，其报告提到我的发言。但散会时，周公下主席台经过我面前向我说：明天还是请你说一说，好吧？我表示接受嘱咐。

十日午前无会，午后继续昨日之会。会上发言者踊跃，均系从各省市来的工商联的代表，被邀列席者。他们一个一个表示接受公私合营改造工商业的政策，其势将无我发言时间，因写一字条说明宜尽量容外地来的人说说话，我愿改用书面发言，走近主席台递交之。不意散会时，总理走近我面前说：会期将延长一天,明天你可有时间发言。

我既受嘱发言,回家即简略地起草一底稿备用。

十一日继续开会,我即首先发言。大意谓:为总路线很好地见诸实施必须依靠群众,要发动群众起来才行。工矿企业有工会组织,就可由工会来发动;工商业者有工商联的组织,就可由工商联来发动。独有农民方面似乎尚缺乏组织领导。因土地改革后,农民各家拥有土地,单干者居多,成立互组者不多,而且互助组的组织亦嫌很小,宜有以补充此缺欠。再则城市工人工资高——例如建筑工程的徒手小工,每天一元或一元二角——大为农民所垂涎,纷纷流向城市。现时北京市天天见农民跑进城来,当局又把他们推送出去的情况。不留心地我引用了上海传来的"工人农民生活九天九地之差"的话。当时周总理听了亦承认工资差距亦是个问题。工人生活水平确是高过农民,但又指出产业工人生产所值非农民生产之所及为解释。在我发言后,其他言论兹不须记。会议至此闭幕。

十二日午后在怀仁堂大会场开中央人民政府会议(此会委员名额只六十人,且多有不在京者),政协委员列席于后座。会上由彭德怀作抗美援朝三年总结报告。当日议程只列此一项。报告虽很长,但散会又嫌早。于是有人起立请毛主席给大家讲几句话。主席似原无准备,随意漫谈,其中说到有人反对我们的总路线,替农民叫苦,大概是个孔孟之徒吧!孔孟要行仁政,但须知有大仁政,有小仁政。过去在延安时亦曾有人为农民说话,希望减轻农民负担。那时节抗日是大仁政,恤农是小仁政;今天抗美是大仁政，恤农是小仁政，不要因小失大，云云。话中没有点出我名，却显然对我而说。散会回家，我闷闷不乐，中夜起床写信给毛主席申明我拥护而非反对总路线，容我当面复述我的发言经过，即可明白。

十三日星期天休息，不开会议而有娱乐晚会，在怀仁堂演剧。当晚有车来接我，直送去怀仁堂东厅，见到主席、总理同在，我开口说：我没有反对总路线。主席颜色不悦地说：你是反对总路线。我再申说一句：我绝不反对总路线的话；主席也再说一句：你是反对我们的总路线。正彼此相持而难于从容申辩时。梅兰芳演梁红玉抗金兵即将上演，专等候主席入座。左右促请，我只好不说下去。虽随同入座而无心观剧，片刻即退出回家，寻思再觅陈白机会。

十四日午后续开会议，由陈云副总理作报告，并发言讨论。

十五日午后续开会议，由李富春副总理作报告。又有副主席高岗发言甚长。我递一字条请求发言，此时高为执行主席，他询问毛主席同意，许我次日发言。

十六日午后继续开会，即让我上台发言。我发言的内容分三段。（一）复述我在九日小组会上发言大意；（二）复述十一日我在政协常委扩大会上发言的大意；（三）在农民方面普遍缺少组织领导的情况下，我有一个方案愿提供参考。但此方案具体内容非片言可尽，希望另有机会容我陈述之。

这里有两点应须注明：（1）我所愿提供参考的方案是指旧作《社会本位的教育系统草案》；（2）我引用“工人农民生活九天

九地之差”的话有破坏工农联盟之嫌，而现政权的基础即在工农联盟；我不留心的说话大犯忌讳。这句话假如当初引用在书面发言中无大影响，可无大碍。但公然在中央人民政府会议上当众说出来，则问题非小。虽云无心之过，但事后反省起来，不容自恕。我写有一文《从九月廿日起》希望读者注意参看。

十七日午后续开大会，我一入席看见面前陈列文件中有我一九四九年春在重庆《大公报》发表的对两大党和谈问题的两篇文章中之对中共阻止再用兵的一篇，而我对国民党要求交出政权一篇则付之缺如。我当下明白今天的会是批判我的会了。先由章伯钧发言批判，继由周总理追述旧事，说我一贯反动，长篇大论，内容不免牵强。我起立请求发言，主席台上宣布许我明日发言，会期延长一日。

会后回家，自觉我没有反对总路线的事实具在，何能加我以反对总路线的罪名？用高压手段对付我，岂能甘服，我必须顶回去。于是闭门谢客，起草明日发言底稿备用。

十八日午后开会，我登台发言，首先说：“我自始没有反对当前总路线而毛主席却诬说我反对；我今天要看看毛主席有无雅量把他的话收回去。”当下毛主席厉声说：“告诉你！我没有雅量！”会场众人震动。我发言不数语，群众哄然起立阻止我再说下去，其势汹汹，我只好下台中止发言。归坐后，自己忽然清醒，平静从容。（无复与人对抗之气）于是有陈铭枢、史良、荣毅仁、李维汉等六人相继发言，对我批评。毛主席于其间迭有插言。一次说：“人家说你是好人，我看你是伪君子。”一次说：“你虽不是以刀杀人,然而你能以笔杀人。”末一次说:“对于你,非止不开除你这次的政协委员,而且下届政协仍然要有你,为什么?因为你能迷惑一部分人,还有少数群众盲信你。”

在毛主席末一次说话之前,对我的问题曾举行群众举手表决,把我的问题交付政协全国委员会讨论处理,然后散会——这一天会完全是为我而增多开的。

此后我即请假在家敬候处分,于各种集会均不出席。多日不见动静,曾数函请求给我当众自己检讨机会,亦不见答复。同时却有通常的开会通知送来我家,乃至宴会请帖(如为金日成来京举行的大宴会)亦送给我。我均未赴。我[曾迭次]给政协副主席陈叔通、李维汉(兼秘书长)说明我[X]为敬候处分的假中,故尔不赴会的。李却亲笔回一笺说:“通知和请柬我们照发如常,至于你来不来听由你。”于是朋友们多劝我销假,遇会即出席。到十二月半我就写信表示销假了。

转回年来,即一九五四年初分组讨论宪法草案,我被分在程潜之一组随众参加讨论,所谓交付政协给我处分的事,沉寂永无下文。

据我推测,大约是我初不反对过渡时期总路线之实情,毛主席慢慢从周总理闲谈中弄明白了,就不再追究,但彼此间伤了感情,便亦不再有往时派车接我去颐年堂谈话的事。

一九五三年九月我犯错误的始末

一九七六年补述

一九五三年九月我在中央人民政府会议上发言错误，其经过始末，兹根据旧年日记和记忆所及叙述于后。

一九五三年九月八日午后召开政协常委扩大会，地点在怀仁堂北所，由周总理报告过渡时期总路线，接着又由陈云副总理报告本年度财政经济问题。

次日（九日）午前分小组讨论。我参加的小组召集人为章伯钧、曾昭抡等三人。我首先发言表示此总路线者全本于开国时的“共同纲领”而来，当然拥护，不成问题。但为要广大人民参加推行，我看到人民日报读者通讯栏常有读者发见某处某事有某些问题，投函指出，即由该社则给该主管部门或单位注意检查解决处理之。这样来增进人民和政府部门之间之脉联通，非常之好，宜大力推广之。

午后续开前会，由周总理主持，询问各小组讨论如何？请大家发言。我此时与张治中侯德榜同坐一长沙发，离主席台甚远。我即立起发言：不如由各组召集人报告各组内讨论情况，无须每个人再来说。个人意见亦可有所补充。主席点头说好。于是章伯钧即立起作报告，其报告提到我的发言。但散会时，周公下主席台经过我面前向我说：明天还是请你说一说，好吧？我表示接受嘱咐。

十日午前无会，午后继续昨日之会。会上发言者踊跃，均系从各省市来的工商联的代表，被邀列席者。他们一个一个表示接受公私合营改造工商业的政策，其势将无我发言時间，因写一字条说明宜尽量容外地来的人说说话，我願改用书面发言，走近主席台递交之。不意散会时，总理走近我面前说：会期将延长一天，明天你可有时间发言。

我既受嘱发言，回家即简略地起草一篇稿备用。

十一日继续开会，我即首先发言。大意谓：为总路线很好地见诸实施必须依靠群众，要发动群众起来才行。工矿企业有工会组织，就可由工会来发动；工商业者有工商联的组织，就可由工商联来发动。独有农民方面似乎尚缺乏组织领导。因土地改革后，农民各家拥有土地，单干者居多，成立互组者不多，而且互助组的组织亦嫌很小，宜有以补充此缺欠。再则城市工人工资高——例如建筑工程的徒手小工，每天一元或一元二角——大为农民所垂涎，纷纷流向城市。现时北京市天天见农民跑进城来、当局又把他们押送出去的情况。不留心地我引用了上面传来的"工人农民生活九天九地之差"的话。当时周总理听了承认工资差距是个问题。工人生活水平确是高过农民，但又指出产业工人生产价值非农民生产之所及为解释。在我发言后，其他言议亦不复记。会议至此闭幕。

十二日午后在怀仁堂大会场开中央人民政府会议（此会委员名额只六十人，且多有不在京者。）政协委员列席于后座。会上由彭德怀作抗美援朝三年总结报告。当日议程只列此一项。报告虽很长但散会又嫌早。于是有人起立请毛主席给大家讲几句话。主席他原无准备、随意漫谈，其中说到有人反对我们的总路线，替农民叫苦，大概是个孔孟之徒吧！孔孟要行仁政，但须知有大仁政，有小仁政。过去在延安时亦曾有人为农民说话，希望减轻农民负担。那时节抗日是大仁政，恤农是小仁政；今天抗美是大仁政，恤农是小仁政，不要因小失大，云云。话中没有点出我名，却是显对我而说。散会回家，我闷闷不乐，中夜起床写信给毛主席申明我拥护而非反对总路线，容我当面表白我的发言经过，是何用意。

十三日星期天休息，不开会议而有娱乐晚会，在怀仁堂演剧。当晚有車来接我，直送去怀仁堂東厢，见到主席总理同在，我开口说：我没有反对总路线。主席颜色不悦地说：你是反对总路线。我再申说一句：我绝不反对总路线的话；主席也再说一句：你是反对我们的总路线。正彼此相持而难于从容申辩时。梅兰芳演梁红玉抗金兵即将上演，毛等矣主席入座。左右促请，我只好不说下去。虽随同入座而无心观剧，片刻即退出回家，寻思再觅陈白机会。

十四日午后续开会议，由陈云付总理作报告，并发言讨论。

十五日午后续开会议，由李富春付总理作报告。又有副主席多篇发言甚长。我遂一字条请求发言，此时自存执行主席，他询问毛主席同意，许我次日发言。

十六日午后继续开会，即让我上台发言。我发言内容分三段。(一)复述我在九日小组会上发言大意，(二)复述十一日我在政协扩大会上发言大意，(三)在农民方面普遍缺乏组织领导的情况下，我有一个方案愿提供参考，但此方案只

书：《鄉村建設論文集》第一集
鄒平，山東鄉村建設研究院 1934 pp.135-154

体内容非比言可尽，希望另有机会容我陈述之。

这里有两点应须注明：(1)我所愿提供参考的方案是指旧作《社会本位的教育系统草案》；(2)我引用"工人农民生活九天九地之差"的话有破坏工农联盟之嫌，而现政权的基础即在工农联盟，我不留心的说话大犯忌讳。这句话假如当初引用在书面发言中无大影响，可无大碍。但今忽在中央人民政府会议上当众说出来，则问题非小。虽云无心之过，但事后反省起来，不容自恕。我另有一文"从九月廿日起"希望读者留意参看。

十七日午后续开大会，我一入席首见面前陈列文件中有我一九四九年春在重庆大公报发表的对两大党和谈问题的两篇文章中之对中共阻止再用兵的一篇，而我对国民党要求交出政权一篇则付之缺如。我当下明白今天的会是批判我的会了。先由章伯钧发言批判，继由周总理追述旧事，说我一贯反动，长篇大论，内容不免牵强。我起立请求发言，主席台上宣布许我明日发言，会期延长一日。

会后回家，自觉我没有反对总路线的事实在，何能加我以反对总路线的罪名？用这种手段对付我，岂能甘服，我必须顶回去。于是闭门谢客，起草明日发言稿备用。

十八日午后开会，我登台发言，首先说：我自始没有反对当前总路线而毛主席却说我反对，我今天要看看毛主席有无雅量把他的话收回去。当下毛主席厉声说：告诉你，我没有雅量！会场众人震动。我发言不敢语，群众闹哄起立阻止我再说下去，其势汹汹，我只好下台中止发言。归座后，自己忽然清醒，平静从容

（无复与人对抗之气）于是有陈铭枢史良黄毅仁李维汉等十人相继发言，对我批评。毛主席于其间迭有插言。一次说：人家说你是好人，我看你是伪君子。一次说：你虽不是以刀杀人，然而你能以笔杀人。末一次说：对于你，非止不开除你这次的政协委员，而且下届政协仍然要有你。为什么？因为你能迷惑一部分人，还有少数群众盲信你。

在毛主席末一次说话之前，对我的问题曾举行群众举手表决，把我的问题交付政协全国委员会讨论处理，然后散会。——这一天会完全是为我而增多开的。

此后我即请假在家敬求處分，于各种集会均不出席。多日不见动静，曾致函请求给我当众自己检讨机会，亦不见答复。同时却有通常开会通知送来我家，乃至宴会请帖（如为金日成曾选次（？

来京举行的大[illegible]会）亦送给我。我均未到。我给政协副主席陈叔通、李维汉（兼秘书长）说明我……（？）为散候雾了的假中，故才不到会的。李却亲笔回一笺说：通知和请柬我们照发如常，至于你来不来听由你，于是朋友们多劝我销假，遇会即出席。到十二月半我就写信表示销假了。

转回年来，即一九五四年初分组讨论宪法草案，我被分在程潜之一组随众参加讨论，所谓交付政协给我处分的了，沉寂永无下文。

据我推测，大约是我初不反对过渡时期总路线之实情，毛主席慢慢从周总理谈话中弄明白了，就不再究问。但彼此间伤了感情，便亦不再有往时派车接我去颐年堂谈话的了。

—完—

一九五三年

梁培恕致林琪的信

林琪小姐，

你抱着求知意愿不远千里来北京和家父晤谈，不仅他本人，而且我们都非常高兴。但是我每天都要去机关工作，没有留下来招待，这使我一直感到抱歉。

听家父说，你想去山东邹平、菏泽实地查访当年乡村建设运动的情况。从这件事，足见你的致学精神是何等认真。说真的，我很为你的精神所感动。但是，如果你允许，我想建议你不必去山东了。差不多半个世纪过去了，而且是非常动荡的半个世纪，八年抗日战争和三年解放战争之后，又是三十年的社会主义革命，人和物的变动是非常之大的，当地政府几乎不可能为你提供采访线索。当然，如果你抱着有限的目的，例如去实地看一看山东的风土人情，那仍然是会有所收获的。

我听说你表示希望送一些物品给家父。非常感激你的盛情，但是家中女佣所说的话是完全不适当的，她的话完全违背家父的意愿，也使我十分不安。请你忘记她说过的话。如果你以及伍同志和家父一起照一张像，纪念这次难得会晤岂不是很好吗？我相信，这将是你乐于接受的一项建议。

我还听说，女佣曾经过早的促请你们结束谈话，虽然她担心家父劳累，这种用心是好的，但是她没有能掌握适当的时间，所采用的方式也是欠妥的。假如我在场，这些令人遗憾的事本来是可以不发生的。因此，在这里我谨致歉意。

请接受我最良好的祝愿！

梁培恕廿四晚

留上

林谌小姐：

你抱着求知意愿不远千里来北京和家父晤谈，不仅他本人，而且我们都非常高兴。但是我每天都要去机关工作，没有留下来招待，这使我一直感到抱歉。

听家父说，你想去山东邹平、菏泽实地查访当年乡村建设运动的情况。从这件事，足见你的治学精神是何等认真。说真的，我很为你的精神所感动。但是，如果你允许，我想建议你不必去山东了。差不多半个世纪过去了，而且也是非常动荡的半个世纪，八年抗日战争和三年解放战争之后，又是三十年的社会主义革命，人和物的变动也非常之大的，当地政府几乎不可能为你提供采访线索的。当然，如果你抱着有限的目的，例如去实地看一看山东的风土人情，那仍然是会有收获的。

我所说你表示希望送一些物品给家父。非常感激你的盛情，但是家中女佣所说的话是完全不适当的，她的话完全违背家父的意愿，也使我十分不安。请你忘记她说过的话。如果你以及你们同志和家父一起照一张像，纪念这些难得会聚岂不是很好吗？我相信，这将是你乐于接受的一项建议。

我还听说，女佣曾经过早的促请你们结束谈话。这无非她担心家父劳累，这种用心是好的，但是她没有能掌握适当时间，所采取的方式也是欠妥的。假如我在场，这些令人遗憾的事本来是可以不发生的。因此，在这里我仅致歉意。

请接受我最良好的祝愿！

梁培恕 苗聪 留上

梁培恕致林琪的信

索　引

A

B

C

D

F

G

H

J

K

L

M

R

S

T

W

X

Y

Z

跋：一点回忆及补充

这已经是三十五年前的事情了，现在回忆起来还有些“白头宫女在，闲坐说遗事”那种感觉。

《序》中已经提到，一九八〇年六月十四日上午我和我的学生林琪教授——当时她的身份是美国威斯康星大学历史博士候选人来华在南京大学学习，我是她在华的指导教师。通过十分正规的手续（有南大党委公函和校长匡亚明的私函）来到全国政协办公室，李数（女）同志接待了我们，热情引荐与梁老见面（当时梁老已是八十七岁高龄的全国政协委员）并共同驱车至复兴门外木樨地梁的新寓。这年元月梁老也才从东郊中街移居于此，并迄于逝世。人们告诉我们这里是副部级或高级统战人士的公寓，仿佛王光美也曾住过一段时间。访问正式开始，坚持了半月有余，有十三天的谈话。中途还访问了张申府、何思源、千家驹等有关先生。在那个时代，空气中弥漫着一种改革开放的新鲜空气，人们之间关系在改善，很友好，互不埋怨，甚至都争相做好人。这是中国历史上少有的一段时期。但也有好多不确定因素。例如《毛泽东选集》（第五卷）不久才发行，书店中到处有售，多数的中国读者是通过这本书中的一篇《批判梁漱溟的反动思想》知道梁的名字。当然那是负面的人物。这部书发售的那年（1977）宣传上花了很大力气，梁老曾就此拟就一篇致中央领导人的信函，表示了不以为然，但终因亲友们劝阻未发。（此事可见其日记。）当然压力是有的，有一件事可以证明，翌年（1978），全国人大和政协通过讨论宪法，梁的好友程思远先生动员他发言，梁作了准备，在会上发言略谓“旧中国宪法常是一纸空文，新中国有了宪法，但三十多年并未成为最高权威，‘文革’中更是撇开宪法，人民生活财产均无保障。现在毛主席已逝世，人治必将转入法治”云云。梁的发言遭到了批判。梁老在其“日记”中有感而叹：“发言反应不佳，自叹独立思考，表里如一难！”这算是“风乍起，吹皱一池春水”吧。但是，好消息也有许多，就在我们访问梁老不久，梁老被遴选入全国政协常委，我和林琪皆致电视贺，梁老表示感谢。

我们在访问中间，我感觉到梁老并不孤独，有一些朋友，社交圈也还可以。例如人民大学党史研究室、中科院近代史研究所以及政协内部都有一些同志常到梁家拜访，采录，我们交谈中也常有电话打来。他的两个孩子培宽、培恕也常来看望他，做一些家务事。（我和他俩并无接触，往后林琪教授同他俩交了朋友。）即令在一九五三年那场大的政治风浪中（梁本人说成是“语言冲突”）事隔没有多久，张澜、李济深、陈铭枢还有其他人通过双方的亲友渠道，嘱其“谨慎”等等，陈铭枢甚至亲自询问毛主席梁的问题是什么性质，毛主席沉吟良久才回答说“思想问题”。

我和林琪教授的访问，就同外国人直接接触访谈说而言，可能是新中国成立后的第一次。梁老解放后同国外有书信接触，但不多。如他同杜维明教授有联系，杜还希望其访问美国，早前已有关于梁的研究著作发表的艾恺教授，也是在我们访问以前，通过一位同梁一道参加“乡村建设”时的同事之女介绍并开始有了信件联系。梁和艾恺教授还互赠了著者。梁老还把赠送他的书送其老友汪道涵阅看。不久前（2013）我在新加坡国际儒学讨论会见到艾恺教授，他的汉语说得极好，他在会上发表了《梁漱溟：活跃的宗教家或宗教性的活动家?》。艾恺教授认为梁漱溟骨子里是一位行动家。他与甘地比较相适。“他们思想也被认为具有哲学内涵，但是他们的历史形象无疑是一位行动家。”这一点同艾恺教授那本获得美国历史协会费正清最佳著作奖的《最后的儒家——梁漱溟与中国现代化的两难》观点有了些微不同。艾恺对梁漱溟的采访比我们的采访晚约两个月，他是一九八〇年八月十二日开始的。艾恺的采访录是一本精彩的书，也是一份重要的文件，具有很高历史价值，这是一本整理得十分精致的资料。我们采访的许多事情是相同的，时间又相距不远，两份材料联合在一起读更有意思和价值，但是风格上毕竟完全不同，林琪教授十分坚持当时的实际语境和用词的真实性。梁老讲话慢，常有重复，不希望别人打断，并有强调坚持的语气和动作，甚至有记错的地方，人和事、地点和时间——我是一位中国教授自然会更清楚一些。我们根据录音也将这些如实地记录下来，然后再通过注释来说明事实的情况。这样似乎更加原汁原味。我支持林琪教授的这种做法，也许正是有了这点，这本书才更有面世的价值。

梁老喜欢同我们讨论佛学，我们听他讲了两天（两次），似乎他还愿意同我们继续谈下去，可惜当年我们没有意识到这些的重要性，这主要责任是我。他谈了大乘和小乘，也谈了人天乘，都有新意。他主要是谈佛教的唯识宗，也谈了点禅宗，看得出很自信。他和佛教界人士也有往来，如南京金陵刻经处的欧阳竟无先生，在他辞去北大讲席时候曾想将吕澂老请到北大讲佛学课程，欧阳老舍不得，后来请了熊十力。他和熊十力关系很深，梁老五三年出了事，熊十力还为他向毛主席讲情。但他同熊十力也常有辩论，有时甚至相互动了肝气，十足的学者气派。梁老似乎同佛教僧界来往较少。他几乎没有同我们提过太虚法师。对“佛界革命”“现生佛教（后发展成人间佛教）”也未置一辞。可能是时间不够，太可惜了。

我对梁老的认识，梁老是一位率直、认真的人，很少人情世故。他对自己独立思考出来的认识，常常执拗地坚持，不会顺风使舵。我可以举几个例子。他好几次在电梯里把我搀扶他的手甩开，并不顾及我的“好心”。他最喜欢的自己的作品

《人心与人生》,那时已经写好,在当时的情况下,国家不会让他出版。他不气馁,有一位赴美学习的国人愿意携带出境出版,梁径直告诉我们此人的姓名、职业、身份。这在当时颇有些“危险”,但梁老察觉不出。还有两件事也可以说明,一是我们临走时候向他告别,表示感谢,他也表示惋惜。但没有任何表示。还是政协办公室的李数同志跟他说,人家两人不远千里来北京向你讨教半月有余,总应该招待一次便饭吧!这样他才在家“招待”了我们,并且完全是家常的那种再简单不过的“素席”。这不是怠慢我们,完全是读书人那种诚实,其实我们反而非常感动。另一件事是他给我写了一幅字,这是他崇敬的诸葛亮给子侄的诫示书,并且写上“录诸葛诫侄书赠之”,完全是长辈对晚辈的告诫,没有别的意思。我在大学有许多年头,这样实实在在的人很少见到过。还有件事也需要提及,后来我来北京开会间或看过梁老,常常带点无锡油面筋送他,他茹素非常高兴。有一次我向他讨教,我说先生能否用最简便的词句概括儒学思想核心,他想了想告诉我说“反求诸己”四字,这是孟子的话。他说这话时还欠了欠身子,补充说“彼此换个位置思考问题”。他过去常用“反躬自省”,这次换了词语,但他把儒学是人对人的关系的认识说得十分清楚了。这点我印象最深刻。

这本书的出版,林琪的认真、执着是最重要原因,我感谢。当然还有其他许多人的帮助也是我要感谢的。林琪教授对这些人很熟悉,我相信她会告诉读者。我后来因为从新儒学研究改宗为对宗教(伊斯兰教)的研究,这方面学界的情况不是十分清楚。写上这些转致真诚的感谢和敬意。

伍贻业

2015 年 5 月 26 日南京大学躲楼

后记：致谢

这本书的问世，不可能只是我和伍贻业教授两个人的事。我首先要感谢梁培宽先生和梁培恕先生的热情支持和帮助。顾红亮教授十多年来一直支持与鼓励我的研究。他 2014 年夏天把书稿从头到尾都仔细地看了一遍，提了很多好的建议，如拟定每章的小标题，整理修订书中出现的部分人名及部分脚注等。顾教授对这本书的贡献非常之大。2014—2015 年冬天赵帅锋把全部的录音又听了几遍，并与文稿对照，改正了很多小错误。他查阅了材料，丰富了注释，同时帮我解决了许多难题。这本书最后的精确性和统一性，在很大的程度上是要感谢赵帅锋。刘京如在查阅材料上也作出很大的贡献。由于周屹在语言方面给我的帮助，她成了我晚年的汉语老师。1979—1981 年我在南京大学时的同学金磊，她帮我打开了认识中国的窗户，也让我认识到何谓真正的友谊。2013 年金磊的姐姐金鹰一家热忱地欢迎我回到我的第二故乡——南京。在我学术道路上,颜海平教授长期的支持总能给予我自信。

2013 年我的中国之行得到了南京大学历史系、海外教育学院,华东师范大学中国现代思想文化研究所、哲学系的支持。那年我来中国之前,张萍已初步地把录音转成文字。在技术方面给我帮助的人中,我要感谢 Nicholas Messina, Peter Leimbigler 和 William A. McKee。我也要感谢 Association for Asian Studies 给我的赞助,使我能够再次去南京和伍贻业教授合作。最后,没有广西师范大学出版社的编辑刘广汉、魏东等的辛勤工作,这本书就不可能顺利出版。

林　琪

2015 年 4 月于康州卓别林村

图书在版编目(CIP)数据

至道无餘蕴矣：梁漱溟访谈录／梁漱溟口述；(美) 林琪，伍贻业采访整理.—桂林：广西师范大学出版社，2019.7

ISBN 978-7-5598-1284-1

Ⅰ.①至… Ⅱ.①梁… ②林… ③伍… Ⅲ.①梁漱溟(1893-1988)-访问记 Ⅳ.①K825.4

中国版本图书馆 CIP 数据核字(2018)第 239539 号

出 品 人：刘广汉
责任编辑：魏 东
助理编辑：陈天祥
装帧设计：李婷婷

广西师范大学出版社出版发行
(广西桂林市五里店路 9 号 邮政编码：541004
网址：http://www.bbtpress.com)
出版人：张艺兵
全国新华书店经销
销售热线：021-65200318 021-31260822-898
山东鸿君杰文化发展有限公司印刷
(山东省淄博市桓台县寿济路 13188 号 邮政编码：256401)
开本：890mm×1 240mm 1/32
印张：12.5 字数：248 千字
2019 年 7 月第 1 版 2019 年 7 月第 1 次印刷
定价：68.00 元